Falsche Freunde

W0179014

Andreas Pečar ist Professor für die Geschichte der Frühen Neuzeit an der Universität Halle-Wittenberg. *Damien Tricoire* ist dort wissenschaftlicher Mitarbeiter.

Andreas Pečar, Damien Tricoire

Falsche Freunde

War die Aufklärung wirklich die Geburtsstunde
der Moderne?

Campus Verlag
Frankfurt/New York

MIX
Papier aus verantwor-
tungsvollen Quellen
FSC® C089473

Bibliografische Information der Deutschen Nationalbibliothek
Die Deutsche Nationalbibliothek verzeichnet diese Publikation in der Deutschen Nationalbiblio-
grafie; detaillierte bibliografische Daten sind im Internet unter http://dnb.d-nb.de abrufbar.

ISBN 978-3-593-50474-2 Print
ISBN 978-3-593-43249-9 E-Book (PDF)
ISBN 978-3-593-43235-9 E-Book (EPUB)

Inhalt

»Der Historiker sollte nicht einen Menschen, einen Schriftsteller des 16. Jahrhunderts von seinen Zeitgenossen isoliert betrachten – und sollte nicht unter dem Vorwand, dass diese oder jene Stelle seines Werkes einer unserer Weisen zu fühlen ähnelt, ihn eigenmächtig in eine der Schubladen stecken, die wir heutzutage benutzen, um diejenigen zu katalogisieren, die so wie wir oder anders als wir in religiösen Sachen denken. […] [D]ie Frage ist, welche Vorsichtsmaßnahmen wir treffen, welcher Vorschrift wir folgen sollen, um die Sünde aller Sünden, die einzig unverzeihliche Sünde zu vermeiden: den Anachronismus.«

Lucien Fèbvre, *Le Problème de l'incroyance au XVIe siècle*

Vorwort

Dieses Buch ist ein wissenschaftlicher Essay – eine Gattung, die in Deutschland nicht zu den kanonischen der Geschichtsschreibung gehört. Unser Ziel ist es weder, eine weitere Allgemeindarstellung der Geistesgeschichte des 18. Jahrhunderts zu liefern, noch den Blick auf die Vielfalt der Aufklärung oder auf weniger berühmte Autoren zu lenken. *Falsche Freunde* ist weder Handbuch noch Überblicksdarstellung, sondern eine engagierte Schrift, die aus einer Unzufriedenheit, ja einem Unbehagen erwachsen ist: einer Unzufriedenheit darüber, dass die Standards unseres Fachs – die Historisierung und die Kontextualisierung – allzu oft vergessen zu sein scheinen, wenn man über Aufklärung redet, und einem Unbehagen gegenüber der Tendenz der Geschichtswissenschaft, sich in den Dienst der Identitätsbildung zu stellen.

Falsche Freunde ist auch ein Gemeinschaftswerk. Es ist aus Diskussionen erwachsen, die durch Veranstaltungen des Interdisziplinären Zentrums für die Erforschung der Europäischen Aufklärung (IZEA) in Halle wichtige Impulse erhielten. Insbesondere war die Gastprofessur von Jonathan Israel im Sommersemester 2012 für die Genese des Projekts von entscheidender Bedeutung. Wir möchten uns hier bei dem Direktor des IZEA Daniel Fulda sowie bei allen Aufklärungsforschern aus Halle bedanken, die an dem mitunter kontroversen Meinungsaustausch partizipiert oder sich wie Daria Sambuk und Marianne Taatz-Jacobi die Zeit genommen haben, das Manuskript zu lesen und zu kommentieren. Daniel Bussenius danken wir für seine Redaktionsarbeit. Vor allem hat sich Moritz Baumstark um die Verbesserung des Manuskripts verdient gemacht. Dank seinen profunden Kenntnissen der Aufklärungsforschung hat er uns wichtige Denkimpulse gegeben. Ebenfalls möchten wir unseren Studenten danken, mit denen wir in Seminaren und Vorlesungen die Textinterpretationen intensiv besprochen haben.

An den einzelnen Kapiteln haben wir beide zusammengearbeitet. Nichtsdestotrotz war Andreas Pečar für die Entstehung der beiden ersten Kapitel hauptverantwortlich, während Damien Tricoire das Gros der Kapitel drei bis sechs geschrieben hat. Die Einleitung und der Epilog sind in ständigem Austausch gemeinsam verfasst worden. Wir hoffen, dass durch dieses enge Zusammenwirken ein kohärentes Buch entstanden ist, das eine klare Stoßrichtung hat: gegen den Anachronismus.

Einleitung:
Propheten der Moderne?

Auf der Suche nach dem Ursprung der Moderne

Wir befinden uns im Jahr 2440. Die Weltgeschichte hat ihr Ziel erreicht. Paris ist das Zentrum der nun vollständig aufgeklärten Welt. Auf dem Montmartre steht ein Heiligtum der Musen für die Mitglieder der Akademie, die in kleinen Häusern am Berghang in Einsamkeit arbeiten, mitunter aber zu gemeinsamen Sitzungen im Heiligtum zusammentreten, um sich dort gegenseitig aus ihren Schriften vorzulesen, dabei vor Entzückung aufzujauchzen oder vor Rührung zu weinen.[1] Auch ein Tempel findet sich in der Nähe: eine »Residenz der Natur«, in der wie in einer Wunderkammer die »große Kette der Wesen« zu besichtigen ist, die in einem wohlgeordneten hierarchischen Kontinuum vom Stein zu dem Menschen führt. Diese naturhistorische Sammlung haben die französischen Könige gestiftet, die um den »Ehrentitel eines vernünftigen Wesens« miteinander wetteiferten.[2] Über dieses Paradies wacht ein Philosophenkönig, während eine Vereinigung aller Stände für die Gesetzgebung zuständig ist.

Während die Dinge zum Nutzen der Menschheit gedeihen, hat man sich von allen schädlichen Einflüssen befreit. In den Theatern wird keine belanglose Unterhaltung mehr gegeben, sondern nur Stücke, die der bürgerlichen Erziehung dienen. Die Universitäten als Orte des Gelehrtendünkels gibt es nicht mehr. In den Bibliotheken bewahrt man nur die lesenswerten Bücher auf, in denen die Wahrheit klar und einfach niedergeschrieben ist: Fénelons *Telemach* etwa oder die Schrift über den ewigen Frieden von Abbé de Saint-Pierre, Voltaires *Henriade*, Montesquieus *Vom Geist der Gesetze* und die kompletten Schriften von Jean-Jacques Rousseau. Aller schlecht geratenen Bücher, deren Autoren nur Irrtümer und Vorurteile angehäuft hatten oder deren Lektüre für den Leser einfach ohne Nutzen war, hatte man sich hingegen rigoros entledigt. Der Reiseführer durch das Paradies erläutert dem Leser diese Maßnahme zur Hebung des Gemeinwohls auf besonders anschauliche Art und Weise:

»Mit dem Einverständnis aller haben wir alle Bücher, die wir als seicht, nutzlos oder gefährlich erachteten, auf einem weiträumigen, ebenen Platz zusammengetragen; wir haben daraus eine Pyramide aufgeschichtet, die an Höhe und Masse einem gewaltigen Turme glich: Ganz gewiß war das ein neuer Turm von Babel. […] Diesen ungeheuren Haufen haben wir angezündet, als ein Sühneopfer, das wir der Wahrheit, dem guten Geschmack und dem gesunden Verstande brachten. Die Flammen haben Sturzbächen gleich die Dummheiten der Menschen, alte und moderne, verschlungen. Die Verbrennung dauerte lang. Einige Schriftsteller haben sich noch zu Lebzeiten brennen gesehen, aber ihr Geschrei hat uns nicht zurückgehalten.«[3]

So beschreibt der französische Aufklärer Louis-Sébastien Mercier die auf uns zukommenden Zeiten in seinem utopischen Roman *Das Jahr 2440*. Diese Zukunftsvision dürfte bei heutigen Lesern Unbehagen und einige Zweifel an der idealen Beschaffenheit einer solchen Gesellschaft wecken, die programmgemäß nur auf Vernunft und Wahrheit gründet. Wir haben diese Aufklärungsutopie bewusst an den Anfang gestellt, um zu veranschaulichen, dass wir heute mit den Idealen der Aufklärer weniger gemein haben, als man bei einem Blick in die Literatur der Aufklärungsforschung meinen könnte. Freilich repräsentiert Mercier nicht »die Aufklärung« insgesamt. Da es sich bei ihm um einen glühenden Rousseauverehrer handelt, dürfte es sogar einige Aufklärungsforscher geben, die ihn wie seinen Helden Rousseau lieber als Gegenaufklärer denn als wahren Aufklärer beschrieben sähen.[4] Als Historiker verfügen wir jedoch, wie noch deutlich werden wird, nicht über die Gabe, wahre Aufklärer von falschen zu unterscheiden. Uns soll an dieser Stelle die Begründung reichen, dass Mercier mit seiner im Jahre 1771 erschienenen Utopie gerade deshalb über die Grenzen Frankreichs hinweg erfolgreich war, weil er die Hoffnungen und Sehnsüchte vieler Zeitgenossen auf eine Verbesserung der gesellschaftlichen Verhältnisse durch Aufklärung und Vernunft offenbar auf treffende Weise ausdrückte.

Wie das Beispiel der Massenverbrennung unvernünftiger Bücher besonders schön deutlich macht, sind die Hoffnungen und Sehnsüchte des ausgehenden 18. Jahrhunderts keineswegs deckungsgleich mit den unsrigen heute. Genau darum geht es in diesem Buch. Es ist ein Plädoyer für die Fremdheit der Geistesgeschichte des 18. Jahrhunderts. Damit treten wir bewusst aus einer seit langem etablierten Tradition heraus, die Moderne mit der Aufklärung beginnen zu lassen und die Ideen der Aufklärung zum ideellen Markenkern der heutigen westlichen Welt zu erheben. Es geht uns nicht darum, »Grenzen« oder »dunkle Seiten« der Aufklärung aufzuzeigen. Vielmehr fragen wir, ob die uns so bekannt anmutenden Begriffe und Konzepte nicht »falsche Freunde« seien, die einer »Übersetzung« durch ihre Historisierung bedürfen.[5] Beispielsweise bedeuteten religiöse Toleranz und Menschenrechte im 18. Jahrhundert auch bei deren Fürsprechern keineswegs immer das, was wir heute unter diesen Begriffen und Normen verstehen. Es ist daher unser Ziel, Zweifel an der Vertrautheit der heutigen Zeit mit dem Phänomen und der Epoche der Aufklärung zu wecken.

Damit stellen wir uns gegen die vorherrschende Deutungstradition in Wissenschaft und Gesellschaft, die Aufklärung stets als integralen Bestandteil der Gegenwart zu sehen. Die Aufklärung ist als »Ursprungsort der Moderne« konstituierendes Element des politischen und kulturellen Selbstverständnisses in Europa.[6] Im Sammelband über europäische Erinnerungsorte hat der Artikel über Aufklärung einen prominenten Platz.[7] In zeitgenössischen Debatten über Menschenrechte und ihre Geltung, über die Europäische Union und ihre Grenzen, über islamistische Attentate, über den Umgang mit religiöser Vielfalt und die Notwendigkeit der Toleranz fehlt selten der Verweis auf die Prinzipien der Aufklärung, die grundlegend seien für unser säkulares Verständnis von Gesellschaft, für unsere Vorstellungen individueller Schutz- und Menschenrechte, für unsere Vorstellungen von politischer Partizipation und demokratischer Mitbestimmung. Das heutige Europa bzw. die westliche Welt insgesamt scheint ohne die Geschichte der Aufklärung nicht auszukommen.

Interessanterweise gilt auch der Umkehrschluss: Die Wissenschaft scheint bei der Erforschung der Aufklärung die Gegenwart stets fest im Blick zu haben.[8] So verkündet beispielsweise Günther Lottes emphatisch: »Das Zeitalter der Aufklärung ist die Gründungsepoche der Moderne, in der die europäische Weltanschauung, Wertvorstellungen und Denkweisen von Grund auf neu bestimmt wurden.«[9] Georg Schmidt lässt das Projekt der Moderne mit der Aufklärung beginnen und konstatiert, diese habe die »Entwürfe gedacht und erprobt«, die das westliche Zivilisationsmodell bis heute prägen.[10] Wolfgang Schmale kommt zu demselben Urteil: »Im 18. Jahrhundert wird die Moderne definiert und praktisch grundgelegt«.[11] Weitere Beispiele ließen sich unschwer finden.[12]

Man gewinnt den Eindruck, dass die Aufklärung sich ohne Bezug auf die Moderne nicht beschreiben lasse. Diese immer wieder neu erzählte Geschichte von der Aufklärung als Geburtsstunde der Moderne hat Konsequenzen für unser Aufklärungsverständnis: Die Ideen des 18. Jahrhunderts wirken auf uns eigentümlich vertraut. Toleranz und Menschenrechte, Bürgerrechte und politische Teilhabe, aber auch unsere Abneigung gegen religiösen Fundamentalismus jeglicher Art scheinen uns zu Gesinnungsgenossen derjenigen zu machen, die im 18. Jahrhundert für diese Prinzipien und Wertvorstellungen ihre Stimme erhoben haben.[13]

Und so gibt es bis heute zahlreiche Wissenschaftler, die den Aufklärern mit unverhohlener Sympathie begegnen. Die Beziehungsgeschichte zwischen Aufklärung und Moderne veranlasst manche Autoren aber auch zu einer dezidiert negativen Bewertung der Aufklärung. Auch die Schattenseiten der Moderne, Rassismus und Imperialismus oder die Theorie einer biologischen Unterlegenheit des weiblichen Geschlechts hätten in der Aufklärungsepoche ihren Anfang genommen und fußten auf Vorstellungen, die von Aufklärern propagiert wurden.

Stets war der Blick auf die Aufklärung von der Auseinandersetzung um die eigene politische Identität in der Gegenwart geprägt. Es ist dieser Gegenwartsbezug, den wir kritisieren, wenn wir sagen, die Aufklärung werde für die Moderne in den Dienst genommen und als deren Gründungsepoche definiert. Uns treibt dabei weniger die Frage um, was genau die Moderne sei bzw. wann sie ihren Anfang nehme. Dies mögen andere besser beurteilen können als wir. Unser Blick ist allein darauf gerichtet, wie die Legende von der Aufklärung als Ausgangspunkt der modernen westlichen Welt unser Verständnis vom 18. Jahrhundert beeinflusst, um nicht zu sagen, verzerrt. Wer die Aufklärung als Beginn neuer Weltbilder, neuer Wertvorstellungen, neuer Ideen sowie als kritische Absage an die Strukturen und die Deutungsmuster des Ancien Régime beschreibt, der behauptet einen Bruch in der Ideenwelt des 18. Jahrhunderts, den wir in vielerlei Hinsicht nicht ausmachen können. Nicht, dass die *philosophes* keine neuen Ideen hervorgebracht hätten, die sich Menschen späterer Jahrhunderte auf ihre Weise aneigneten. Das 18. Jahrhundert ist in der Tat sehr erfindungsreich gewesen, genauso wie das 16., 17. und das 19. Jahrhundert. Was wir ablehnen, ist eine Geschichtsschreibung, die im 18. Jahrhundert *den* Traditionsbruch verortet, nach dem Motto: davor Akzeptanz von und danach Skepsis gegenüber überliefertem Wissen.[14] Diese Erzählung wird nicht nur der Kreativität anderer Jahrhunderte nicht gerecht;

vor allem enthebt sie die Aufklärer ihrer eigenen Zeit, für die sich bald der polemische Begriff des Ancien Régime einbürgerte, und erklärt sie zu Vorkämpfern bestimmter Ideen und Werte, die zeit ihres Lebens noch nicht formuliert wurden und nur für unsere eigene Gegenwart bestimmend sind. Für die Geschichtsschreibung über das 18. Jahrhundert, das als Aufklärungsepoche klassifiziert wurde, hatte dieser Gegenwartsbezug weitreichende Konsequenzen: Die Idee der »Aufklärung« ist auch nach dem 18. Jahrhundert als eine Waffe in polemischen Auseinandersetzungen konstruiert und benutzt worden. Die französische Historiographie des 19. Jahrhunderts entwickelte die Vorstellung des 18. Jahrhunderts als eines »Siècle des Lumières«, einer spezifischen Epoche in der Kulturgeschichte des Abendlandes. Die Historisierung des Begriffs Aufklärung milderte seinen kämpferischen Charakter kaum: Das Zeitalter der Aufklärung war nun eine Chiffre, anhand derer nicht nur die Französische Revolution, sondern auch die Revolutionen des 19. Jahrhunderts legitimiert oder delegitimiert wurden.[15] In diesen Zusammenhang fällt auch die Erfindung von »Enlightenment« in den 1860er Jahren in England und von »Illuminismo« in Italien in den 1910er Jahren: Beide Begriffe wurden geprägt, um das deutsche Wort »Aufklärung« wiederzugeben, wobei es den Erfindern der Begriffe vor allem darum ging, die »zersetzenden Kräfte« der Moderne – den Individualismus, den Säkularismus, den Atheismus – anzuprangern.[16] Für konservative Intellektuelle in Deutschland in der ersten Hälfte des 20. Jahrhunderts war die »Aufklärung« Synonym für die westliche »Zivilisation«: negatives Gegenbild zum Begriff deutscher Kultur.[17] Die Aufklärungsforschung war hingegen stark von Anhängern des Liberalismus und der Demokratie dominiert, die im 18. Jahrhundert nach den Ursprüngen ihrer Werte und Kämpfe suchten. So etablierte sich in Frankreich im frühen 20. Jahrhundert vornehmlich unter dem Einfluss des Werkes von Joseph Fabre der Kanon der Aufklärung, der das Projekt verfolgte, die »Väter der Republik« zu feiern.[18]

In diesem geistigen Klima politischer Auseinandersetzungen um die Aufklärung und doch von der direkten politischen Inanspruchnahme eines Joseph Fabre abweichend ist das Werk des Philosophen Ernst Cassirer zu verorten. Im Gegensatz zu den Historikern der Geistesgeschichte in der französischen Dritten Republik oder zu den heutigen Verteidigern der Aufklärung definierte Cassirer die Aufklärung nicht über ihre Inhalte. Er sah wohl ein, dass die Ideengeschichte des 18. Jahrhunderts wie eine »bloß eklektische Mischung heterogener Gedankenmotive« anmutet.[19] Doch mit Rekurs auf eine idealistische Geschichtsphilosophie betrachtete Cassirer die Aufklärung als eine Etappe in der großen Bewegung hin zur Befreiung des philosophischen Geistes durch Selbsterkenntnis. Obwohl die Aufklärung nur wenig »neue schlechthin-originale Gedankenmotive ergriffen und zur Geltung gebracht« habe, habe sie gerade dadurch, dass sie das Erbe der vergangenen Epochen »geordnet und gesichtet, entwickelt und geklärt« habe, den zweiten großen Schritt nach dem der Renaissance gemacht: Sie habe das Denken vom Geist der Systeme befreit und eine neue Form des Philosophierens hervorgebracht, die es der Philosophie ermöglichte, die Aufgabe der Lebensgestaltung zu übernehmen. Cassirer kritisierte die Idee, die Aufklärung sei mit dem Denken Voltaires, Montesquieus, Humes, Wolffs oder Diderots gleichzusetzen, und doch blieb auch er im Rahmen einer eminent politischen Fortschrittsgeschichte des Geistes.[20]

Diese frühen Kapitel der Historiographie- und Philosophiegeschichte gehören einer längst vergangenen Epoche an, die vom europäischen Kampf zwischen Demokratie und Diktatur, von Nationalismus, Totalitarismus und Antisemitismus geprägt war. Doch erstaunlicherweise wirken diese Thesen noch in der Historiographie des frühen 21. Jahrhunderts nach. Zwar hat sich den Umständen entsprechend der Ton geändert. Statt verängstigt einem nationalsozialistischen Deutschland und einem verheerenden Krieg in die Augen zu schauen, kann sich Jonathan Israel, Professor am *Institute for Advanced Study* in Princeton, des seiner Meinung nach beinahe weltweiten Triumphes der Werte der radikalen Aufklärung nach 1945 erfreuen.[21] Aber auch er möchte eine Lehre aus dem ziehen, was er als schwierige Geschichte der Durchsetzung der aufgeklärten philosophischen Prinzipien versteht: Wer könne bestreiten, dass Unwissenheit und Leichtgläubigkeit heute noch die Hauptfeinde der Demokratie, Gleichheit und individueller Freiheit seien?[22] Noch im 21. Jahrhundert setzt Israel in manichäischer Weise das Licht der Vernunft der Dunkelheit der Barbarei entgegen.[23]

Bei diesem Brückenschlag zwischen den 1930er und den 2000er Jahren spielte vor allem die Rezeption zweier Werke eine prominente Rolle: *Die Krise des europäischen Geistes* vom französischen Historiker Paul Hazard (1935) und *The Enlightenment. An Interpretation* von Peter Gay (1969), einem Amerikaner deutscher Herkunft. Paul Hazard sieht eine fundamentale Zäsur im späten 17. Jahrhundert: Die Philosophen Europas hätten sich von der Autoritätsgläubigkeit und dem Dogmenglauben befreit und ein Zeitalter der Vernunft und der Freiheit eingeleitet. Hazard betont den Beitrag Spinozas,

Bayles, Lockes, Newtons, Fénelons und selbst Bossuets. Die Nähe zwischen seinen Thesen und denen Israels ist nicht zu übersehen: Beide betrachten die Bekämpfung der konfessionellen Orthodoxien im 17. Jahrhundert als den entscheidenden Wendepunkt in der europäischen Geschichte.[24] Die Interpretation der Aufklärung durch Peter Gay hat ebenfalls noch heute große Bedeutung für die Historiographie.

Peter Fröhlich emigrierte aus dem nationalsozialistischen Deutschland in die USA, wo er seinen Nachnamen ins Englische übersetzte und unter dem Einfluss Ernst Cassirers und Paul Hazards ein starkes Interesse für die Aufklärung entwickelte. Peter Gay lieferte eine der letzten großen Interpretationen der gesamten Aufklärung. Ihm zufolge bestand das Wesen der Aufklärung in der bewussten Erfindung eines neuen »Heidentums«. In einer dialektischen Bewegung hätten sich die *philosophes* mit antiken Autoren identifiziert, um sich dann mit dem Christentum auseinanderzusetzen und letztlich zur Synthese der neuen »Wissenschaft der Freiheit« zu gelangen, die er auf den Feldern der Psychologie, Ästhetik, Anthropologie, Soziologie, Geschichtsschreibung, Wirtschaftswissenschaft und Politologie verortet. Auch wenn Peter Gay deutlich eigene Akzente setzt,[25] teilt er mit Cassirer die Vorstellung von der Aufklärung als einer Epoche der Emanzipation, der Befreiung des Denkens aus den Fesseln religiöser Bevormundung. Zahlreiche weitere Aufklärungsforscher sind dieser Position seitdem gefolgt.[26]

Alle hier genannten Ideenhistoriker und Philosophen bestimmen ihr Verhältnis zur Aufklärung nicht nur deskriptiv, sondern stets auch normativ. Ihr Urteil über den Säkularismus der Aufklärung gründen sie auf eine Reihe prominenter Schriften, deren Verfasser sich insbesondere als Kritiker religiöser Orthodoxie und der katholischen Kirche einen Namen gemacht haben. Sofern Autoren aber diesem Profil nicht entsprechen, wird ihnen der Ehrentitel Aufklärer kurzerhand aberkannt. Auch in der Debatte um den Ursprungsort und um die wichtigsten Zentren der Aufklärung bedienen sich die Wissenschaftler gerne eines normativen Verständnisses von Aufklärung: Die *philosophes* werden daraufhin überprüft, ob sie bestimmte, vom heutigen Forscher als konstitutiv angesehene Ideen vertreten haben oder nicht – und ob sie daher als Stammväter der Aufklärung taugen. Je größer man die Rolle der Religionskritik veranschlagt, desto bedeutsamer erscheinen Spinoza und der Kreis der Enzyklopädisten. England rückt dann in die zweite Reihe, Deutschland ist auf der Landkarte der Aufklärung, folgt man Peter Gay, gar nicht wirklich vertreten.[27]

Der britische Historiker Roy Porter verweigert sich hingegen dieser Gleichsetzung von Aufklärung mit Atheismus, Republikanismus und Materialismus und sieht stattdessen England als das wahre Ursprungsland der Aufklärung. Nicht nur hätten Locke und Newton wichtige Beiträge zur Revolution unseres Weltbildes geleistet, sondern dies sei nach der *Glorious Revolution* weitgehend im Einklang mit den politischen Eliten ihres Landes möglich gewesen.[28] Bei der »creation of a modern world« habe Großbritannien eine führende Rolle gespielt und vielen französischen Aufklärern wie Montesquieu und Voltaire als Musterland gegolten. Porter weist zwar die Gleichsetzung von Aufklärung und Materialismus zurück, hat aber seinerseits eine klare Vorstellung davon, was echte Aufklärer auszeichne und welche Bedeutung hierbei britischen Autoren zugebilligt werden müsse.[29] Vor allem aber habe die englische Aufklärung dem Individualismus den Weg gebahnt und damit einen wichtigen Beitrag für die Freiheitsrechte des Einzelnen in der Moderne geleistet.[30]

Bei allen hier angeführten Forschern ist Aufklärung ein positiver Begriff, gebunden an bestimmte – jeweils unterschiedliche – Programmideen, die als konstitutiv für die moderne Welt sowie für die eigene nationale oder europäische Identität angesehen werden. Die Bedeutung und die Wirkung einzelner Persönlichkeiten wird aus letztlich ideellen Gründen behauptet – empirische Daten wie Auflagenzahl und Verbreitung der Werke, die Einbettung ihrer Verfasser in das literarische und das politische Umfeld ihrer Zeit spielen hierbei meist eine untergeordnete Rolle. Bei keinem Autor der aktuellen Aufklärungsforschung tritt dies so deutlich und unverhüllt zutage wie bei dem oben bereits erwähnten Jonathan Israel. Mit seinen drei monumentalen Monographien *Radical Enlightenment* (2001), *Enlightenment Contested* (2006) und *Democratic Enlightenment* (2011) hat er sich den Ruf erworben, einer der profiliertesten Aufklärungsforscher der Gegenwart zu sein. Daher soll seine Argumentation Pars pro Toto auf dem Prüfstein stehen, um an ihrem Beispiel Probleme einer auf die Gegenwart fokussierten Aufklärungsforschung darzulegen.

Israels Werk ist sehr kontrovers aufgenommen worden. Zugleich stand jedoch sein Anliegen, die Aufklärung zum intellektuellen Gründungsort der Moderne zu machen, bislang nicht im Mittelpunkt der Kritik. Bemängelt wurden in aller Regel lediglich Israels Tendenz zur Pauschalisierung, sein Denken in »Schubladen« und seine allzu starke Hervorhebung des Spinozismus.[31] Grundlegender sind die Kritiken Samuel Moyns und Antoine Liltis gewesen.[32] Aber selbst diese Historiker haben die vermeintliche Modernität der Denkansätze, die Israel als »radikal« einstuft, nicht grundsätzlich beanstandet.[33] Das Ziel Israels ist es, die Wichtigkeit der »radikalen Aufklärung« und vor allem Spinozas für die Herausbildung der »modernen Welt«, einer Welt von Toleranz, Vernunft, Freiheit und Gleichheit, hervorzuheben.[34] Hierbei geht er vor allem gegen zwei Forschungstendenzen vor: erstens gegen die These, es habe national unterschiedliche »Aufklärungen« gegeben, und zweitens gegen die Neigung vieler Aufklärungshistoriker, die Aufklärung als Einheit zu konstruieren und ihr als Ganzes eine emanzipatorische Wirkung zuzuschreiben. Für Israel kommt aber nicht allen Personen, die man gemeinhin als Aufklärer bezeichnet, das Verdienst zu, unsere politischen Wertvorstellungen gegen alle Widerstände der Beharrungskräfte des Ancien Régime erkämpft zu haben, sondern nur einer kleinen Auswahl kritischer Geister. Diese Avantgarde zählt er zur radikalen Aufklärung. Sie allein habe der Freiheit und der Demokratie den Weg gebahnt:

»Die radikale Aufklärung umfasst eine Reihe von grundlegenden Prinzipien, die konzis wie folgt zusammengefasst werden können: Demokratie; Gleichheit zwischen den Rassen und zwischen den Geschlechtern, individuelle Freiheit und freie Wahl des Lebensstils; vollständige Denk-, Rede- und Pressefreiheit; die Befreiung der Gesetzgebung und der Bildung von religiösen Mächten; und die vollständige Trennung von Kirche und Staat. […] Ihre Hauptleitsätze lauten, dass alle Menschen dieselben Grundbedürfnisse, Rechte und denselben Status haben, unabhängig von ihren Glaubenssätzen oder ihrer Zugehörigkeit zu einer religiösen, ökonomischen oder ethnischen Gruppe, und dass folglich alle gleich behandelt werden sollten, auf der Grundlage der Gerechtigkeit, ob schwarz oder weiß, Mann oder Frau, religiös oder nichtreligiös […].«[35]

In drei monumentalen Bänden durchforstet Israel die europäische wie die außereuropäische Ideenwelt auf der Suche nach Vertretern der radikalen Aufklärung. Als deren Gründungsvater stellt er Spinoza heraus. Er sei der erste Aufklärer gewesen, der eine radikale Religionskritik mit einem Angriff auf die gesellschaftlichen und politischen Strukturen seiner Zeit verknüpft habe. Dieser Zusammenhang von Religionskritik und umfassender Herrschaftskritik sei notwendig, um der radikalen Aufklärung zugerechnet werden zu können. Nur diese Radikalität des Denkens habe das Ancien Régime zum Einsturz gebracht. Die überwältigende Mehrheit der Aufklärer vertrete hingegen nur die moderate Aufklärung. Diese Autoren hätten zwar gleichfalls punktuelle Kritik geübt, sich aber zugleich mit den gesellschaftlichen Verhältnissen ihrer Zeit arrangiert. Ihnen blieb daher auch die revolutionäre Wirkung verwehrt, die man der radikalen Aufklärung zubilligen müsse. Obwohl Israel sich bemüht, die Aufklärung global zu erforschen, bleibt seine Aufklärungsgeographie im Endeffekt klassisch: [36] Genauso wie Paul Hazard betont er die Bedeutung der Niederlande (Spinoza) für die Früh- und Frankreichs (Diderot, Holbach, Condorcet) für die Spätaufklärung. Nur dort macht er radikale Aufklärer in hinreichender Anzahl und Prominenz ausfindig.

Mit welchen Argumenten begründet Israel nun die revolutionäre Wirkung radikaler Aufklärer im Gegensatz zur Harmlosigkeit der Moderaten? Hier muss man antworten: Er begründet sie gar nicht. Die Erkenntnisse der Sozialgeschichte der Aufklärung und der Gesetze des Buchmarkts im 18. Jahrhundert blendet Israel konsequent aus.[37] Die radikalen Ideen scheinen bei Israel gleichsam selbst zu wirken. Ein Nachweis der Wirkungsgeschichte des Spinozismus, der wissenschaftlichen Kriterien standhält, gelingt ihm so nicht.[38] Stattdessen baut er seine Argumentation zum Teil auf Werke auf, die im 18. Jahrhundert nicht einmal als Handschriften zirkulierten.[39] In Samuel Moyns Augen erinnert Israels Geschichtsschreibung mehr an eine religiöse Bekenntnisschrift denn an eine historische Analyse.[40] Diese Tendenz findet sich bei zahlreichen Aufklärungsforschern: So verlässt Robert Darnton, einer der einflussreichsten Historiker des 20. Jahrhunderts, in seiner Verteidigung der *philosophes* erklärtermaßen die Rolle des Historikers und schlüpft in die Haut des Predigers, um für die Aufklärung zu werben.[41]

Im Einklang mit dieser idealistischen und quasireligiösen Sichtweise sucht Israel nach einer Essenz der »wahren« Aufklärung und definiert sie anhand von ideologischen Kriterien.[42] Dieses Set an Glaubenssätzen ermöglicht ihm, Autoren und Texte zuzuordnen und einzusortieren.[43] Alles, was nicht in das binäre Schema radikale und moderate Aufklärung passt, wie der Zusammenhang von Esoterik und Aufklärung,[44] wird einfach ignoriert. Vor allem aber führt dieses Vorgehen dazu, dass Israel keine wahrhaftige Quellenanalyse vornimmt. Er sucht einfach nach Indikatoren für einen der beiden Aufklärungstypen und ordnet die Texte einer der beiden von ihm definierten Richtungen zu.[45]

Auch hier kann seine Vorgehensweise als typisch für einen wichtigen Teil der historisch arbeitenden Aufklärungsforschung gelten, wie Robert Darntons Essay *George Washingtons falsche Zähne* zeigt. Darnton lehnt zwar eine Definition der Aufklärung anhand von bestimmten Ideen ausdrücklich ab, doch betrachtet er die Aufklärung als eine Bewegung mit einem Programm. Worin dieses Programm in seinen Augen bestand, legt er nicht ausdrücklich dar, wird aber in seiner Antwort auf die postmoderne Kritik deutlich: Die *philosophes* hätten Anstrengungen unternommen, das Los fremder Völker zu verbessern; sie seien keine Imperialisten und keine Rassisten gewesen; hätten für die Gerechtigkeit, die politische Freiheit und die Emanzipation der Sklaven und der Frauen gekämpft.[46] Man kann hier ebenso wie bei Israel die Tendenz am Werk sehen, alles auszublenden, was nicht zum Bild einer modernen Aufklärung passt, mit der man sich als liberaler Demokrat identifizieren kann, wie zum Beispiel der Rassismus von Voltaire und Kant oder der Imperialismus Raynals. Darnton hat den Blick der Aufklärungsforschung in wichtigen empirischen Studien erweitert.[47] Die Qualität dieser Untersuchungen steht außer Zweifel. In dem Moment allerdings, wo er versucht, die Relevanz der Aufklärung für die Gegenwart zu bestimmen, verfällt er in hergebrachte apologetische Muster.

Dieser Umgang mit Autoren des 18. Jahrhunderts wirft die Frage auf, was wir eigentlich wissen wollen, wenn wir uns mit Texten und ihren Verfassern beschäftigen. Vielen Autoren scheint es um ein Pantheon der modernen Gesellschaft zu gehen, wo die wissenschaftliche Auseinandersetzung darum kreist, wem dort ein Ehrenplatz einzuräumen sei und wem nicht. Die französischen Revolutionäre haben diese Frage auf ihre Weise beantwortet und Voltaire und Rousseau auf triumphale Weise ins Pantheon überführt, also zwei »moderaten« Aufklärern gehuldigt und die radikalen Aufklärer übersehen. Die von ihnen zu Vordenkern der Revolution erkorenen *philosophes* waren offenbar andere als diejenigen, die uns Israel als Urväter der Revolution anpreist. Lässt man diese Inkongruenz einmal beiseite, bleibt die Frage bestehen, was mit einer Sortierleistung in der Art Israels für das Verständnis der Aufklärungszeit gewonnen ist. Sollte man nicht die Autoren und deren Texte in den sozialen und politischen Kontexten ihrer Zeit untersuchen, statt ihre Schriften nach Spuren von Modernität zu durchkämmen?

Wohin Letzteres führen kann, lässt sich bei Israel gut nachvollziehen. So ist seine Darlegung des politischen Denkens von Spinoza, den er als Demokraten klassifiziert, ein reiner Anachronismus. Spinoza stellt in seinem

Tractatus politicus die Legitimität der (absoluten) Monarchie grundsätzlich in Frage. Ist er deswegen demokratisch? Oder äußert sich hier ein niederländischer Republikaner in einer Zeit, als sich die Vereinigten Provinzen der Niederlande im Krieg gegen das Frankreich Ludwigs XIV. befanden, und ein Vierteljahrhundert nachdem Statthalter Wilhelm II. von Oranien erfolglos versucht hatte, eine Monarchie durch einen Staatsstreich zu etablieren?[48] Spinozas Aussagen scheinen dem Mainstream eines republikanischen Denkens zu entsprechen, das in den Niederlanden staatstragende Züge hatte.[49] Nur durch eine Entkontextualisierung kann man Spinoza zum Gründer einer demokratischen Traditionslinie erheben. Genauso anachronistisch ist Israels Umgang mit Boulainvilliers, dem Autor eines Werkes über das angebliche Primat der Generalstände im alten Frankreich.[50] Boulainvilliers gilt Israel als radikaler Aufklärer (als »der zweite Gründungsvater – nach Fontenelle – der französischen radikalen Aufklärung«),[51] weil er ein »spinozistischer Deist« gewesen sei. Wer aber Spinozas »one-substance philosophy« teile, die besagt, man könne zwischen Materie und Geist, zwischen Gott und dem Universum nicht unterscheiden, der stimme auch mit den anderen Punkten von Spinozas progressiver Agenda überein.[52] Dabei diente Boulainvilliers' Theorie einer fränkischen Herkunft des französischen Adels dazu, die Vormacht dieses Standes zu behaupten.[53] Boulainvilliers' Thesen erinnern eher an die »sarmatischen« Theorien des polnischen Adels, die im 18. Jahrhundert in Polen als antiaufklärerisch galten,[54] als an die französischen Revolutionäre, die Erben dieser »radikalen Aufklärung« gewesen sein sollen. Hätte der amerikanische Historiker den Kontext berücksichtigt, in den die Schrift Boulainvilliers' einzuordnen ist, und die Wirkungsabsicht des Autors zu ergründen versucht, statt seine Radikalität und damit seine Modernität zu postulieren, wäre seine Einschätzung zweifellos eine andere gewesen.

Am Ende bleibt die Frage, was die Aufklärungsforscher zu ihrer selektiven und teilweise eigenwilligen Umgangsweise mit Autoren und Texten des 17. und 18. Jahrhunderts veranlassen mag. Die künstliche Einheit der (radikalen) Aufklärung dient vordringlich einem Zweck: Die (radikale) Aufklärung soll als Kern und Ursprungsort der politischen Grundwerte der westlichen Welt positiv herausgehoben und gegen Kritik verteidigt werden. Darnton gibt zu, mit seinen Aufklärungsbildern liberaldemokratische Werte vermitteln zu wollen,[55] und wiederholt stellt Israel die vermeintliche Modernität der radikalen Aufklärer heraus, die er uns als Gesinnungsgenossen und unermüdliche Vorkämpfer unserer heutigen Grundwerte vorstellt. Diese Helden sind merkwürdig aus der Zeit gefallen, sie kämpfen als Außenseiter mit einer modernen Agenda gegen eine Welt überkommener Geister des Ancien Régime, die die Zeichen der Zeit nicht haben erkennen können oder wollen. Hier wird der Preis sichtbar, den wir zahlen müssen, wenn wir die Vergangenheit nur nach Spuren der Moderne durchforsten. Statt die Autoren und ihre Äußerungen in ihrem jeweiligen Kontext zu verstehen, projizieren wir unsere Wertvorstellungen in deren Texte und machen aus ihnen Gründungsväter einer Moderne, von deren Existenz sie nicht wissen konnten. Wir möchten dagegen die Frage stellen, ob die Aufklärer wirklich die Werte vertreten haben, die sie erfunden haben sollen.

Es hat im 20. Jahrhundert prominente Wissenschaftler gegeben, die den Ideen der Aufklärung ihre Modernität absprachen und eine Historisierung dieser Epoche anmahnten. Der amerikanische Historiker Carl L. Becker ragt hier mit seiner 1931 in Yale gehaltenen Vorlesungsreihe, erschienen unter dem Titel *Der Gottesstaat der Philosophen des 18. Jahrhunderts,* besonders heraus.[56] Trotz aller Kritik der französischen *philosophes* am Ancien Régime, an Kirche und Klerus deutet Becker die Ideen der Aufklärer in der Tradition christlicher Weltanschauung.[57] Er will den Nachweis führen, dass »die grundlegenden Begriffe der Gedankenwelt des 18. Jahrhunderts [...] genau die gleichen waren wie die des 13. Jahrhunderts«, dass »die Philosophen die Civitas Dei des heiligen Augustin nur zerstörten, um sie mit modernem Material wieder aufzubauen«.[58] Die Aufklärer hatten zwar »dem Gegenstand ihrer Verehrung eine andere Form und einen anderen Namen gegeben: sie hatten Gott entthront, die Natur aber vergöttlicht«.[59] Nicht die kritische Vernunft trat aber an die Stelle der Religion, sondern eine neue Religion der Aufklärer verdrängte die Religion der Theologen und Geistlichen.[60] Versprach das Christentum dem Gläubigen Erlösung im Jenseits, so wurde das Heilsversprechen von den Aufklärern in die irdische Zukunft der Menschheit verlegt: Aufklärer wie Diderot versprachen sich vom Gedächtnis der Nachwelt Unsterblichkeit.[61]

Der Philosoph und Ideenhistoriker Isaiah Berlin zeigte eine vergleichbar kritische Distanz gegenüber dem Glauben der Aufklärer, das Licht der Wahrheit sei überall und jederzeit das gleiche und die gesellschaftliche Entwicklung gehorche stets denselben Gesetzen. In seinen Augen war diese Idee einer universellen Wahrheit kein Kennzeichen einer philosophischen Revolution. Vielmehr sah Berlin darin den Beleg, dass die Aufklärer im Rahmen der christlichen Tradition und Begriffe blieben. Die wirkliche revolutionäre

Zäsur sei vielmehr in der Erfindung des Relativismus in der Romantik zu suchen.[62] Die Geschichtsschreibung Berlins ging mit der Überzeugung einher, dass Wertepluralismus unvermeidbar sei und als wesentliches Kennzeichen der modernen Welt zu gelten habe. Pluralismus als erstrebenswertes Ziel einer Gesellschaft setzt aber voraus, dass den Ambitionen der universalen ethischen Theorie Grenzen gesetzt werden müssten. Dazu seien die Aufklärer jedoch Berlin zufolge nicht bereit gewesen.[63]

Becker und Berlin sind zwei prominente Autoren innerhalb der Aufklärungsforschung, die sich dem allgemeinen Trend, in der Aufklärung die Moderne ihren Anfang nehmen zu lassen, überzeugend entgegenstellten. Unser Anliegen einer Historisierung der Aufklärung sehen wir hier mit guten Argumenten vertreten. Leider verhallten ihre Plädoyers über die Fremdheit des aufgeklärten Wertehimmels weitgehend ungehört.[64] Insbesondere in der deutschsprachigen Aufklärungsforschung ist Beckers *Gottesstaat der Philosophen* so gut wie vergessen und Berlins Zweifel an der Modernität der Aufklärungsideen hatten bei aller Prominenz dieses Autors ebenfalls wenig Resonanz. Wenn beide Ideenhistoriker weiterhin vor allem in der englischsprachigen Forschung als Autoritäten angeführt werden, dann im Rahmen einer Aufklärungskritik, die die Philosophie des 18. Jahrhunderts gleichfalls unmittelbar mit der Gegenwart in Verbindung bringt, nun aber nicht als positiven Erinnerungsort der Moderne, sondern als negativen Bezugspunkt.[65] Dies war jedoch nicht das Anliegen, mit dem Becker und Berlin angetreten waren.

Die etablierte Erzählung von der Aufklärung als Gründungsepoche der Moderne haben Aufklärungskritiker seit der Mitte des 20. Jahrhunderts gerne aufgegriffen, aber mit negativem Vorzeichen versehen. Besonders prominent wurde der 1944 von Theodor Adorno und Max Horkheimer verfasste Band *Dialektik der Aufklärung*, in dem beide Autoren der Frage nachgehen, ob sich die nationalsozialistische Barbarei nicht auf dialektische Weise auf die Aufklärung zurückführen lasse, oder konkreter: ob nicht die instrumentelle Vernunft Folgen zeitigte, die nicht mit den ursprünglichen Absichten der Aufklärung identisch seien. Auch wenn Adornos und Horkheimers Kritik an der rein instrumentellen Vernunft heute einiges an ihrer Brisanz eingebüßt hat, zeigt sich hier bereits ein Grundzug der Aufklärungskritik, der sich auch bei späteren Autoren wiederfindet: Fehlentwicklungen und Verbrechen in der Gegenwart werden ursächlich auf die Aufklärung zurückgeführt. Diese Art der Aufklärungskritik hat insbesondere unter postmodernen

Autoren Konjunktur.[66] Somit werden seit der Postmoderne Aufklärung und Gegenwart auf zweierlei Weise miteinander verknüpft: Die Aufklärung dient entweder als positiver Ursprungsort und Bezugspunkt unserer politischen Wertvorstellungen oder als Quelle von gesellschaftlichen Fehlentwicklungen, Ungerechtigkeiten und Verbrechen, die es anzuprangern gilt – nicht nur in der Gegenwart, sondern auch im Aufklärungszeitalter, da hier die geistigen Wurzeln zu suchen seien.

Auf welchen Feldern wird die Aufklärung an den Pranger gestellt? Seit den 1980er Jahren wurde vielfach darauf hingewiesen, dass zahlreiche Aufklärer Frauen und Afrikaner im Vergleich zu Männern und Weißen als weniger vernunftbegabt ansahen. In der Tat arbeitete Immanuel Kant aktiv an der Entwicklung von rassistischen Theorien und lieferte in Anlehnung an Buffon eine Rassendefinition, die im 19. Jahrhundert einen großen Einfluss ausüben sollte.[67] Auch unterstrich die Geschlechtergeschichte, wie sehr Rousseau, Voltaire, aber auch Diderot, den Jonathan Israel als eine Speerspitze der »radikalen Aufklärung« versteht, den Frauen Mängel beim Räsonieren und eine fehlende Schöpfungskraft attestierten und ihnen daher in der Gesellschaft nur inferiore Rollen zugestanden.[68] Neben Schwarzen und Frauen seien auch Juden in der Aufklärung von manchen prominenten Autoren wie Voltaire ausgegrenzt worden, und so schlössen sich Aufklärung und Antisemitismus keineswegs aus. Auch bei der Suche nach den geistigen Ursprüngen von Auschwitz schlugen manche Autoren eine Brücke zur Aufklärung.[69]

Becker und Berlin werden in der Postmoderne mitunter als Vordenker angeführt. In der Tat brachte der postmoderne Blick – den man im Sinne Lyotards als eine Auseinandersetzung mit den Großerzählungen der und über die Moderne definieren kann[70] – eine neuartige Distanzierung gegenüber der Fortschrittsrhetorik des 18. Jahrhunderts. So kam es in der Aufklärungsforschung der 1980er Jahre zur Verbindung von postmodernem Denken mit feministischer und postkolonialer Kritik. Herausgehoben wurde die Untrennbarkeit von aufklärerischen Denkansätzen und Machtansprüchen. Das Bestreben der staatlichen und imperialen Akteure, die Wissenschaft, den Fortschritt, die Vernunft, die Moderne zu fördern, habe im 19. und 20. Jahrhundert die Etablierung von Herrschaftsverhältnissen legitimiert und teilweise verdeckt.[71] In diesem Zusammenhang wird ein Autor wie Condorcet, der in seinem *Entwurf eines Gemäldes der Fortschritte des menschlichen Geistes* die zukünftige Unterwerfung aller menschlichen Gesellschaften unter dieselben vernünftigen Prinzipien ankündigte, vollkommen anders als in Israels Heldengeschichte bewertet – nämlich als Imperialist.[72] Dieser Fortschrittsanspruch wird insbesondere von manchen postmodernen Philosophen wie John Gray und Alasdaire MacIntyre mit einem »Enlightenment project« gleichgesetzt, das auf einem »homogenisierenden und totalitären Diskurs«, einer »abstrakten und imperialistischen Fiktion« und einem Willen, gegen die Vielfalt der Welt vorzugehen, beruht habe.[73] So behauptet Gray, dass bei allen Unterschieden in ihrem Denken die Aufklärer das »Kernprojekt« verteidigt hätten, die lokalen, traditionalen und religiösen Normen und Glaubenssätze durch eine kritische, vernunftbasierte Moral zu ersetzen, die als Grundlage einer universalen Zivilisation dienen sollte.[74] Diesem Projekt der Aufklärung, das sowohl Marx als auch Hayek, Popper, Rawls und Habermas inspiriert habe, liege eine Anthropologie zu Grunde, die kulturelle Differenzen als unwichtig verstehe. Kulturelle Identitäten würden lediglich als Lifestyles konzipiert, die man wählen könne. Dabei seien Identitäten aber eher Schicksal als das Ergebnis einer Wahl.[75] Aus diesem Grund habe die Welt im späten 20. Jahrhundert eine Reaktion gegen die Moderne erlebt, die zu einer Entzauberung der aufklärerischen Weltsicht geführt habe. Das Aufklärungsprojekt, das »das dominante Projekt der Moderne« gewesen sei, habe sich selbst zerstört und wir lebten in dessen Trümmern. Es habe sein Ziel verfehlt, eine universale Moral hervorzubringen.[76]

Seit dem Aufkommen der postmodernen Aufklärungskritik ist eine Auseinandersetzung über die gute oder die schlechte Aufklärung entbrannt, die bis heute anhält. Dabei sind viele wichtige Aspekte der Ideengeschichte des 18. Jahrhunderts zur Sprache gekommen, ohne dass jedoch der direkte Bezug auf die Moderne von den Befürwortern oder den Kritikern der Aufklärung preisgegeben wurde. So wurden die oben besprochenen Veröffentlichungen Darntons und Israels als Verteidigungsschriften der Aufklärung gegen die postmoderne Kritik verfasst, in denen sie zumindest für prominente französische *philosophes* und den Kreis der Enzyklopädisten ausdrücklich an den traditionellen heroisierenden Bildern festhalten.[77] Darnton und Israel stehen mit ihrem Versuch einer Ehrenrettung der Aufklärung keineswegs allein. Der Chicagoer Historiker Sankar Muthu verteidigte vor kurzem in einer beachteten Monographie die These, ein Teil der Aufklärer sei zum Antikolonialismus dadurch gekommen, dass sie den Nichteuropäern »cultural agency« – also die Fähigkeit, eine eigene Kultur hervorzubringen – zuerkannt hätten. Sie hätten somit genau das gemacht, was die postmodernen Theoretiker ihnen vorgeworfen hatten, nicht getan zu haben. Jean Ehrard geht in *Lumières et Esclavage* noch weiter: Er empört sich gegen die postmoderne »Mode«, die zu einer »Verunglimpfung des Zeitalters Voltaires« führe, und möchte mit seinem Buch den allmählichen Aufstieg der Ideen nachzeichnen, die in der Französischen Revolution zur Abschaffung der Sklaverei geführt hätten.[78] Auch in der Geschlechtergeschichte wurde die Aufklärungskritik nicht unwidersprochen hingenommen und die Tendenz vieler Feministinnen bemängelt, die Vergangenheit anachronistisch anhand eines heutigen Wertekanons zu bewerten.[79] In den letzten 20 Jahren wurde wiederholt angemerkt, dass das postmoderne Bild der Aufklärung zu abstrakt, zu homogen und zu teleologisch sei.[80] Wie bereits gezeigt wurde, gilt dieses Urteil allerdings nicht nur für postmoderne Aufklärungsforscher, sondern für große Teile der Aufklärungsforschung insgesamt.

Dies ist der Grund, weshalb wir einen alternativen Weg vorschlagen wollen, um die Aufklärung in den Blick zu nehmen. Zweierlei ist hierfür bedeutsam: zum einen eine konsequente Historisierung der Aufklärung, also die Analyse einer abgeschlossenen Epoche ohne das Ziel, Wurzeln der Moderne ausfindig zu machen; zum anderen eine konsequente Kontextualisierung der Autoren, die als Aufklärer bezeichnet werden, und der Texte, denen sie ihren Namen verdanken. Es geht darum, die Eigenlogik der Akteure selbst in einer uns fremd gewordenen Zeit verstehen zu wollen und nicht nach unseren eigenen Vorstellungen in der Vergangenheit zu suchen. Sowohl die Historisierung des Gegenstandes als auch dessen Kontextualisierung legen es nahe, die Akteure selbst in den Blick zu nehmen, die als Aufklärer von sich reden machten, und nach ihren Strategien und Geltungsansprüchen zu fragen.

Die Aufklärer und ihr Geltungsanspruch

Was kann man unter »Aufklärung« überhaupt verstehen? Was zeichnet »die Aufklärer« aus, was macht sie zu einer Personengruppe, die sich von ihren Mitmenschen unterschied? Wir schlagen hier einen reduktionistischen Ansatz vor und zählen zunächst ausschließlich diejenigen zu den »Aufklärern«, die sich selbst so bezeichnet haben bzw. den Anspruch formuliert haben, für die Durchsetzung der Vernunft zu kämpfen. Nimmt man die Selbstbezeichnung zum Maßstab, so dürfte sich zeigen, dass es sich hier im 18. Jahrhundert um einen vergleichsweise überschaubaren Personenkreis, in jedem Fall um ein Elitenphänomen handelte. Die öffentliche Resonanz, die diese Gruppe erzielte, war hingegen gewaltig.

Das Projekt einer Historisierung der Aufklärung sollte daher mit Überlegungen zum Begriff »Aufklärung« seinen Anfang nehmen. Die Begriffsgeschichte zeigt, dass »Aufklärung« nicht von seinem polemischen Inhalt zu trennen ist. Diese Tatsache ist allgemein bekannt. Sie scheint gleichwohl in der Aufklärungsforschung nicht die notwendige Beachtung zu erfahren und bleibt nicht nur in den deutschen Feuilletons, sondern auch bis in jüngste Untersuchungen zur Aufklärungszeit folgenlos. Gerade der polemische Gehalt des Begriffs »Aufklärung« gibt uns aber einen maßgeblichen Schlüssel zum Verständnis der Wirkungsabsicht in die Hand, mit der er sowohl im 18. Jahrhundert als auch in der Historiographie des 19. und 20. Jahrhunderts jeweils zielgerichtet verwendet wurde.

Die Lichtmetapher stammt ursprünglich aus dem Bereich der Theologie und der Frömmigkeit. Bereits in der Bibel steht sie für die göttliche Eingebung. Im 17. Jahrhundert wurde der Begriff »lumière« im Französischen immer stärker mit der von Gott geschenkten natürlichen Vernunft assoziiert. Ab der ersten Hälfte des 18. Jahrhunderts verwendete man des Öfteren die Pluralform, um die Summe der Wissensbestände zu bezeichnen, ohne dass der Begriff seinen religiösen Beiklang verlor. Fontenelle scheint der erste prominente Autor gewesen zu sein, der von einem »Siècle des Lumières« sprach. Im Kontext der *querelle des anciens et des modernes* beanspruchten er und seine Kollegen von der Akademie damit die Überlegenheit der Wissenschaften ihrer Zeit – und somit ihres eigenen Wirkungsbereichs – gegenüber denen der Antike.[81] Der deutsche Begriff der Aufklärung oder auch der russische »prosveščenie« sind ebenso wie die »Lumières« keine Erfindung nachfolgender Generationen wie etwa der Begriff »Absolutismus«,[82] sondern – im Gegensatz zum englischen »Enlightenment«, dem italienischen »illuminismo« und dem polnischen »oświecenie« – eine Wortschöpfung der Zeitgenossen.[83] Sie knüpften an den französischen Begriff an, um sich einer bereits prominenten Personen- und Autorengruppe zuzugesellen. Häufig ging es im 18. Jahrhundert allerdings nicht mehr – wie in der *querelle* – um eine Überlegenheit der Moderne über die Antike, sondern um eine Abgrenzung gegenüber Zeitgenossen, um das Reklamieren einer privilegierten Sprecherrolle und eines herausgehobenen Wahrheitsanspruchs.

Der Begriff – und die damit implizierte Geschichtserzählung – verdanken sich nicht zweckfreien Betrachtungen der Zeitgenossen über den charakteristischen Denkstil ihrer Zeit, sondern dienten bestimmten Akteuren zur polemischen Selbstbestimmung im öffentlich ausgetragenen Meinungskampf. Wenn Autoren sich der Pflicht verschrieben, die Öffentlichkeit oder bestimmte Gruppen »aufzuklären«, so meinten sie damit nicht weniger, als Licht zu bringen, wo bisher Schatten war. Es ging ihnen darum, den Maßstab der Vernunft anzulegen, wo bisher irrationale Maßstäbe vorgeherrscht hätten. Das Aufklären war daher keine wertneutrale Tätigkeitsbeschreibung, sondern eine höchst polemische Selbstverortung derjenigen, die sich in der Rolle der Aufklärer inszenierten. Kritikern und Widersachern fällt bei dieser Selbstbeschreibung automatisch die Rolle zu, auf der anderen Seite von Licht und Vernunft zu stehen, als irrational, ja bisweilen auch als fanatisch gebrandmarkte Fürsprecher der Finsternis.

Im Gegensatz zu vielen anderen in der Geschichtswissenschaft geläufigen Gruppenbezeichnungen handelt es sich beim Begriff »Aufklärer« also nicht um eine pejorative Fremdzuschreibung (wie bei Machiavellist, Puritaner, Pietist, Dreyfusard etc.), sondern um eine Selbstbeschreibung, die den öffentlichen Auftritt bestimmter Akteure auf den Punkt bringt. Jenseits aller dabei verfochtenen Ideen und Inhalte im Einzelnen war das Aufklären, im Sinne der Bezeichnung der eigenen Tätigkeit, eine diskursive Praxis bestimmter Autoren, die damit Legitimität für ihre Positionen einforderten und ihren Kritikern Legitimität absprachen. Das Aufklären war eine Geltungsbehauptung von öffentlichen Persönlichkeiten, die sich damit als Lehrer und Erzieher ihrer Mitmenschen in Szene setzten.

Diese Inszenierungspraxis institutionalisierte sich im Laufe des 18. Jahrhunderts zu einer Rolle, die wir heute am ehesten mit dem Begriff des Intellektuellen bezeichnen würden und die die damaligen Zeitgenossen meist als »philosophe« deklarierten. Wenn man fragt, wer im 18. Jahrhundert zu den Aufklärern gerechnet werden könne, so trifft das wohl am ehesten für all diejenigen zu, die sich in der Öffentlichkeit zu Wort meldeten und mit dem Anspruch auftraten, durch ihre Wortmeldung zur Durchsetzung der Vernunft beizutragen. Ein Aufklärer, der still im Verborgenen wirkt, entsprach nicht dem Rollenbild.

Unser Ziel ist also nicht zu behaupten, es habe gar kein Zeitalter der Aufklärung gegeben, sondern zu zeigen, dass es problematisch ist, diese Periode als die Gründungszeit einer größeren Epoche – der Moderne – zu beschreiben. Statt Kontinuitätslinien bis heute zu postulieren, muss man unseres Erachtens eher die Funktion dieses Begriffes im diskursiven, sozialen und politischen Kontext des 18. Jahrhunderts klar bestimmen und deutlich machen, welche Assoziationen der Begriff auslöste, ja aus Sicht derjenigen, die sich als Aufklärer verstanden, auslösen sollte:

1. Die exklusive Inanspruchnahme der Vernunft für eigene, jeweils ganz unterschiedliche Positionen.
2. Die Selbstermächtigung bestimmter Autoren zur Kritik und zur Intervention in politische und gesellschaftliche Belange.
3. Die meist moralische Deklassierung bestimmter Gruppen und Widersacher.
4. Die Idee einer Prozesshaftigkeit der Geschichte und eines eigenen Beitrags in einer Fortschrittsentwicklung der Menschheit in dem Maße, in dem die Aufklärung sich in den einzelnen Gesellschaften und letztlich global und kulturübergreifend durchsetzt.
5. Die Vorstellung von der eigenen Zeit, dem 18. Jahrhundert, als Zeit der Emanzipation von überkommenen Ideen und einer Epoche der Aufklärung, die die Zeitgenossen von der Unvernunft der vergangenen Epochen befreit und das Leben nach Grundsätzen einer natürlichen Vernunft ermöglicht.

Es waren ganz unterschiedliche Autoren, die sich der diskursiven Praxis des Aufklärens bedienten: freie Schriftsteller wie Voltaire und Diderot, Neu- oder »Altadlige« wie der Baron von Holbach, François Jean de Chastellux und Louis de Jaucourt, Könige wie Friedrich II. von Preußen und Karl III. von Spanien, Staatsminister wie Anne Robert Turgot, Kolonialverwalter wie Pierre Poivre, Frauen unterschiedlicher Stände wie die russische Fürstin Daškova, die »maîtresse en titre« Madame de Pompadour und die Pariser Schauspielerin Olympe de Gouge, Universitätsprofessoren wie Immanuel Kant und Adam Ferguson, Akademiker wie Joseph Banks, hohe Amtsträger an Fürstenhöfen wie Thomas Abbt, Juristen wie Moreau de Saint-Méry, Seefahrer wie Louis Antoine Bougainville und Alessandro Malaspina, Mitglieder von esoterischen Gesellschaften wie der Moskauer Freimaurer und Prediger Fedor Avksent'evič Malinovskij, Bischöfe, Äbte und Mönche wie Talleyrand, der Abbé Grégoire und sogar manch ein deutscher Benediktiner.[84]

Es dürfte nur schwer möglich sein, diese unterschiedlichen Autoren einer einzigen sozialen und kulturellen Gruppe zuzuordnen; dafür waren ihre materiellen Voraussetzungen und ihr Erfahrungsraum zu unterschiedlich. Wenn sie sich gleichwohl alle als Aufklärer inszenierten, dann wohl deshalb, weil sie damit eine Autorität in der Öffentlichkeit für sich und ihre Position beanspruchten, die ihnen ihre soziale Position und ihre berufliche Stellung allein nicht oder nicht in dem gewünschten Maße verliehen hätten.[85] Die *République des lettres* des 18. Jahrhunderts war keine soziale Gruppe, sondern ein Kommunikationsraum von Akteuren, die die Rolle der Aufklärer für sich in Anspruch nahmen. Die Möglichkeiten, sich in dieser Rolle in Szene zu setzen, nahmen im Laufe des Jahrhunderts immer mehr zu, verbunden mit dem starken Zuwachs an Druckerzeugnissen, an Büchern, Zeitschriften, Zeitungen.[86]

Dabei waren es keineswegs alles Gleichgesinnte, die sich dieser Rolle bedienten. Vielmehr wurde der Meinungskampf auch gegeneinander ausgetragen. Der Streit der Aufklärer untereinander füllte Buchseiten und Journale, und genau die Begriffe der Aufklärung, des Aufklärers und des Zeitalters der Aufklärung dienten der Polemik. So benutzte Voltaire den Begriff des »siècle des lumières«, um sich polemisch von Fontenelle abzugrenzen: Der Autor des *Essai sur les mœurs* betonte wiederholt, dass das aufgeklärte Zeitalter um 1750 begonnen habe, und wies den Anspruch des »feigen Fontenelle« zurück, er und seine Mitstreiter hätten in einem solchen gelebt. Ist es ein Zufall, dass 1750 just die Zeit war, als Voltaire zu einer Berühmtheit ersten Ranges wurde? Dem Kreis um Holbach zufolge konnte man dagegen Voltaire kaum zur Aufklärung rechnen: Das Zeitalter der Vernunft werde erst anfangen, wenn die Menschen diese »vergöttlicht« und ihr den Platz der Religion zugewiesen haben würden. In der Französischen Revolution wurde gar die Anklage, ein Gegner des Fortschritts der Vernunft zu sein, lebensgefährlich. Der Begriff zeigte im Kontext der zahlreichen gewalttätigen Auseinandersetzungen und Bürgerkriege der Jahre 1789–1800 seinen hohen polemischen Gehalt.[87]

Unter den Spezialisten der Ideengeschichte des 18. Jahrhunderts sind diese Tatsachen bekannt – und werden doch nicht wirklich beachtet. Immer wieder versuchen Historiker, die Aufklärung durch Inhalte zu definieren oder als ein Programm zu verstehen.[88] Selbst der amerikanische Romanist Dan Edelstein, der als einer der wenigen die »Aufklärung« anhand einer Historisierung des Begriffs definiert, vernachlässigt den polemischen Charakter der Lichtmetapher. Edelstein betrachtet die »Aufklärung« als Geschichtsnarrativ oder »régime d'historicité«. Er arbeitet heraus, dass eine neue Erzählung über die Diffusion von Wissen im Frankreich des frühen 18. Jahrhunderts aufgekommen sei, und setzt »die Aufklärung« mit dieser Erzählung gleich. Diese Vorstellung eines »Zeitalters der Aufklärung« habe eine neue Vergemeinschaftung französischer Eliten befördert, die bestimmte kulturelle Praktiken teilten.[89] Letztendlich sucht Edelstein nach dem Gemeinsamen der Aufklärer, nach der Welt- und Geschichtssicht, die sie teilten. Obwohl er sich von einer Definition der »Aufklärung« als einem Ensemble von Ideen verabschieden möchte, kehrt durch die Hintertür hiermit die Vorstellung einer Epoche der Aufklärung zurück, die durch Merkmale definiert wird, die jenseits des Begriffs selbst liegen. Ohne die These angreifen zu wollen, es habe im 18. Jahrhundert eine gelehrte Welt mit eigenen Normen gegeben, möchten wir betonen, dass der Begriff auch der Abgrenzung innerhalb der Gruppe diente, die man gewöhnlich als »Aufklärer« bezeichnet. Mit anderen Worten: Aufklärung war kein Geschichtsnarrativ, sondern eine polemische Selbstinszenierung auf der Grundlage eines Geschichtsnarrativs.

»Aufklärung« war Polemik. Sie war auch stets eine diskursive Schöpfung sozialer Hierarchien. Sie ging mit dem Anspruch einher, die noch nicht Aufgeklärten zu leiten. Im russischen Kontext konnte »Aufklärung« ein Argument gegen die Bauernbefreiung sein: Erst wenn das rohe Volk aufgeklärt sein werde, sei an eine solche zu denken.[90] Auch die von Kant formulierte, viel gepriesene Vorstellung eines »Ausgangs des Menschen aus seiner selbstverschuldeten Unmündigkeit« implizierte ähnliche Hierarchien.[91] Für Immanuel Kant bedeutete »Aufklärung« in den 1780er Jahren zunächst, sich als tragende Säule der preußischen Monarchie zu profilieren. In der Tat liest sich seine Schrift *Was ist Aufklärung?* auch wie ein Panegyrikus zu Ehren Friedrichs II. In dieser Schrift baute er nach dem Vorbild des *Jahrhunderts Ludwigs XIV.* von Voltaire ein potemkinsches Dorf auf: das »Jahrhundert Friedrichs«, eine Epoche des Fortschritts und der Freiheit. Dafür musste er Begriffe umdeuten: Er definierte den »öffentlichen Gebrauch der Vernunft« als »denjenigen, den jemand als Gelehrter von ihr vor dem ganzen Publikum der Leserwelt macht«, und den »Privatgebrauch der Vernunft« als »denjenigen, den [der Mensch] in einem gewissen ihm anvertrauten bürgerlichen Posten oder Amte von seiner Vernunft machen darf«, und verteidigte die These, dieser »Privatgebrauch« dürfe »öfters sehr enge eingeschränkt sein, ohne doch darum den Fortschritt der Aufklärung sonderlich zu hindern«.[92]

Etwa zehn Jahre später beschrieb Kant im *Streit der Fakultäten* das Gesellschaftsmodell eingehender, das er in *Was ist Aufklärung?* eher implizit formuliert hatte. Dieses Modell wertete die gesellschaftliche Rolle der in der Universitätshierarchie unten angesiedelten Philosophen radikal auf. Kant zufolge seien nur die Philosophen dazu berechtigt, die gesellschaftlichen und politischen Normen auf ihre (Un-)Vernünftigkeit hin zu überprüfen. Die vom Staat bestellten Beamten sollten gar nicht mitdiskutieren dürfen, während Kant seine Kollegen von der theologischen und juristischen Fakultät auf die Vorgaben der Regierung verpflichtet und deshalb im Streit mit den Philosophen die Rolle der Verteidiger der Obrigkeit spielen sieht. Für Kant sind nur der Herrscher und seine Räte – nicht das »Volk«, das er für dumm hält – die Adressaten der philosophischen Schriften. Auch solle der philosophische Streit den Rahmen der Universitäten nicht verlassen. Der allgemeine Ausgang der Menschen aus ihrer selbstverschuldeten Unmündigkeit erfolgt verordnet von oben: von der Obrigkeit, die unter dem Einfluss der Universitätsprofessoren der philosophischen Fakultät steht (oder stehen sollte).[93]

Welche Konsequenzen haben der polemische Ursprung des Aufklärungsbegriffs und die diskursive Praxis der Aufklärer für den Historiker und Aufklärungsforscher? In zahlreichen Untersuchungen zur Aufklärungszeit hat es den Anschein, als würden die Geltungsansprüche der Aufklärer von den Historikern kritiklos für bare Münze genommen. So ist immer wieder von der Durchsetzung der Vernunft die Rede, von der Verbesserung der Welt, ja selbst von der Verbreitung des Lichts, ohne dass diese Formulierungen als Selbstzuschreibungen kenntlich gemacht werden und ohne deren polemischen Gehalt zu benennen.[94] Aufklärung wird zum Kennzeichen einer ganzen Epoche erklärt. So gehen die Historiker auf oft erstaunlich naive Weise der Propaganda der Aufklärer auf den Leim. Denn diese Verwendung des Aufklärungsbegriffs hat zuallererst mit Geltungsansprüchen zu tun: Wenn die Aufklärung so wirkmächtig ist, dass sie den Charakter einer ganzen Epoche prägt, dann sind die Aufklärer ganz unabhängig von ihrer sozialen und gesellschaftlichen Position und – des Öfteren – ihrer politischen Machtlosigkeit die Avantgarde der eigenen Zeit, diejenigen, die den Ton angeben und den Zeitgeist bestimmen. Wir meinen, dass man sich als Aufklärungsforscher die Begriffsverwendung der Zeit nicht zu eigen machen und das interessengeleitete Selbstbild der Aufklärer nicht übernehmen darf.

Heißt dies, man solle auf den Begriff der Aufklärung lieber verzichten, wie manche Forscher heute fordern?[95] Dies ist sicherlich der Fall, wenn man nach einer Epoche sucht, die durch bestimmte (vermeintlich fortschrittliche oder moderne) Inhalte gekennzeichnet ist. Dafür ist die Geistesgeschichte des 18. Jahrhunderts zu vielfältig, zu inkohärent und zu wenig von der Zeit davor und danach abzugrenzen. Auch scheint für ein besseres Verständnis der philosophischen Systeme Baruch Spinozas oder Christoph Meiners' das Konstrukt eines »Zeitalters der Aufklärung« nicht wirklich nützlich zu sein. Dies heißt jedoch nicht, dass wir den Begriff der Aufklärung ganz aus unseren Veröffentlichungen verbannen sollten. Nicht nur, weil er der schnellen Verständigung dient – genauso wie der Begriff des Mittelalters –, sondern auch, weil der Anspruch, am Fortschritt mitzuwirken, für viele Intellektuelle in dieser Zeit von zentraler Bedeutung war. Wenn es um die Positionierung von Akteuren als *philosophes* im sozialen Raum geht, ist die Vorstellung einer »Aufklärung« unverzichtbar. Das »Jahrhundert der Aufklärung« ist im Gegensatz zu den meisten Epochenbegriffen (Antike, Mittelalter, Barock …) keine rein anachronistische Konstruktion, sondern eine, die an den Diskurs der Zeitgenossen anknüpft.[96]

Für die Geltungsansprüche der Aufklärer war ferner der Bezug auf die Vernunft von zentraler Bedeutung. Selbstverständlich haben auch alle Widersacher der prominenten *philosophes* für sich in Anspruch genommen, der Vernunft zu folgen und nicht der Unvernunft. Sie rekurrierten gleichfalls auf die Lichtmetaphorik.[97] Auch die Betonung der Tugend, der Natürlichkeit, des Gefühls und der Einfachheit, die bei Rousseau und Simon Linguet mit Attacken gegen die Salon- und Hofphilosophen verbunden war, bedeutete keineswegs eine Kritik der Vernunft.[98] Die Aufgabe des Historikers besteht also darin, herauszufinden, was sich die Menschen früherer Zeiten jeweils unter vernunftgemäßem Handeln vorstellten, und nicht, bestimmten Gruppen und Akteuren Vernünftigkeit zuzugestehen und anderen nicht. Im Unterschied zur Position vieler Aufklärer dürften wir heute der Idee der einen naturgegebenen Vernunft, die es zu erkennen und nach der es zu leben gelte, ohnehin mit Skepsis begegnen. Was Menschen jeweils als vernünftig einleuchtet und was nicht, ist abhängig von zeit-, gruppen- und kulturspezifischen Faktoren – und damit Teil der öffentlichen Kontroverse, keine feststehende, allgemeingültige Wahrheit. Ebenso sind Zweifel angebracht, wenn Geschichte als »Fortschritt« gedacht wird oder wenn das 18. Jahrhundert pauschal als »Zeitalter der Aufklärung« benannt wird.

Es sollte in der Aufklärungsforschung darum gehen, die Aussagen, die gemeinhin als aufgeklärt deklariert werden, in den jeweiligen Entstehungskontext einzubetten, die zeitgenössischen Debatten zu berücksichtigen, nach den Wirkungsabsichten zu fragen und die Legitimationsquellen zu untersuchen, mit denen die Aussagen und Forderungen gerechtfertigt wurden, also die Traditionen zu benennen, in die sich die »Aufklärer« selbst gestellt haben.[99] Dies möchten wir im Folgenden versuchsweise am Beispiel mehrerer vermeintlicher – als positiv oder negativ gesehener – Markenkerne der Aufklärung ausführen: der Fortschrittsidee, der religiösen Toleranz, der Rassen- und Geschlechterdiskurse, des Kampfs gegen die Sklaverei und des sogenannten Antikolonialismus.

Sofern man daran Zweifel hegt, dass die Aufklärung die Gründungs- und Formierungsepoche unserer heutigen Zeit gewesen ist, lassen sich im 18. Jahrhundert viele Züge entdecken, die fremd anmuten, auch und gerade bei denjenigen Akteuren, die sich der Aufklärung verschrieben haben. Der Eindruck, die Ideengeschichte dieser Zeit sei uns fremd, kommt unseres Erachtens nicht nur daher, dass wir uns in der Postmoderne befinden und die »modernen« Einstellungen des 19. und frühen 20. Jahrhunderts nicht mehr teilen. Wir denken im Gegenteil, dass die Diskurse des 18. Jahrhunderts auch der »modernen« Wissenschaft und Gesellschaft der Zeit um 1900 vielfach fremd waren. Um dies zu zeigen, möchten wir zu den Quellen zurückkehren: Was meinten die Publizisten im 18. Jahrhundert mit den Begriffen »Fortschritt« und »Toleranz« und welche Programmatik verbanden sie damit? Welche politischen Leitvorstellungen propagierten sie, wenn sie die Gewalt der Europäer gegenüber außereuropäischen Völkern oder die bemitleidenswerte Lage der afrikanischen Sklaven anprangerten? Welche Kämpfe wurden mit welchem geistigen Arsenal ausgetragen, wenn um die Bewertung der europäischen und außereuropäischen Nationen, der unterschiedlichen »Rassen« oder der Natur des weiblichen Geschlechts gestritten wurde? Diesen Fragen gehen wir in insgesamt sechs Essays nach. Es handelt sich dabei ausnahmslos um Themen, die in der Forschung bereits intensiv diskutiert worden sind. Wir betreten also keineswegs Neuland. Neu ist jedoch die Perspektive, mit der wir an diese Fragen herangehen. Es soll dargelegt werden, in welche Fallen man tappt, wenn man die Debatten des 18. Jahrhunderts an heutigen Wertvorstellungen misst, und welche neuen Aspekte man diesen Debatten abgewinnen kann, wenn man versucht, die Eigenlogik des 18. Jahrhunderts aufzudecken, die sich von der Logik unserer heutigen Zeit sehr unterscheidet.

Der Blick zurück nach vorn: Fortschritt und Aufklärung

Fortschritt und Genie

1784 entwarf der französische Architekt Étienne-Louis Boullée ein gewaltiges Kenotaph für Isaac Newton (Abb. 1). Boullée platzierte das leere Grab des Physikers im Gravitationszentrum einer gigantischen Kugel, die, nach der Zeichnung zu urteilen, weit über 100 Meter hoch sein sollte. Von außen gesehen symbolisiert sie die Erdkugel. Tritt der Besucher herein, so soll er sich inmitten des wunderbaren Schauspiels des Universums befinden: Über ihm schimmern die Gestirne, deren Licht von außen durch Öffnungen an den Wänden der Kugel ins Innere dringt (Abb. 2). Meist sollte dieser Innenraum äußerst dunkel bleiben. Nur zu besonderen Anlässen war vorgesehen, in der Mitte der Kugel die Sonne aufflammen zu lassen (Abb. 3).[1]

Mit diesem Projekt antwortete Boullée auf einen Aufruf Diderots, ein solches Kenotaph für den Erfinder der Gravitationstheorie zu entwerfen:

»Das Licht in diesem Monument, das einer klaren Nacht gleichen soll, geht von den Planeten und Sternen aus, die das Himmelsgewölbe schmücken. Die Verteilung der Gestirne ist die gleiche wie in der Natur. Diese Gestirne entstehen durch kleine Öffnungen, die man in die Außenschale der Wölbung trichterförmig einführt und die dann auf der Innenseite ihre richtige, ihnen entsprechende Form annehmen. [...] Dieses Monument auf solche Art zu beleuchten wäre vollkommen natürlich, daß die daraus entstehende Wirkung des Gestirnes nicht herrlicher sein könnte.«[2]

Dieses Denkmal galt einem »Genie«, den Diderot, Boullée und viele ihrer Zeitgenossen regelrecht verehrten, weil er wie kaum ein anderer die Überlegenheit der modernen Wissenschaften über die alten verkörperte. Damit kam die Ehrbezeugung gegenüber dem Engländer einem Glaubensbekenntnis an den Fortschritt gleich.

Abb. 1: Étienne-Louis Boullée, Perspektivische Ansicht vom Kenotaph für Isaac Newton
(© Bibliothèque nationale de France, Paris)

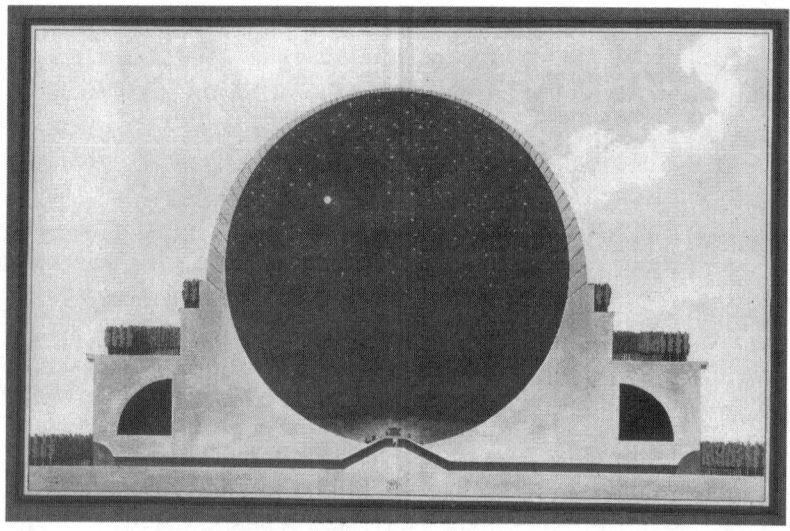

Abb. 2: Étienne-Louis Boullée, Schnitt vom Kenotaph für Isaac Newton
(© Bibliothèque nationale de France, Paris)

Abb. 3: Étienne-Louis Boullée, Schnitt vom Kenotaph für Isaac Newton, mit künstlicher Sonne
(© Bibliothèque nationale de France, Paris)

»Fortschritt« war eines der magischen Wörter in der Publizistik des 18. Jahrhunderts und die aufklärerischen Bekenntnisse zum *progrès* faszinieren auch heute die Historiker. Die Begriffe »Aufklärung« und »Fortschritt« werden in der Aufklärungsforschung mitunter als siamesische Zwillinge aufgefasst. Die Aufklärer – oder zumindest die radikalen unter ihnen – hätten überkommene Strukturen und Weltbilder des Ancien Régime hinterfragt, sie durch neue Wertvorstellungen ersetzt und damit einer »human amelioration« den Weg gebahnt, um noch einmal Jonathan Israel zu bemühen.[3] Es dürfte nur wenige Epochen der Weltgeschichte geben, denen Historiker so freigiebig Fortschrittlichkeit attestierten wie der Zeit der Aufklärung. Dies kommt nicht von ungefähr, war die Idee eines Fortschritts der Menschheit und der Zivilisation doch eines der wichtigsten Dogmen im Glaubensbekenntnis zahlreicher Aufklärer und eng mit der Selbstinszenierung dieser Intellektuellen verflochten. Israel bescheinigt seinen radikalen Aufklärern daher eine Wirkung, die diese stets selbst für sich in Anspruch genommen haben. Raynal, Diderot, Holbach und Condorcet wären begeistert zu sehen, welche Bedeutung ihnen 200 Jahre nach ihrem Tod von heutigen Historikern mitunter zugebilligt wird. Die Sicherung des eigenen Nachruhms hatte bei ihren persönlichen Leistungen zu Lebzeiten einen hohen Stellenwert und ihre Anstrengungen wurden belohnt: In der Aufklärungsforschung haben die genannten Autoren heute einen prominenten Platz. Es soll an dieser Stelle nicht darum gehen, zu erörtern, ob die Autoren der Aufklärung zum Fortschritt der Menschheit beigetragen haben oder nicht. Offen gestanden sehen wir uns als Historiker außer Stande, auf diese Problemstellung eine seriöse Antwort zu geben. Der Fortschrittsbegriff der Aufklärer und ihre eigene Selbstverortung innerhalb des von ihnen beschriebenen Zivilisationsprozesses der Menschheit verdienen hingegen eine nähere Betrachtung. Vor allem geht es uns um die Frage, ob die im 18. Jahrhundert entwickelten Fortschrittskonzeptionen »modern« gewesen sind, ob sie also den im 20. und 21. Jahrhundert gängigen Annahmen von historischem Wandel, von gesellschaftlichen Transformationsprozessen und Zukunftsvorstellungen entsprechen oder nicht. Eine solche Modernität des Geschichtsverständnisses des 18. Jahrhunderts wird nicht nur von den Bewunderern der *philosophes* suggeriert. Auch die Aufklärungskritiker sehen im Zeitalter Voltaires eine moderne Fortschrittskonzeption aufkommen, die in ihren Augen jedoch vor allem einen Imperialismus begründet, neue Hierarchien zwischen den Völkern hervorgebracht und die Kolonialexpansion legitimiert habe.[4]

Es besteht in der Aufklärungsforschung weitgehend Einigkeit darüber, dass die Vorstellung einer allgemeinen Entwicklungsgeschichte der Menschheit im 18. Jahrhundert zunehmend die christliche Idee einer Heilsgeschichte von der Schöpfung bis zum Jüngsten Gericht ersetzt habe. Gott ist als hauptsächlicher Akteur allen Seins durch die Menschheit selbst und die Natur ersetzt worden, die dem menschlichen Handeln die Bedingungen diktiert, Möglichkeiten aufzeigt und Grenzen setzt. Doch wie weit haben sich die Aufklärer von der heilsgeschichtlichen Erzählung wirklich gelöst? Zwei bedeutende Autoren, Max Weber und Reinhart Koselleck, liefern die nötigen Instrumente und Kategorien, um diese Frage zu diskutieren.

Max Weber hat sich der Konsequenzen der Fortschrittsidee insbesondere in seiner Rede über *Wissenschaft als Beruf* angenommen, die er 1919 vor Studenten hielt. Hier betont er vor seinen Zuhörern, welche Zumutung die Fortschrittsidee für Wissenschaftler darstellt:

»Die wissenschaftliche Arbeit ist eingespannt in den Ablauf des Fortschritts. […] Jeder in der Wissenschaft weiß, daß das, was er gearbeitet hat, in 10, 20, 50 Jahren veraltet ist. Das ist das Schicksal, ja: das ist der Sinn der Arbeit der Wissenschaft […].

Jede wissenschaftliche Erfüllung bedeutet neue Fragen und will überboten werden und veralten. Damit hat sich jeder abzufinden, der der Wissenschaft dienen will. […] Wissenschaftlich überholt zu werden ist nicht nur unser aller Schicksal, sondern unser aller Zweck.«[5]

Die Idee des wissenschaftlichen Fortschritts ist für jeden Forscher in Webers Augen eine doppelte Herausforderung: Er soll durch seine Arbeit einen Beitrag zur Perpetuierung des Fortschritts leisten, muss aber auch mit dem Wissen leben, dass all seine Erkenntnisse notgedrungen von begrenzter Gültigkeitsdauer sind, dass seine Aufgabe darin besteht, andere Forschungen anzustoßen, mit denen die von ihm selbst erzielten Ergebnisse in den Schatten gestellt werden. Hat man als Autor teil am wissenschaftlichen Fortschritt, kann man zwar mit seinen Schriften zur stetigen Ausweitung der Erkenntnisse beitragen, das Wissen der eigenen Zeit vermehren und vergrößern helfen. Dieses Wissen währt jedoch nicht ewig und wird von zukünftigen Erkenntnissen zwangsläufig wieder relativiert oder in Frage gestellt werden – jeder Erkenntnisfortschritt führt daher notwendigerweise zu dessen baldiger Historisierung und damit auch zu einer Historisierung aller eigenen Leistungen in Wort und Schrift. Wer sich der Idee des unendlichen wissenschaftlichen Fortschritts verschreibt, der weiß um die Relativität seiner eigenen Ideen und Beiträge, ja er bejaht diese Relativität und seine damit verbundene Historisierung als Sinn und Zweck der Wissenschaft. Entsprach eine solche Bereitschaft zur Historisierung und Relativierung der eigenen Position und der eigenen Werke dem Selbstverständnis unserer aufgeklärten Autoren?

Hier sind Zweifel sicher angebracht. Nehmen wir als ein besonders aussagekräftiges Beispiel in Sachen Fortschrittsidee Diderots Artikel »Enzyklopädie« in seinem gleichnamigen Wörterbuch. Diderot ist sich der Gefahr der Relativierung seines Werkes, der Enzyklopädie, durch den Fortgang der Zeit sehr bewusst. Gleichwohl tritt er mit dem Anspruch auf, etwas Bleibendes schaffen zu können, und begründet dies paradoxerweise gerade mit seiner Vorstellung vom historischen Fortschritt: »So wirkt der Fortschritt der Vernunft – ein Fortschritt, der soundso viele Standbilder umstürzt und einige, die umgestürzt sind, wieder aufstellt. Dies sind die Standbilder jener außergewöhnlichen Menschen, die ihren Jahrhunderten vorausgeeilt sind.«[6]

Um ein solch bleibendes Denkmal für die Menschheit zu schaffen, müsse man dem »unaufhörlich fortschreitenden Nationalgeist« möglichst weit vorauseilen, nur für die kommenden Generationen arbeiten, seiner Zeit also voraus sein. Dieser Fortschritt wird von Diderot allerdings nicht als unbegrenzt angesehen: »Es gibt in den Wissenschaften einen Punkt, den sie wohl kaum zu überschreiten vermögen. Sobald dieser Punkt erreicht ist, bilden die bleibenden Denkmale dieses Fortschritts stets einen Gegenstand der Bewunderung für die ganze Gattung.«[7] Genau als ein solches Monument war das Kenotaph für Isaac Newton gedacht. Die überdimensionierte Kugel sollte quasi für alle Ewigkeit die Verehrung der Menschen für denjenigen wecken, der das System der Natur endgültig entschlüsselt habe. Ein weiteres bleibendes Denkmal des menschlichen Geistes habe etwa Sir Francis Bacon mit seinen Schriften errichtet. Selbst zu Lebzeiten Diderots vermögen sich nur wenige Menschen »zur Höhe seiner Meditationen« aufzuschwingen. Bacons Widersacher hingegen kenne in Diderots Gegenwart keiner mehr – die Zeit sei über sie hinweggegangen. Genauso verhalte es sich auch mit dem Denkmal der Enzyklopädie und ihren Gegnern: »Der philosophische Geist ist der Geist, in dem wir sie [die Enzyklopädie] verfasst haben, und es ist noch ein weiter Weg, bis die meisten unserer Kritiker wenigstens in dieser Hinsicht auf der Höhe ihres Zeitalters stehen.«[8] Diderot deutet sich und die Autoren der Enzyklopädie als Avantgarde und als Vorreiter des Fortschritts, der letztlich darin besteht, die übrige Menschheit an das eigene Niveau heranzuführen. Habe sich die Vernunft erst bei allen Lesern durchgesetzt, werde jegliche Kritik verstummen und die Kritiker würden dem allgemeinen Vergessen zum Opfer fallen, während das Denkmal der Enzyklopädie von der Zeit unberührt weiterhin Bestand haben werde, so die von Diderot beschworene Zukunftsvision. Von einer grundsätzlichen Bereitschaft zur Selbstrelativierung des eigenen Werkes ist indes wenig zu merken: Dass nach 20 oder 30 Jahren eine neue Enzyklopädie an die Stelle seiner eigenen treten könnte, da das Wissen sich rasant weiterentwickeln und die Erkenntnisse Diderots und seiner Mitautoren dadurch von der Zeit überholt werden würden, entspricht mitnichten Diderots Geltungsanspruch. Merciers Zukunftsfantasie über Paris im Jahr 2440 dürfte sich mit seinen eigenen Wunschbildern weit eher decken: Hier wird aus der Enzyklopädie ein Auszug erstellt, um sie jedem heranwachsenden Schulkind als Elementarbuch im Schulunterricht zu vermitteln.[9] Die Vision eines allgemeinen Fortschritts bestand darin, dass sich die Ideen Diderots und seiner Mitstreiter allgemein verbreiteten, nicht in der Relativierung und Historisierung des eigenen Werks. Das Verdikt, von der Zeit eingeholt und überholt zu werden, gilt Diderot zufolge nur für seine Kritiker

Abb. 4: Étienne-Louis Boullée, Außenansicht des »Musaeums«
(© Bibliothèque nationale de France, Paris)

Abb. 5: Étienne-Louis Boullée, Ansicht der Ehrenhalle des »Musaeums«
(© Bibliothèque nationale de France, Paris)

und Kontrahenten, nicht aber für ein Genie wie ihn. Die Erkenntnisse der genialen Geister haben bleibenden Bestand, ja sie werden erst dann zum Gegenstand wahrer Verehrung, wenn durch den Aufklärungsfortschritt immer mehr Leute befähigt sind, die Erkenntnisse und die Leistungen der *philosophes* zu verstehen. Es ist kein Zufall, dass Diderot von Denkmälern spricht, die der Nachwelt die Taten und die Bedeutung früherer Heroen vermittelten. Seine Zukunftsvision ist keineswegs unbestimmt, und der Fortschrittsprozess scheint auch nicht unendlich zu sein. Vielmehr wird die Geschichte mit der allgemeinen Durchsetzung der neuen Ideen, als deren Pate Diderot sich und seine Freunde verstand, ihr Ziel erreicht haben.

Dass die Vorstellung vom Fortschritt von der Apotheose der *philosophes* nicht zu trennen war, sieht man besonders deutlich am Entwurf Boullées für ein gigantisches »Musaeum«. Dieses Gebäude sollte kein Museum im modernen Sinne, sondern eher eine Art Ehrenhalle sein. Der Architekt scheint überhaupt keine Ausstellungsräume geplant zu haben. Stattdessen dient die gesamte überwältigende Komposition dem Ziel, einen einzigen Raum zu inszenieren: das Pantheon der großen Geister, wo die Statuen der Genies aufgestellt werden sollten. Dem Entwurf zufolge muss der Besucher erstmal eine sehr weite Esplanade mit zwei Siegessäulen, eine Treppe, eine Doppelkolonnade und einen großen halbkreisförmigen Vorhof überqueren, um ins Innere des Gebäudes einzutreten (Abb. 4). Dort wartet auf ihn eine von zwei massiven rauchenden Altären gerahmte Treppe, die er emporsteigen muss, um ins Zentrum des Gebäudes einzudringen: einen dem römischen Pantheon nachempfundenen Saal – mit dem Unterschied, dass die Kuppel Boullées natürlich die römische weit übertreffen sollte (Abb. 5). Dieser ebenfalls von Säulen umgebene Raum erfüllte keine andere Funktion, als eine gleichsam religiöse Ehrfurcht vor den Genies zu wecken, die den Fortschritt gebracht hätten und als Statuen abgebildet werden. Bemerkenswert ist die Tatsache, dass sich Boullée in diesem Entwurf ebenfalls des Lichts als eines architektonischen Mittels bedient. In seiner Vision sollte der Besucher, der aus der Dunkelheit des Treppenhauses in den hellen Raum des Pantheons trat, regelrecht geblendet werden. Boullée setzte den Gedanken der Aufklärung buchstäblich um.[10]

Die Architektur Boullées sollte die *philosophes* sakralisieren. Dem entspricht, dass das Erzählschema Diderots ein heilsgeschichtliches war: Genauso wie die christlichen Apokalyptiker glaubte er an einen Endzustand der Geschichte. In diesem Himmel, auf den er hinarbeitete, sollten die zukünftigen Generationen über die vergangenen Epochen und die längst verstorbenen Individuen richten. Diderot setzte ganz bewusst die Nachwelt an die Stelle Gottes. Er sah sich in der Tat mit dem Problem konfrontiert, warum man sich in der Welt für das Gute engagieren sollte, wenn nach dem Tod keine Belohnung im Himmel bevorstünde. Seine Antwort bestand darin, den kommenden Generationen die Rolle des richtenden Christus zuzusprechen. So wandte er sich an sie in einer Art Gebet: »O Nachwelt, Du bist heilig und geheiligt! Du bist der Trost der Bedrückten und Unglücklichen, Du bist die Gerechtigkeit, Du bist die Unbestechlichkeit, Du wirst den guten Menschen rächen und den Heuchler entlarven, Du tröstender und zuverlässiger Gedanke, verlaß mich nicht!«[11]

Innovation oder Traditionsstiftung?

Dass die Aufgabe des Enzyklopädisten darin bestand, Denkmäler für die großen Geister der Vergangenheit aufzustellen und in den Augen der Nachwelt ewigen Ruhm zu erlangen, zeigt zudem, dass der Fortschritt für Diderot und seine Zeitgenossen vor allem in der Propagierung von bereits bestehenden Ideen liegen sollte. Newton und Bacon, die schon vor über einem halben Jahrhundert respektive vor mehr als 150 Jahren gestorben waren, hatten die Gesetze der Natur ein für alle Mal aufgedeckt. Daher wollte Diderot, dass das Newton-Kenotaph auf natürliche Weise – durch natürliche Lichtführung – die unveränderliche Ordnung der Natur für die kommenden Generationen abbilde. Wissen wurde im 18. Jahrhundert kaum als ein dynamisches Feld aufgefasst. Auch wenn man etwa davon ausging, dass in der Naturgeschichte noch viele fehlende Bindeglieder der »Großen Kette der Wesen« zu entdecken waren, dachte beinahe niemand an die Möglichkeit, dass die Zukunft eine neue Weltsicht hervorbringen könnte. Die *philosophes* verstanden sich vor allem als Propagandisten der Erkenntnisse der wissenschaftlichen Revolution des vergangenen Jahrhunderts oder sogar antiker Theorien, die im »dunklen« Mittelalter vergessen worden seien. Von den zwölf meistzitierten Autoren der Enzyklopädie haben zehn in der Antike und zwei im 17. Jahrhundert gelebt. Kein einziger ist Zeitgenosse der Herausgeber.[12]

Die Aufklärer suchten sogar in einer noch weiter zurückliegenden Vergangenheit nach Lehrern, denen ein ewiges Denkmal errichtet werden sollte. So war es zwar in Voltaires Augen ein unnützes Unterfangen, eine Geschichte der Ursprünge der Menschheit, der Gesellschaft und der Religion zu schreiben.[13] Doch in seinem Bemühen, die Juden als erste Träger der Offenbarung zu entthronen und die Überlieferungen aus dem Alten Testament dem Reich der Fabeln und Mythen zuzuordnen, suchte auch er nach dem Volk, das der Welt seine Weisheit als Erbe vermacht hätte. In den 1760er Jahren fand er es in Indien: Er kürte die Brahmanen zu den ersten Lehrern der Menschheit und betonte, dass alles Wissen der Juden von ihnen stammte.[14] Noch bizarrer mutet die in der Spätaufklärung durchaus populäre Theorie an, wonach die Menschheit ihr Wissen Atlantis zu verdanken habe. Im Paris der 1770er und 1780er Jahre wurde heftig gestritten, ob diese untergegangene Zivilisation in der Arktis oder im Kaukasus beheimatet gewesen war. Jean-Sylvain Bailly etwa, der Mitglied sowohl der Königlichen Akademie der Wissenschaften als auch der *Académie française* und der *Académie des inscriptions et des belles-lettres* war, verortete in seiner durch und durch mythogenetischen Geschichte der Atlanten deren Insel im arktischen Raum. Interessant ist, dass seine Publikation wenig sarkastische Kommentare provozierte. Bailly konnte im Gegenteil nicht zuletzt dank dieser Theorie seine steile Karriere fortführen und 1789 sogar erster Bürgermeister von Paris werden.[15]

Offene Zukunft?

Wie soll man die Veränderungen der Geschichtsvorstellung im 18. Jahrhundert also begrifflich auffassen? Reinhart Koselleck hat die Ablösung der christlichen Heilsgeschichte durch die Fortschrittserzählungen der Aufklärer mit dem Begriff der »offenen Zukunft« charakterisiert. Im Verständnis der Heilsgeschichte war das Jüngste Gericht das Ziel und die Erfüllung der Weltgeschichte. Die baldige Erwartung der Wiederkehr Christi als Weltenrichter verlor jedoch spätestens im 18. Jahrhundert in gebildeten Kreisen an Relevanz. Damit habe sich auch das Bild von der Zukunft dramatisch verschoben. An die Stelle der Prophetie, die aufgrund der Offenbarung in der Heiligen Schrift klare Aussagen über die Zukunft möglich machte, trat Koselleck zufolge die Prognose, mit der nicht mehr Wahrheiten ausgedrückt werden können, sondern bestenfalls Wahrscheinlichkeiten von begrenzter zeitlicher Reichweite. Die Zukunft sei nun nicht mehr als bekannt, als bereits offenbart und damit als vorhersehbar erschienen, sondern als offen, unbekannt, dafür aber der menschlichen Planung zumindest partiell verfügbar:

»Die Zukunft dieses Fortschritts wird durch zwei Momente gekennzeichnet: einmal durch die Beschleunigung, mit der sie auf uns zukommt, und zum anderen durch ihre Unbekanntheit. Denn die in sich beschleunigte Zeit, d.h. unsere Geschichte, verkürzt die Erfahrungsräume, beraubt sie ihrer Stetigkeit und bringt immer wieder neue Unbekannte ins Spiel derart, daß selbst das Gegenwärtige ob der Komplexität dieser Unbekannten sich in die Unerfahrbarkeit entzieht.«[16]

Die offene, unbekannte Zukunft, die sich aufgrund bisheriger Erfahrungen nicht vollständig erfassen lässt und damit dem Menschen sowohl größere Gestaltungsräume bietet als auch eine höhere Unsicherheitstoleranz abverlangt, ist ein Charakteristikum unseres modernen Zeitverständnisses.[17] Es wird zu fragen sein, ob damit auch das Zeitverständnis aufgeklärter Fortschrittskonzeptionen adäquat wiedergegeben werden kann.

Während Max Webers Beschreibung vom Preis des Fortschritts für die Dauerhaftigkeit wissenschaftlicher Leistungen und Erkenntnisse in der Diskussion der Fortschrittsidee im 18. Jahrhundert bislang keine Rolle gespielt hat, ist Kosellecks Begriff der »offenen Zukunft« zu einem prominenten Deutungsmerkmal sowohl der aufgeklärten Fortschrittsideen als auch der Geschichtsschreibung der Aufklärungszeit geworden.[18] Becker hat allerdings bereits in den frühen 1930er Jahren das Postulat in Frage gestellt, dass sich die Geschichtsphilosophie der *philosophes* vom Erzählschema der Heilsgeschichte fundamental unterscheide.[19] Und auch Koselleck sieht in der säkularen Fortschrittsidee eine abgewandelte Form der Eschatologie: Er deutet die Geschichtsphilosophie des 18. Jahrhunderts als Geheimwissen »geschichtsphilosophischer Planer«, das den Autoren im Unterschied zu einem dem Menschen undurchsichtigen göttlichen Heilsplan Gewissheit über die Zukunft liefere.[20] Aufgrund der Fortschrittsidee seien sich die aufgeklärten Autoren sicher, dass ihre in die Zukunft projizierten Hoffnungen und Wünsche auch in Erfüllung gingen: Wollen und Wissen waren für sie letztlich ein und dasselbe.[21]

Koselleck beschreibt in unseren Augen damit den Fortschrittsoptimismus vieler Aufklärer sehr treffend. Mit der Vorstellung einer »offenen Zukunft« lässt sich diese Interpretation aber nicht vereinbaren. Dies zeigt sich besonders deutlich am Beispiel des vielleicht größten Fortschrittsoptimisten der Aufklärungszeit, Marie Jean Antoine de Condorcet. Als Marquis geboren, betätigte er sich vor 1789 als *philosophe* in Paris und trat in der Revolution als Konventsabgeordneter auf. In den 1980er Jahren rückte er in Frankreich ins Zentrum des öffentlichen Interesses, da er zur Chiffre des guten Revolutionärs wurde, der im Gegensatz zu Robespierres Bergpartei ein eindeutig fortschrittliches Gesellschaftsideal vertreten habe. Als wahrer Demokrat, Feminist und »Freund der Schwarzen« sei er für eine offene Gesellschaft und die Rechte der Minderheiten eingetreten. Die öffentliche Ehrung Condorcets gipfelte in seiner »Pantheonisierung« durch François Mitterrand im Rahmen der 200-Jahr-Feier der Französischen Revolution 1989.[22] Auch für Jonathan Israel ist er einer der radikalen Aufklärer, die sich unermüdlich für die Menschenrechte der Unterdrückten – der Frauen, Schwarzen, Sklaven etc. – eingesetzt hätten.[23] Obwohl er mit dem Verlauf der Revolution zunehmend unzufrieden war und 1793 vor Verfolgung fliehen musste, bevor er schließlich 1794 in der Haft unter ungeklärten Umständen starb, glaubte Condorcet auch zu dieser Zeit an eine bessere Zukunft, ja er war sich sicher, das Ende der Geschichte, die Vervollkommnung des Menschengeschlechts, bereits am Horizont erahnen zu können. Wenige Jahre nach Beginn der Französischen Revolution fasste er seine endzeitliche Vision mit folgenden Worten zusammen:

»Was wir uns für den künftigen Zustand des Menschengeschlechts erhoffen, läßt sich auf folgende drei Punkte zurückführen: die Beseitigung der Ungleichheit zwischen den Nationen; die Fortschritte in der Gleichheit bei einem und demselben Volke; endlich die wirkliche Vervollkommnung des Menschen. Müssen sich alle Nationen eines Tages dem Zustand der Zivilisation nähern, den die aufgeklärtesten, freiesten und vorurteilslosesten Völker, wie die Franzosen und die Anglo-Amerikaner, erreicht haben? Muß der gewaltige Abstand nach und nach verschwinden, der diese Völker von der Knechtschaft der von Königen beherrschten Nationen trennt; der zwischen ihnen und der Barbarei der afrikanischen Stämme, der Unwissenheit der Wilden klafft? Gibt es Gegenden auf unserem Planeten, deren Bewohner von Natur dazu verurteilt sind, niemals der Freiheit sich zu erfreuen, niemals ihre Vernunft zu gebrauchen?«[24]

Condorcet träumte von einer Globalaufklärung, vom Triumph der »Stimme der Wahrheit«, errungen von den *philosophes* im stetigen Kampf gegen die »Gewalttaten und Verführungskünste der Regierungen, die Unduldsamkeit der Priester und selbst die nationalen Vorurteile«.[25] Bei diesem Kampf legten die Nationen der Welt ein unterschiedliches Tempo an den Tag. Vorneweg marschierten die revolutionären Völker: Frankreich und Amerika. Sie gaben der Welt mit ihrer jüngsten Geschichte ein Beispiel der Freiheit und der Zivilisation. Zugleich schienen diese beiden Länder dem Endziel der Geschichte bereits sehr nahe zu sein und alle anderen Nationen der Welt müssten sich dem Zustand nähern, den Amerika und Frankreich bereits erreicht hätten.

Die Vervollkommnung des Menschengeschlechts ist für Condorcet in der Welt noch keineswegs erreicht. Auch erwartet er für die Zukunft wahre Wunder der Wissenschaft, der Medizin und der Technik, die das Leben länger und schöner machen würden. Die Richtung des Geschichtsverlaufs ist in Condorcets Augen aber vorherbestimmt, nicht durch den Ratschluss Gottes, wohl aber durch eine Art naturgesetzlicher Bestimmung.[26] Diese Zielgerichtetheit ermöglicht ihm weitreichende Vorhersagen, in denen er nicht Wahrscheinlichkeiten für seine Zukunftssicht in Anspruch nimmt, sondern diese Vision eines besseren Lebens als Wahrheit verkündet. In Kosellecks Begriffen handelt es sich bei Condorcets Fortschrittstraktat nicht um eine Zukunftsprognose, sondern um Prophetie.[27]

Dass Condorcet die Geschichte nicht als einen offenen Prozess konzipierte, hieß zudem, dass er Fortschritt als einen Marsch aller Nationen auffasste. Wie die postkolonialen Studien herausgearbeitet haben,[28] implizierte eine solche Fortschrittsvorstellung, dass Condorcet eine Hierarchisierung zwischen den Völkern vornahm. Er vertrat in seiner Vision vom Fortschritt des menschlichen Geistes die Idee einer Avantgarde einzelner Nationen, die zur Durchsetzung der universalen Prinzipien vorangegangen seien. Die Völker Nordamerikas und Frankreichs hätten mit ihren Revolutionen versucht, die Idee einer allgemeinen Freiheit durchzusetzen. Sollten die anderen Völker diesem Beispiel nacheifern, mündete dies in einer Gleichheit der Nationen und Völker. In der Gegenwart sieht er die Nationen, zwischen denen ein gewaltiger Abstand klaffe, von diesem Zustand allerdings noch weit entfernt. Condorcets Fortschrittsutopie zur Vervollkommnung des Menschen enthält also zugleich eine Rangfolge der Nationen: Anhand der Kriterien der Aufgeklärtheit, der Vorurteilslosigkeit und der Freiheit lässt sich der von den einzelnen Nationen jeweils erreichte Zivilisationsgrad und damit die Wegstrecke bestimmen, die die Menschen bis zum Erreichen eines aufgeklärten Endzustands noch vor sich haben. Die Fortschrittsidee hält für die Zukunft ein allen gemeinsames Ziel bereit. In der Gegenwart bestimmen jedoch zahlreiche Grenzlinien das Bild: zwischen aufgeklärten und nicht aufgeklärten Nationen, zwischen freien und unfreien Völkern.

Geschichte als Zivilisationsprozess

Condorcet folgt mit seiner Fortschrittsutopie im 18. Jahrhundert den Spuren Voltaires, der seine Geschichtsschreibung in den Dienst der Erzählung einer allgemeinen Zivilisierung der Menschheit gestellt hat.[29] Den Zivilisationsprozess beschreibt Voltaire als Emanzipation der Menschheit von den Fesseln der Bevormundung, der Vorurteile und des religiösen Fanatismus. In seinem *Essai sur les mœurs* vermisst er den Geist und die Sitten der Völker und ordnet sie in den fortschreitenden Emanzipationsprozess ein.[30] Allerdings denkt sich Voltaire diesen Prozess nicht mit der gleichen naturgesetzlichen Folgerichtigkeit wie Condorcet; die Naturphilosophie ist bei Voltaire nur ein Mittel historischer Erkenntnis, daneben tritt das Wissen um den historischen Zufall. Den Fortschritt der Menschheit seit der »dunklen« Epoche des Mittelalters sieht er durch die Möglichkeit des Rückfalls in die Barbarei bedroht.[31] Für seine normativen Aussagen über die fortschrittlichen und die rückständigen Nationen bleibt dieser Relativismus aber ohne Folgen. Auch bei Voltaire geht die Fortschrittsutopie daher mit einer Hierarchisierung der Kulturen und der Völker einher, abhängig vom Grad ihrer geistigen und politischen Emanzipation. Der schlagkräftigste Beweis für die Befreiung des Geistes aus der Bevormundung durch Kirche und Klerus sind für ihn Zeichen der Entfaltung der Wissenschaft und der Künste. Voltaire sieht die größten Fortschritte für die Menschheit unter Ludwig XIV. verwirklicht, nicht weil er von dessen Regierungskünsten eine besonders hohe Meinung hat, sondern weil in dessen Regierungszeit Wissenschaften und Künste die größten Fortschritte gemacht und diese Fortschritte sich in Europa insgesamt verbreitet hätten.

Die Etablierung einer Rangfolge der Nationen durch die Fortschrittsidee war keine Erfindung des späten 18. Jahrhunderts, wie Verteidiger der Aufklärung suggerieren.[32] Vielmehr fußten die Vorstellungen einer »Epoche der Aufklärung« von vorneherein auf einer Literatur, deren Ziel es war, das zeitgenössische Frankreich und seinen König zu loben. In der Tat entwickelte Voltaire in seinem Buch *Das Zeitalter Ludwigs XIV.* nur die Auffassung weiter, die bereits Charles Perrault in seinem Versepos *Le siècle de Louis le Grand* im Jahr 1687 vor der *Académie française* vertreten hatte. In der Regierungszeit Ludwigs XIV. sei es Perrault zufolge den Wissenschaftlern gelungen, zahlreiche Geheimnisse der Natur offenzulegen. Die Idee vom Fortschritt der Menschheit unter den wachsamen Augen Ludwigs XIV. trägt bei Perrault unverkennbar panegyrische Züge und diente nach dem Tod seines großen Patrons und Förderers Colbert wohl nicht zuletzt dazu, die eigene Weiterbeschäftigung im Umkreis der Macht zu sichern.[33] Mit diesem Versepos und seiner bald darauf folgenden Monographie *Parallèle des anciens et des modernes* provozierte Perrault eine 40 Jahre während Kontroverse: die *querelle des anciens et des modernes*.[34] Die Behauptung Perraults, Frankreich habe im späten 17. Jahrhundert die Antike übertroffen, wurde zur Grundlage des Konzepts eines »Siècle des Lumières«, das im frühen 18. Jahrhundert von Akademikern erfunden wurde. Etabliert man eine Genealogie der Fortschrittsidee, so muss man feststellen, dass diese im Kontext der Behauptung einer Präzedenz Frankreichs unter den Nationen aufkam.

Zugleich zeigen Perraults Werke, dass die Vorstellung eines aufgeklärten Zeitalters dazu diente, die Rolle der Wissenschaftler und Literaten als treibende Kraft in der Geschichte hervorzuheben. Auch in dieser Hinsicht bewegte sich Voltaire in bereits erprobten Bahnen: Indem er den Begriff des »Siècle de Louis XIV« übernahm, unterstrich er seinerseits, welche Leistungen eigentlich von Bedeutung sind, wenn es gilt, den Fortschritt der Menschheit voranzutreiben. Die Arbeiten der *philosophes* stehen dabei an erster Stelle. Ähnlich wie im Falle Diderots ging die Verbeugung vor dem Werk eines Francis Bacon damit einher, den eigenen Geltungsanspruch als Wahrheitsprophet zum Wohle der Menschheit zu untermauern. Wenn Descartes und Bacon, Newton und Locke im 17. Jahrhundert der Menschheit Fortschritte bescherten, wie Voltaire es ihnen in seiner Geschichtsschreibung und in seinen *Philosophischen Briefen* bescheinigt, so galt das im 18. Jahrhundert zweifelsohne für ihn selbst, der es sich zur Aufgabe machte, die Kunde von deren Ruhm und deren Leistungen zu verbreiten und mit eigenen Gedanken zu bereichern.

Die Idee vom Fortschritt der Menschheit bot also ein Instrumentarium sowohl für die Selbstdarstellung der *philosophes* als auch zur Beurteilung der europäischen wie der außereuropäischen Staatenwelt. Dies hieß, dass sich mit der Idee eines allgemeinen Zivilisationsprozesses auch Zonen der Rückständigkeit definieren ließen. Wenn man bedenkt, dass die Fortschrittsidee von vornherein mit politischen Geltungsansprüchen einherging, überrascht es nicht, dass die Hierarchisierung der Länder und Kulturen nach ihrem jeweiligen Zivilisationsstand kein folgenloses Glasperlenspiel einiger weniger Autoren war. Vielmehr war der Diskurs über die Rückständigkeit mancher

Länder das Produkt einer Wechselbeziehung zwischen der Rede vom Zivilisationsprozess und politischer Propaganda. Besonders deutlich wird dies im Falle Polens. Polen beschreibt Voltaire in seiner *Geschichte Karls XII.* als ein weitgehend barbarisches Land, in dem westliche Zivilisation kaum Einzug gehalten habe. Polen sei fruchtbar, aber die Menschen träge, weshalb Handel und Handwerk von Juden betrieben würden. Die Landbevölkerung sei der Leibeigenschaft unterworfen und vegetiere dahin, der Adel sei hochmütig und korrupt, streitsüchtig und nicht selten selbst auf Reichstagen betrunken. Mehrfach schildert Voltaire die Polen als direkte Nachfahren »der alten Sarmaten« und suggeriert damit, dass diese weitgehend in einem ungesitteten Zustand verblieben seien.[35] Wenn Geschichte als Fortschritt gedacht werden muss, ist Polen Voltaire zufolge auf einer archaischen Entwicklungsstufe stehengeblieben.[36]

Nun war Voltaire zeit seines Lebens nie in Polen gewesen. Dieselben Topoi von Rückständigkeit und Barbarei bestimmten aber auch die Reiseberichte aus Polen, die in jenen Jahren entstanden und deren Verfasser Sichtweisen wiederholten, die sie aus der Lektüre von Autoren wie Voltaire bereits kannten.[37] Nicht die persönliche Erfahrung oder die Expertise des Urteilenden bestimmte das Meinungsbild über Polen, sondern die Autorität desjenigen, der sich als Sachwalter des Fortschritts ausgab. Auch der Artikel, den der Chevalier de Jaucourt in der Enzyklopädie über Polen verfasst hat, folgt weitgehend Voltaires Ansichten und zeichnet Polen in düsteren Farben.[38] Die Polen seien einerseits über den Zivilisationsstand der alten Sarmaten nicht hinausgekommen, hätten aber andererseits deren positive Qualitäten verloren. Statt die einfachen, natürlichen Sitten ihrer Vorfahren zu bewahren, hätten sie zum Beispiel bei den Königskrönungen eine Mischung aus europäischen Moden und asiatischem Pomp angenommen.[39] Hinzu komme ihr übersteigerter religiöser Fanatismus, ihr blinder Gehorsam gegenüber dem Papst und der katholischen Kirche, der sie in Unwissenheit und Barbarei feststecken lasse, statt dem anderswo in Europa erzielten geistigen Fortschritt zu folgen. Jaucourt verweist explizit auf die Vorstellung einer historischen Entwicklung und eines Zivilisationsprozesses, wenn er herausstellt, dass Polen länger in der Barbarei verharre als Spanien, Frankreich, England und Deutschland.[40] Larry Wolff hat zu Recht festgestellt, dass der Artikel gerade auch in seinen sachlichen Fehlern die Tendenz der Aussage unterstreicht: So beträgt die Bevölkerung Polens bei Jaucourt nur fünf Millionen statt zwölf Millionen: Die vermeintlich geringe Einwohnerzahl charakterisiert für Jaucourt die Unproduktivität und Trägheit des polnischen Volkes.[41] Insgesamt kommt der Autor des Artikels zum Ergebnis, dass Polen aufgrund der Unfreiheit großer Teile der Bevölkerung und deren Unwissenheit dem europäischen Zivilisationsniveau hinterherhinke, obwohl die natürliche Beschaffenheit des Landes und des Klimas Reichtum und Wohlfahrt möglich machten.

Bereits die Auswahl der Autoren, die für die Enzyklopädie die Artikel über die einzelnen Länder verfassen sollten, macht deutlich, dass umfangreiche Datenerhebung und statistische Genauigkeit, ja dass Kenntnisse der zu beurteilenden Länder, Sprachen und Kulturen ohne Bedeutung waren, wenn es galt, Länder und Völker nach ihrem jeweiligen zivilisatorischen Reifestand zu beurteilen. Zwar hatten die Statistik und die mit quantifizierenden Methoden arbeitende Länderanalyse im 18. Jahrhundert Konjunktur.[42] Für die Artikel über die als unzivilisiert gebrandmarkten Länder spielten diese wissenschaftlichen Neuerungen jedoch keine Rolle. Was befähigte die *philosophes* aber dann zu ihrem Richteramt, wenn es nicht Kenntnisse derjenigen Länder waren, über die sie mit großer Geste urteilten? Sie verstanden sich als Sachwalter der Kriterien, auf die es ihnen ankam: Die Autoren der Enzyklopädie zeichneten sich vor allem anderen »durch das allgemeine Interesse der Menschheit« aus, wie Diderot in Abgrenzung zu den Gelehrten der Akademie den missionarischen Anspruch, den er mit seinen Mitstreitern teilte, freimütig einräumte.[43]

Woher kam dieses Bild Polens, das die französischen Aufklärer beinahe einstimmig vertraten? Eine wichtige Grundlage dafür hatte die preußische Propaganda geschaffen, die es bereits in den 1720er Jahren verstand, Polen als ein intolerantes, ja fanatisches Land darzustellen. Als 1724 der protestantische Bürgermeister von Thorn und einige Bürger nach einem antikatholischen Tumult zum Tode verurteilt worden waren, gelang es der preußischen Regierung, für diesen Vorgang den Begriff des »Blutgerichts« durchzusetzen. Damit sollte dem Kurfürsten von Sachsen und König von Polen August dem Starken die Stellung als Anführer des Corpus evangelicorum, der protestantischen Reichsstände auf dem Reichstag, die er trotz seiner Konversion zum Katholizismus beibehalten hatte, streitig gemacht werden. Auch reklamierte Preußen für sich das Recht, als Schutzmacht der Protestanten in Polen aufzutreten.[44]

Doch es war vor allem die Fortschrittsidee, die dem preußischen König die Möglichkeit gab, Prestige durch eine Herabstufung Polens zu gewinnen.

So schrieb Friedrich II. an Voltaire, dass der »Aberglaube« fast überall in Europa auf dem Rückzug sei, um hinzuzufügen: »Von diesem weiten Reich des Fanatismus bleiben kaum mehr als Polen, Portugal, Spanien und Bayern übrig, wo die schiere Ignoranz und der Winterschlaf des Geistes den Aberglauben noch am Leben erhalten«. Mit einem Sinn für Distinktion betonte er außerdem: »In unseren protestantischen Ländern geht es schneller voran.«[45] Für Friedrich II. ging es dabei um mehr als Prestige. Auch die politische Bewertung aktueller Ereignisse fiel deutlich anders aus, wenn man sich dem zivilisatorischen Fortschritt verpflichtet fühlte, als wenn man andere politische Ziele höher veranschlagte. In allen Friedensprojekten und Utopien zur Schaffung eines ewigen Friedens in Europa finden sich zwei notwendige Bedingungen für die Durchsetzung eines dauerhaften Friedens wieder: der Verzicht auf bzw. das Verbot territorialer Expansion und die Anerkennung der bestehenden Grenzen sowie der Verzicht auf Einmischung in die inneren Belange anderer Staaten.[46] Setzte man dagegen die Verbreitung der Zivilisation an erste Stelle, so konnte die Zivilisierungsmission sowohl Einmischung in die Politik anderer Staaten als auch territoriale Expansion mit einschließen. Dies zeigte sich nirgends so deutlich wie im Falle der ersten Teilung Polens im Jahr 1772.

Der Spiritus Rector der Teilungspläne, Friedrich II. von Preußen, wusste sehr genau, mit welchen Argumenten er den *philosophes* seine territorialen Expansionsgelüste auf Kosten seines östlichen Nachbarn schmackhaft machen konnte. Nachdem in Polen aufgrund des Aufstands der Barer Konföderierten ein Bürgerkrieg drohte und der polnische König von Truppen der russischen Kaiserin im Amt gehalten wurde, während die Aufständischen sich um türkische Truppenhilfe bemühten und mit dem Sultan verbündeten, ließ Voltaire gegenüber Friedrich II. keinen Zweifel daran, wie er den politischen Konflikt in Polen beurteilte:

»Ich kann nicht glauben, daß erleuchtete Gottesfurcht den polnischen Dissidenten die durch ihre Geburt erworbenen Rechte verweigerte und die Janitscharen unseres Heiligen Vaters des Großtürken zur Errettung der guten römischen Katholiken von Sarmatien zu Hilfe rief. Es war womöglich nicht der Heilige Geist, der bei dieser Angelegenheit waltete, es sei denn, es war ein heiliger Geist des ehrwürdigen Paters Malagrida oder des ehrwürdigen Paters Guignard oder des ehrwürdigen Paters Jacques Clément.«[47]

Für Voltaire waren die Barer Konföderierten Fanatiker wie die drei Monarchomachen, die er in seinem Brief aufzählte. Diese religiös Verblendeten hätten den polnischen Dissidenten Glaubensfreiheit abgesprochen und sie damit ihrer qua Natur verliehenen Rechte beraubt. Um in Polen die Oberhand zu behalten, hätten sie sich außerdem mit den Türken verbündet, über die Voltaire ebenfalls keine gute Meinung hatte und die er gerne mit militärischen Mitteln aus ganz Europa verjagt wissen wollte. Russland hingegen – oder besser, Katharina II., der neuen Hoffnung aller prominenten französischen *philosophes* – wies Voltaire in diesem Krieg sowohl in Polen als auch gegen die Türken einen Zivilisationsauftrag zu. Für Voltaire war der in Polen und gegen die Türkei ausgetragene Konflikt ein Kampf zwischen polnischem Fanatismus und orientalischer Despotie auf der einen und einer aufgeklärten Fürstin auf der anderen Seite. Bei einer solchen Konfrontation von Schwarz und Weiß war der Krieg ebenso legitim wie der Sieg der Fortschrittsseite wünschenswert, wie Voltaire auch in zahlreichen Briefen an Katharina zu betonen nicht müde wurde.[48] Den Siegeszug der russischen Truppen bejubelte Voltaire in einem Brief an die Kaiserin mit der imaginären Vorstellung einer Verherrlichungsmedaille, die folgende Inschrift trägt: »Triomphatrice de l'empire ottoman, et pacificatrice de la Pologne«.[49] Ging es um Polen, so war Voltaires Wertung ausschließlich durch seinen Antiklerikalismus und seinen Willen, gute Beziehungen zum König von Preußen und der Kaiserin von Russland zu pflegen, bestimmt.

Voltaires Kommentare zum polnisch-russischen und zum russisch-türkischen Krieg ließen somit Polen-Litauen in die Nähe des Osmanischen Reichs rücken. Für ihn handelte Katharina II. im Sinne einer Zivilisierungsmission sowohl in Polen – verstanden als Kampf für die Glaubensfreiheit – als auch gegen das Osmanische Reich – verstanden als Kampf gegen die orientalische Despotie. Friedrich II. tat sein Bestes, um auch die erste Teilung Polens im Rahmen einer Zivilisationsmission Preußens darzustellen.[50] In seinem zweiten politischen Testament bezeichnete er Polen als die »rückständigste Nation Europas«.[51] In seinem Spottgedicht *Der Krieg der Konföderierten,* das er im Herbst 1771 sowohl an Katharina II. von Russland als auch an Voltaire und d'Alembert schickte, um gegen Polen Stimmung zu machen, bediente er sich zahlreicher Stereotype, mit denen er sich über die zivilisatorische Rückständigkeit, ja die Barbarei der Polen und den Fanatismus ihres Klerus lustig machte.[52] Und nach der Annektierung Westpreußens und des Netzedistrikts verbreitete Friedrich II. Meldungen über seine Maßnahmen zur Zivilisie-

rung der Polen, womit er faktisch die Kolonisierung dieses Landes legitimierte. Gegenüber d'Alembert schrieb er, die Preußen »w[ü]rden den armen
Irokesen die europäische Zivilisation bringen«, und auch gegenüber Voltaire
sprach er wiederholt von den Polen als »Huronen« und »Irokesen« Europas.[53]
    Zumindest bei den Anhängern einer Zivilisierungsmission der Aufklä-
rung zur Durchsetzung eines allgemeinen Fortschritts des menschlichen
Geistes durften die Polen nicht auf Solidarität hoffen. Im Kampf gegen Fanatismus und Barbarei schien den meisten *philosophes* die Kolonisierung
Polens offenkundig ein probates Mittel zu sein; jedenfalls blieben Proteste
gegen die Teilung Polens von ihrer Seite größtenteils aus.[54] Kritik an der
Teilung kam hingegen von Autoren, die sich vor allem als Fürsprecher traditionell gewachsener Verfassungsstrukturen einen Namen gemacht hatten,
wie Edmund Burke, und dem Streben nach einer Verbesserung der Welt auf
dem Reißbrett mit einiger Skepsis begegneten.[55]
    Dass die Fortschrittsidee im 18. Jahrhundert auch dazu diente, eine
Hierarchie zwischen den Nationen zu behaupten und sogar eine territoriale Expansion zu legitimieren, heißt jedoch nicht, dass die Aufklärung für
einen neuen Imperialismus verantwortlich gewesen wäre. Die aufgeklärten
Autoren schufen mit ihrem Konzept einer fortschreitenden Zivilisierung der
Menschheit kaum neue Hierarchien zwischen den Staaten und Völkern, sondern griffen hierfür vielfach auf ältere Denkmuster zurück. Voltaires Diskurs über Frankreich und die Übernahme antipolnischer Muster durch die
philosophes zeigen dies deutlich. Ersterer bewegte sich in den Bahnen der
panegyrischen Literatur zu Ehren Ludwigs XIV., während Äußerungen zu
Polen im Rahmen einer ursprünglich konfessionellen Polemik zu sehen sind.
Auch bei der Auswahl anderer vermeintlich rückständiger Völker Europas
waren die Aufklärer keineswegs sonderlich kreativ, sondern verhalfen älteren
Feindbildern zu neuer Konjunktur. So galt beispielsweise Spanien als unaufgeklärte Nation, beherrscht vom Fanatismus, in den Klauen der Inquisition.
Der Enzyklopädieeintrag zu Spanien präsentiert in abfälliger Weise ein von
der Natur gesegnetes Land, dessen Einwohner gleichwohl träge, stolz und
unwissend seien und in Europa zu den rückständigsten Nationen zählten.[56]
Diese Charakterisierung der Spanier greift zum einen auf Aussagen zurück,
die schon in römischen Quellen zu finden sind.[57] Zum anderen wiederholt
das Spanienbild der Aufklärer bereitwillig die schwarze Legende, die im 16.
und 17. Jahrhundert vor allem von protestantischen Ländern verbreitet wurde, die gegen Spanien Krieg führten. Hier entstand in Kenntnis der Schrif-

ten von Bartolomé de Las Casas das Zerrbild vom blutrünstigen, grausamen und fanatischen Spanier, der sowohl in der Neuen Welt als auch in den Niederlanden sein Unwesen treibe. Vor allem im langen französisch-spanischen Krieg des 17. Jahrhunderts hatte dieses Zerrbild der Iberer in der französischen Propaganda Konjunktur gehabt. Die französischen Aufklärer wiederholten dieses Stereotyp und integrierten es in ihr Bild von einem Zivilisationsprozess mit unterschiedlichen Geschwindigkeiten.[58] Am weitesten ging hierbei sicherlich Nicolas Masson de Morvilliers, dessen antispanische Attacke im Jahr 1783 diplomatische Verstimmungen auslöste und die Königliche Spanische Akademie dazu veranlasste, einen Preis für die beste Entgegnung auszuloben.[59] Grund für diese Aufregung war ein Lexikonartikel, in dem Masson de Morvilliers Spanien folgendermaßen charakterisierte:

»Der Spanier ist begabt für die Wissenschaften, er hat viele Bücher, und doch ist Spanien vielleicht die unwissendste Nation Europas. Was kann man von einem Volk erhoffen, das von einem Mönch die Freiheit erwartet, lesen und denken zu dürfen? […] Heute glühen Dänemark, Schweden, Rußland, selbst Polen, Deutschland, Italien, England und Frankreich, all diese Völker, Feinde, Freunde, Rivalen, in edlem Wetteifer um den Fortschritt der Wissenschaften und Künste. Jedes arbeitet an Errungenschaften, die es mit den anderen Nationen teilen wird. Jede dieser Nationen hat bis heute irgendeine nützliche Entdeckung gemacht, die der Menschheit zum Fortschritt gereichte. Aber was verdankt man Spanien? Und was hat Spanien seit zwei, seit vier, seit zehn Jahrhunderten für Europa geleistet?«[60]

Dieser Tirade zum Trotz war Spanien Mitte des 18. Jahrhunderts mitnichten ein Land ohne Sympathien für die Ideen der Aufklärer. Auch waren die Könige und ihre Regierungen Reformen gegenüber durchaus aufgeschlossen.[61] Allerdings hofierten die spanischen Eliten nicht die französischen *philosophes*. Nicht zuletzt dieser Aspekt dürfte ihnen eine schlechte Presse eingebracht haben. Wie stark die Platzierung auf der Fortschrittsskala von der Haltung der jeweiligen Machthaber gegenüber den *philosophes* abhängig war, wird wohl nirgends so deutlich wie in der Charakterisierung Russlands durch die Aufklärer. Dazu griff man wie im Falle Spaniens auf altbewährte Interpretationen zurück. So war allen französischen *philosophes* die Rede von der orientalischen Despotie geläufig. Dieses Deutungsmuster vom barbarischen Osten konnten die Aufklärer zahlreichen Texten griechischer Autoren entnehmen, die ihr Selbstverständnis als freiheitsliebendes Volk auch durch den Kontrast mit den sklavischen Untertanen orientalischer Tyrannen betonten. Diese Rede vom orientalischen Despotismus war in der politischen Literatur Europas seit der Renaissance immer wieder angestimmt worden und nie wirklich verschwunden – im 18. Jahrhundert erhielt sie auch durch die Idee von Geschichte als Fortschritts- und Zivilisationsprozess neue Nahrung. Das Osmanische Reich fiel unter das Verdikt, eine orientalische Despotie zu sein, aber auch Russland wurde in dieser Weise beschrieben. Die russischen Leibeigenen wurden von westlichen Reisenden als Sklaven ihrer Herren wahrgenommen. Von der Bevölkerung hieß es, sie verharre in Unwissenheit und Barbarei.[62]

Voltaire gibt in seiner Geschichte des schwedischen Königs Karl XII. ein schönes Beispiel für ein Russlandbild, das sich aus der Vorstellung von zivilisatorischer Überlegenheit des Westens und dem Konzept des historischen Fortschritts speiste. Voltaire teilt die russische Geschichte in zwei Phasen ein: vor und nach Peter dem Großen. Über den Zivilisationsstand der Russen vor Peter urteilt Voltaire:»Die Russen waren unzivilisierter als die Mexikaner, da Cortez sie entdeckte. Geborene Sklaven von nicht minder barbarischen Herren, lebten sie in Unwissenheit dahin.«[63] Es war Kaiser Peter der Große allein, der in Voltaires Erzählung den Versuch unternommen hatte, aus dem barbarischen Russland einen europäischen Staat zu machen, indem er sich vollständig an europäischen Vorbildern orientierte.[64] Damit war Russland aber in den Augen Voltaires in den Club der zivilisierten Mächte eingetreten: Die»philosophische«Haltung des Herrschers sowie der politischen Elite waren neben den wissenschaftlichen und den kulturellen Anstrengungen für Voltaire allein ausschlaggebend, ob ein Land zivilisiert genannt werden sollte oder nicht. Der Bildungsgrad des einfachen Volkes war für ihn hingegen nicht von Belang, ja Voltaire lehnte sogar die Idee einer breiten Volksaufklärung explizit ab, da dadurch das Volk von der Arbeit entfremdet würde, die zur Erwirtschaftung des allgemeinen Wohlstands notwendig sei. In seinen Augen verharrte die einfache Bevölkerung überall in Europa im Zustand der Barbarei und des Fanatismus. Für Voltaire war dies unproblematisch, sofern die politischen Eliten sich nicht den dadurch notwendigerweise verqueren Erwartungshaltungen des Volkes beugten, sondern nach Prinzipien der Vernunft und der natürlichen Moral urteilten oder, mit anderen Worten, den Ratschlägen der *philosophes* folgten. Gaben Herrscher wie Friedrich II. von

Preußen oder Katharina II. von Russland sich den Anschein, dies zu tun, konnten sie auf begeistertes Lob aus Voltaires Munde rechnen.

Das Werturteil der Aufklärer über den Zivilisationsgrad eines Landes war auch und gerade davon geprägt, welche Bedeutung ihnen die Herrscher jeweils zuschrieben. Für die Herrscher der Welt jenseits Europas wirkte sich dies im Laufe des 18. Jahrhunderts durchaus nachteilig aus. So zeichneten die Aufklärer beispielsweise von China ein zunehmend kritischeres Bild. Um 1700 war China zum Vorbild einer rationalen Gesellschaft stilisiert worden, um die Missstände in Europa anzuprangern. Diese Idealisierung des Reichs der Mitte beruhte auf einer Weiterentwicklung des Chinabilds, das die Jesuiten des späten 16. und des 17. Jahrhunderts entworfen hatten. Die Missionare der Gesellschaft Jesu hatten die öffentlichen Kulte zu Ehren Konfuzius' und der Ahnen nicht als religiöse Handlungen präsentiert, da sie gegen diese Praktiken nicht ankämpfen konnten, wenn sie die chinesischen Eliten für das Christentum gewinnen wollten.[65] Diese Darstellung führte wiederum um 1700 mehrere Philosophen wie Bayle und Wolff dazu, die Möglichkeit einer atheistischen, aber gleichwohl vernunftbegabten und moralischen Gesellschaft anzunehmen. Der chinesische Beamte avancierte zur Chiffre eines Menschen, der ohne offenbarte Religion und lediglich aufgrund seines Verstands die universelle und natürliche Ethik vertrat und anwandte. China wurde Europa als Vorbild anempfohlen.[66] Dieses Denkmuster findet sich auch bei französischen Physiokraten: Dadurch, dass die natürliche Ordnung in China respektiert werde, gediehen die chinesische Wirtschaft und Bevölkerung.[67] Noch Voltaire pries die Toleranz im Reich der Mitte.[68]

Als sich jedoch ab 1760 der Fortschrittsdiskurs etablierte, kamen Zweifel an der älteren Idealisierung Chinas auf. Es ist nicht übertrieben zu sagen, dass die immer penetrantere Selbstinszenierung der europäischen Intellektuellen als Aufgeklärte sie in der zweiten Hälfte des 18. Jahrhunderts dazu veranlasste, in ihren Schriften die islamische Welt, die Indianer und den Fernen Osten herabzustufen.[69] Dies zeigt Diderots Artikel »Chinesen« in seiner Enzyklopädie. Diderot versucht darin, in Anbetracht der widersprüchlichen Berichte über das fernöstliche Land den Wert der chinesischen Philosophie einzuschätzen, indem er auf die Quellen zurückgreift. Er wundert sich darüber, dass die Chinesen bereits vor langer Zeit sehr abstrakte philosophische Systeme erfunden haben. Diese könne man je nach Perspektive polytheistisch, atheistisch oder deistisch nennen, ja er konstatierte sogar eine Verwandtschaft mit dem Materialismus Spinozas. Auch wenn Diderot diese abstrakten Systeme bewundert, betont er, dass der Fortschritt der Chinesen erst möglich wurde, als Europäer ihnen neue Wissenschaften beibrachten. Die Ankunft der Europäer habe eine neue Epoche in der Geistesgeschichte Chinas eingeleitet: die der »modernen Philosophie«. Das Fazit Diderots ist, dass die modernen Europäer in mehrfacher Hinsicht den Chinesen überlegen seien. Obwohl die Chinesen eine alte Zivilisation besäßen, hätten sie ihre Sprache und Schrift kaum verbessert. Sie seien weder große Redner noch große Dichter. Ihre Theaterstücke seien ebenso »sehr unvollkommen«. Besonders störte Diderot, dass das Volk sehr dem »derbsten Götzendienst« ergeben sei. Die Chinesen hätten zwar gute Manufakturen, aber einen fürchterlichen Geschmack.[70]

Die deutlich schlechtere Einschätzung der chinesischen Zivilisation in der zweiten Hälfte des 18. Jahrhunderts beruhte weder auf neuen chinesischen Quellen, die nun in Europa verfügbar geworden wären, noch auf neuen empirischen Daten oder gar persönlicher Anschauung. Es waren vielmehr die veränderten Kategorien, die die Weltsicht der Aufklärer prägten. Je mehr die eigene Fortschrittlichkeit betont wurde, desto schlechter schnitt China ab. Ab der Mitte der 1760er Jahre prangerten Diderot, Holbach und Herder die Isolierung des Landes, seine allzu schwierige Schrift und seine angeblich blinde Verehrung der Tradition an. Damit ging das neue Urteil einher, dass die Chinesen keineswegs tadellose Moralisten seien, sondern ihr Reich geprägt sei von Korruption und Unordnung.[71]

Diesen Wandel in der Wahrnehmung zeigt ein Vergleich der Ausgaben der *Geschichte beider Indien* Raynals. Die erste (1770) und die zweite (1774) geben noch das Bild Chinas wieder, das in der sogenannten Frühaufklärung entwickelt worden war. Die Chinesen kannten keinen Aberglauben, keinen Erbadel und weder Leibeigenschaft noch Sklaverei. Die Mandarine seien wahrhaftige Philosophen, die nur aufgrund ihrer Verdienste Karriere machten. Nirgendwo blühe die Landwirtschaft so sehr wie in China.[72] Die dritte Ausgabe der *Geschichte beider Indien* (1780) präsentiert jedoch neben dieser älteren Vorstellung von China als einer idealen Gesellschaft ein vollkommen anderes Bild: das eines zurückgebliebenen Landes. Dieses lag unter anderem in der Feststellung begründet, dass in China die Wissenschaften und Künste wenig Fortschritt erfahren hätten.[73] Damit korrelierten zahlreiche barbarische Sitten im Volk.[74] Auch der Herrscher regiere vor allem mit Prügeln: China sei eine Despotie, die bei den Chinesen mit Erfolg jegliche Tugend erstickt habe.[75]

Nachdem die *philosophes* ein Loblied auf Frankreich gesungen, die ursprünglich preußisch-protestantische antipolnische Propaganda übernommen und alten Stereotypen über das grausame Spanien und die orientalische Despotie neues Leben eingehaucht hatten, ließ ihr Anspruch, der eigentliche Motor des Fortschritts zu sein, auch ein Bewusstsein einer kulturellen Überlegenheit Europas gegenüber Asien entstehen. Im Paris des Jahres 2440 liest der Erzähler folgende Nachrichten in den Zeitungen: »Vor dem Kaiser [von China] ist zum erstenmal Cinna aufgeführt, eine französische Tragödie. Die Gnade des Augustus, die Schönheit und der edle Stolz der Charaktere hinterließen einen großen Eindruck bei der gesamten Versammlung.«[76] Der Zeitreisende aus dem 18. Jahrhundert glaubt an den Wahrheitsgehalt dieser in seinen Augen sehr erstaunlichen Nachricht nicht, doch sein Nachbar versichert ihm, dass sie wahr sei. Es stellt sich heraus, dass dieser ein chinesischer Mandarin ist, der nach Frankreich gekommen ist, um sich zu bilden und die französische Kultur in China zu verbreiten: »Ich bin neugierig, dieses berühmte Paris zu sehen, von dem man so viel spricht, und will mich über tausend Dinge informieren […]. Seit zwei Jahrhunderten ist die französische Sprache in Peking geläufig, und bei meiner Rückreise werde ich viele gute Bücher mitnehmen, die ich übersetzen will.«[77]

Darauf erzählt der Mandarin, dass das 18. Jahrhundert die Zeit gewesen sei, als China angefangen habe, von Frankreich zu lernen. Dem Erzähler aus der Vergangenheit fällt ein, dass Voltaire in diesem Wissenstransfer eine entscheidende Rolle gespielt hat. Das Ergebnis sei ein allgemeiner Fortschritt in China gewesen, das den Weg aus seiner Unkenntnis und Barbarei gefunden habe. Im Laufe dieses Prozesses wurden in China einfachere Schriftzeichen eingeführt, die Buchdruckerkunst und die Technik des Kupferstichs übermittelt, so dass die Lehren Voltaires China den geistigen Fortschritt brachten:

»Seit dieser Zeit sind enge Verbindungen eingerichtet worden, und allmählich ist auch die Kunde von den Wissenschaften von dem einen Land ins andere hin und her gegangen wie Wechselbriefe. Die Auffassungen eines Einzelnen [Voltaire] sind zum Gemeingut der ganzen Welt geworden. Es ist die Buchdruckerei, jene erhabene Erfindung, die die Aufklärung fortgepflanzt hat. […] In China herrscht nicht mehr der Stock […]. Das gemeine Volk ist nicht mehr niederträchtig und betrügerisch; denn man hat alles getan, um seine Seele zu erheben.«[78]

Wie stellte sich also ein französischer Aufklärer des 18. Jahrhunderts die Welt in 700 Jahren vor? Wie einen Planeten, auf dem Pariser Intellektuelle endlich die globale kulturelle Dominanz errungen haben, und die ganze Welt begierig ist, die Werke der französischen *philosophes* zu studieren. In dieser Zukunftsfantasie ist die Bestimmung der Menschheit erfüllt worden, die Weltgeschichte hat ihr Ziel erreicht.

Für eine dritte Reformation:
Die Religions- und Toleranzdebatte

Vernunftreligion oder religiöse Toleranz?

Im Jahr 2440 kennt man in Paris keine Kirchen mehr, sie sind zusammen mit den zahlreichen Orden aufgelöst und abgeschafft worden. Stattdessen wird das Höchste Wesen in einem Tempel verehrt, lichtdurchflutet, aber vollkommen schmucklos, ohne Statuen, allegorische Figuren und Gemälde, also ohne Zeichen der »Abgötterei«, wie es bei Mercier heißt. Dieses Sakralgebäude kann man sich wie Boullées Entwurf einer »Metropole« vorstellen, eines überdimensionierten, die Unendlichkeit selbst verkörpernden Baus, der keine Bischofskirche, sondern ein Tempel aller Bürger werden sollte (Abb. 6). Auf Boullées Entwürfen knien die andächtigen Pariser ehrfurchtsvoll auf der Treppe nieder, einen gebührenden Abstand zum Altar bewahrend, auf dem Opfergaben für das Höchste Wesen verbrannt werden. In der gigantischen Kuppel über ihnen schweben Wolken (Abb. 7).

In Merciers Tempel der Vernunft wird ganz ähnlich wie in Boullées Vision in öffentlichen Betstunden die »reine Moral« in gemeinsamen Lobesgebeten und Chorgesängen beschworen. Dogmatische Lehrsätze sind im Jahr 2440 verschwunden, die theologischen Lehrbücher des Christentums verwahrt man im Bibliothekskeller hinter dicken Eisenstäben. Öffentliche Tugendlehrer sind an die Stelle der alten Geistlichkeit getreten. Glaubensstreitigkeiten gehören der Vergangenheit an; das Höchste Wesen als Schöpfer der Natur, der Vernunft und der Moral wird von allen Bürgern im großen Tempel gleichermaßen verehrt.

Diese utopische Vision einer besseren Zukunft lässt für die Kirche als traditionell gewachsene Institution ebenso wenig Platz wie für das Christentum als Offenbarungsreligion oder irgendeine andere der etablierten Religionen. An deren Stelle ist eine natürliche Vernunftreligion getreten. Nicht das Abendmahl ist das Initiationserlebnis der Kommunion, die weiterhin statt-

Abb. 6: Étienne-Louis Boullée, Schnitt der »Metropole«
(© Bibliothèque nationale de France, Paris)

findet, sondern ein Blick durch das Fernrohr und das Mikroskop, begleitet von den Worten des Tugendlehrers: »Junger Mann, seht hier den Gott des Weltgebäudes, der sich Euch inmitten seiner Werke offenbart«, und: »Laßt uns im Stillen die Hand anbeten, die so viele Sonnen entzündete und den gar nicht mehr wahrnehmbaren Atomen Leben und Empfindung eingab«.[1] Dieses Bekenntnis scheint allgemein geteilt zu werden. Man liest bei Mercier nichts von anderen Glaubensbekenntnissen oder Religionen, und das Vorhandensein von Atheisten schließt er ausdrücklich aus. Da die Vernunftreligion nur auf dem Naturgesetz gründe, bringe sie »keine Zwietracht mit sich, sondern Frieden und Gleichheit«.[2] Ein Denkmal vor den Toren des Tempels erinnert an die zahlreichen Opfer früherer Glaubensstreitigkeiten und religiöser Verfolgungen. Dargestellt sind Personifikationen der europäischen Nationen, die sich bei den Opfern für die Verfolgungen entschuldigen, indem sie sich von Theologie, Fanatismus und Glaubensstreit abwenden und stattdessen der Philosophie die Hand ausstrecken, deren »weiße und reine Hände gen Himmel ausgebreitet« sind.[3]

Diesen Traum von der vollständigen Durchsetzung einer gereinigten Vernunftreligion teilten viele *philosophes* mit Mercier, insbesondere all diejenigen, die man gemeinhin als Deisten bezeichnet. In der Forschung wird diese Facette der Aufklärer jedoch oftmals in den Schatten gestellt von der ihnen zugeschriebenen Rolle als Vorkämpfer für die religiöse Toleranz. Wenn es darum geht, die historischen Wurzeln der Religionsfreiheit aufzuzeigen, spielt das 18. Jahrhundert eine prominente Rolle. Auch in aktuellen politi-

Abb. 7: Étienne-Louis Boullée, Innenansicht der »Metropole« bei Nacht
(© Bibliothèque nationale de France, Paris)

schen Debatten ist die Aufklärung ein oft bemühter Bezugspunkt, um die Religionsfreiheit als Leitidee einer europäischen bzw. einer westlichen Wertegemeinschaft historisch zu begründen.

Die Selbstversicherung der spezifischen europäischen Wertetradition, die im Zeitalter Voltaires und Kants ihren Anfang genommen habe, ermöglicht zugleich die Abgrenzung nach außen, den Kontrast beispielsweise zu den islamischen Ländern: Dort sei dann das Ausbleiben einer Aufklärung der Grund dafür, dass bis heute die Idee der Religionsfreiheit nicht Fuß fassen könne.[4]

In unserem kulturellen Gedächtnis ist die Vorstellung fest verankert, dass die Idee der Toleranz, insbesondere der religiösen Toleranz, sich in Europa im Zeitalter der Aufklärung durchgesetzt habe und die *philosophes* religiöse Freiheitsrechte gegen die Kräfte des Ancien Régime erstritten hätten. Haben die Aufklärer dafür gekämpft, dass jeder frei seinem Glauben nachgehen könne? Oder war dies nur das Ziel einiger weniger radikaler Aufklärer wie der Enzyklopädisten, die sich für universelle Toleranz einsetzten, während die moderaten Aufklärer in der Tradition von John Locke nur eine eingeschränkte religiöse Toleranz vertraten und am christlichen Glauben als allen gemeinsamer Religion festhielten?[5] Oder standen die aufgeklärten Vorstellungen einer natürlichen Vernunftreligion der Idee der Religionsfreiheit gar im Wege, wie Carl Becker andeutet?[6] Bevor wir hierzu die Aussagen prominenter Aufklärer zur Prüfung heranziehen, bedarf es einiger Vorüberlegungen über die verwendeten Begriffe und Kategorien. Heutige westliche Gesellschaften sind geprägt durch einen Pluralismus verschiedener Glaubensgruppen, der von einer breiten Mehrheit nicht grundsätzlich in Frage gestellt, ja wohl sogar begrüßt wird. Die Rolle des Staates besteht darin, diesen Pluralismus sicherzustellen. Die Zugehörigkeit zu einer Glaubensgruppe ist jedem Bürger selbst überlassen, die Verfassung garantiert ihm Religionsfreiheit. Wenn in diesem Kapitel daher die These auf dem Prüfstand steht, ob die Aufklärung diese Errungenschaften der westlichen Welt erkämpft habe, so geht es um diese beiden Aspekte: Pluralismus der Bekenntnisgruppen einerseits und das individuelle Recht auf Religionsfreiheit andererseits. Dies wird hier deswegen so deutlich betont, da die Aufklärer in ihren Auseinandersetzungen über das Verhältnis von Glauben, Staat und Gesellschaft einen anderen Begriff verwendeten: den der religiösen Toleranz.

Toleranz kann aber, wie wir insbesondere durch wegweisende Studien von Rainer Forst wissen, sehr Unterschiedliches heißen: eine reine Duldung einer Glaubensgruppe, als Gnadenakt gewährt durch die Obrigkeit oder die Mehrheitsgesellschaft, nicht einklagbar, jederzeit widerrufbar und häufig geknüpft an besondere Auflagen oder Abgaben. In diesem Sinne waren Juden in zahlreichen Ländern Europas in der Frühen Neuzeit toleriert worden, in diesem Sinne gewährten islamische Herrscher wie der türkische Sultan Juden oder Christen Toleranz. Rainer Forst markiert deutlich den Unterschied zwischen einer solchen Duldungstoleranz und der Idee einer Respekttoleranz, die dem Andersgläubigen als individueller Person volle Gleichberechtigung und dieselben Persönlichkeitsrechte zuerkennt, wie man sie selbst beansprucht. Das Recht auf freie Ausübung seiner Religion fällt ebenfalls unter seine Persönlichkeitsrechte. Der Staat hat hingegen religiöse Neutralität zu wahren und darf keine der vorhandenen Religionsgruppen sichtbar bevorzugen.[7] Nur die Respekttoleranz stimmt mit unseren Vorstellungen über Religionspluralismus und individuelle Religionsfreiheit überein. Es ist daher zu fragen, ob die Aufklärer für diese Respekttoleranz eingetreten sind oder ob sie mit dem Begriff der Toleranz nicht ganz andere Absichten und Ziele verfolgten.

Ein Pluralismus der Bekenntnisse?

Beginnen wir mit dem Klassiker der Aufklärungsliteratur schlechthin, mit Immanuel Kants Beantwortung der Frage *Was ist Aufklärung?* In dieser Schrift äußert sich Kant auch zum Verhältnis von Herrschaft und Religion. Kant richtet die Erwartung an den Herrscher, in Religionsfragen keinen Zwang auszuüben und die Religion den Untertanen weder vorschreiben noch einen bestimmten Glauben gewaltsam erzwingen zu wollen. Dabei lässt sich sein Traktat als schönes Beispiel einer Lobrede auf den regierenden König lesen:

»Daß die Menschen, wie die Sachen jetzt stehen, im Ganzen genommen, schon im Stande wären [...], in Religionsdingen sich ihres eigenen Verstandes ohne Leitung eines Andern sicher und gut zu bedienen, daran fehlt noch sehr viel. Allein, daß jetzt ihnen doch das Feld geöffnet wird, sich darin frei zu bearbeiten, und die Hindernisse der allgemeinen Aufklärung, oder des Ausgangs aus ihrer selbst verschuldeten Unmündigkeit, allmählich weniger werden, davon haben wir doch deutliche Anzeichen. In diesem Betracht ist dieses Zeitalter das Zeitalter der Aufklärung, oder das Jahrhundert Friederichs.«[8]

Auf den ersten Blick zeigt sich Kant hier als Fürsprecher individueller Religionsfreiheit und staatlicher Neutralität, und genau in diesem Sinne wird er auch in der Aufklärungsforschung gerne als Referenz angeführt.[9] Auf den zweiten Blick aber müssten einige Aussagen zu denken geben. Wenn Kant beispielsweise als Ziel proklamiert, alle Menschen sollten »in Religionsdingen sich ihres Verstandes ohne Leitung eines anderen« sicher bedienen können, stellt sich die Frage, wer mit dem »Andern« gemeint sein könnte – hier wird Kant wohl an die Kirche als Institution und an den Klerus als Vermittler der christlichen Glaubenslehre gedacht haben. Kant sieht in ihnen die Verantwortlichen für die Unmündigkeit der Menschen, für deren Unfähigkeit, sich in Religionsdingen ihrer Vernunft zu bedienen. Verstandesgemäßer Umgang mit Religion ist also für Kant gleichbedeutend mit einer Emanzipation des Gläubigen von der Autorität und dem Einfluss der Geistlichkeit. Als Lehrer kämen nicht Theologen in Frage, sondern Philosophen. Sie wären für eine vernunftgemäße Unterweisung in Religionsangelegenheiten zuständig, bis jeder einzelne Gläubige schließlich selbst sich in Religionsdingen der

Vernunft bedienen könne. Toleranz heißt in diesem Kontext vor allem ein Ende der Aufsichtsgewalt der Geistlichen über den Glauben der Gläubigen. Was wäre aber das Ergebnis, sollten Menschen in Religionsfragen ihrem Verstand folgen? Eine von der Vernunft abgeleitete »Moraltheologie«, so Kant in seiner *Kritik der reinen Vernunft*.[10] Eine solche »moralische Vernunftreligion« sei aber für alle Menschen gleich, wie auch die Moral gemäß den Prinzipien der Vernunft für alle Menschen gleich sei. In diesem Sinne ist Kant Universalist: Alle Menschen seien Mitglieder des Volkes Gottes und hätten nach denselben Tugendgesetzen zu leben, die mittels der Vernunft erschlossen werden könnten. Das Ziel Kants ist daher nicht religiöser Pluralismus und die Gleichberechtigung der Religionen, sondern die Aufhebung aller Unterschiede und die Hinwendung aller Menschen zur reinen Vernunftreligion. Die von ihm postulierte Religionsfreiheit war bestenfalls als ein Übergangsstadium gedacht.

Kant will daher nicht die Vielfalt der Religionen zulassen, sondern diese Vielfalt durch die Prinzipien der reinen Vernunftreligion ersetzen.[11] Wenn die Religion aber aus Vernunftprinzipien abgeleitet würde, wäre dies mit Religionspluralismus letztlich unvereinbar. In seiner Schrift *Zum Ewigen Frieden* urteilt Kant daher konsequent:

»Verschiedenheit der Religionen: ein wunderlicher Ausdruck! Gerade, als ob man auch von verschiedenen Moralen spräche. Es kann wohl verschiedenartige Glaubensarten historischer, nicht in die Religion, sondern in die Geschichte zu ihrer Beförderung gebrauchten, ins Feld der Gelehrsamkeit eingeschlagener Mittel und ebenso verschiedene Religionsbücher (Zendavesta, Vedam, Koran usw.) geben, aber nur eine einzige für alle Menschen und in allen Zeiten gültige Religion. Jene also können wohl nichts anderes als nur das Vehikel der Religion, welche zufällig ist und nach Verschiedenheit der Zeiten und Örter verschieden sein kann, enthalten.«[12]

Die reine Religion selbst ist daher ganz der Vernunft gemäß, unwandelbar und ewig, im Gegensatz zu den historisch gewachsenen Glaubensrichtungen, die aufgrund unterschiedlicher gesellschaftlicher Kontexte verschiedenartig ausfallen.

Diese mit der Zeit gewachsene Diversität kann Kant nicht anders auffassen denn als Verunreinigung der reinen Vernunftprinzipien, als philosophisch unbefriedigenden Zustand, den es zu überwinden gelte. Kant würdigt daher den »Kirchenglauben« – im Unterschied zum reinen Religionsglauben, also der Vernunftreligion – als mit den Prinzipien der Vernunft letztlich unvereinbar, als bloße Spekulation, herab. Alle Glaubenssätze seien aus der Vernunft nicht zu erschließen und könnten daher, philosophisch gesehen, keinerlei Wahrheit beanspruchen. Da der Klerus und die Theologen dies gleichwohl täten, seien sie Agenten der Unmündigkeit des Volkes. Ihre Glaubenssätze seien jedoch, sofern sie nicht mit den moralischen Prinzipien der Vernunft deckungsgleich seien, bestenfalls unschädlich, sofern man ihnen keinerlei Notwendigkeit einräumt und sie als Zwischendinge, als Adiaphora, wertet.[13]

Zwar propagiert Kant an keiner Stelle Intoleranz oder Gewalteinsatz, um die reine Vernunftreligion zu etablieren. Gleichwohl versteht er sich als Befürworter allgemeiner und einheitlicher Glaubensmaximen. Alle Äußerlichkeiten, alle Dogmen, die nicht mit den Moralprinzipien Kants einhergehen, sind in seinem Verständnis bloße Spekulationen und Erfindungen, sind im Interesse der reinen Vernunftreligion zu überwinden. Dieses Bewertungskriterium führt notgedrungen zu einer Hierarchisierung der Konfessionen und Religionen gemäß dem Maßstab, welche stärker mit den Prinzipien der Vernunftreligion übereinstimmten und welche stärker dem bloßen »Kirchenglauben«, dem religiösen »Afterdienst«, dem »Pfaffentum«, dem »Fetischglauben« verhaftet seien.[14] Kants Urteilsgrundsatz, die Reinheit der Religionsprinzipien und der Kontrast zum Aberglauben oder zum Götzendienst, ist dem Christentum und dem Judentum so fremd nicht – und war nicht selten der Anlass für Verfolgung und Intoleranz.

Nimmt man Kants Ausführungen zum Maßstab, kann man Folgendes bilanzieren: Das utopische Fernziel ist die Etablierung einer universalen Vernunftreligion. Um dieser Vernunftreligion den Weg zu bahnen, braucht es Philosophen, aber keine Theologen. Im Prozess der allmählichen Durchsetzung der Vernunftreligion ist Toleranz ein Mittel, um den Theologen die Deutungshoheit über die Religion zu entwinden, ihre Aufsichts- und Wächterrolle in Frage zu stellen bzw. deren Unterscheidung zwischen wahrem und falschem Glauben politisch folgenlos werden zu lassen. Der dabei erreichte Rechtszustand geduldeter Pluralität der Bekenntnisse ist aber nur als Übergangsstadium gedacht, nicht als Wert an sich. Auf lange Sicht geht es nicht um das friedliche Miteinander unterschiedlicher Religionen, sondern um deren Abschaffung durch die eine, allen gemeinsame Vernunftreligion.

Dabei hielt die vielbeschworene »Aufklärungstradition« zur Einebnung der religiösen Differenzen zugunsten einer einheitlichen Vernunftreligion durchaus Alternativen bereit. Der französische Kalvinist Pierre Bayle beispielsweise, der im Zusammenhang mit der Hugenottenverfolgung in Frankreich unter Ludwig XIV. im holländischen Rotterdam Schutz suchte und dort eine Stelle als Philosophieprofessor annahm, war ein entschiedener Fürsprecher der religiösen Toleranz.[15] Grund dafür war aber nicht sein Vertrauen in die Einsichtsfähigkeit der menschlichen Vernunft, sondern im Gegenteil seine diesbezügliche Skepsis. Da der Mensch nicht in der Lage sei, mit seiner beschränkten Vernunft den Wahrheitsgehalt der Offenbarungsreligionen zu erkennen, und die unterschiedlichen religiösen Standpunkte nur die natürliche Konsequenz unterschiedlicher Sozialisationserfahrungen und Sichtweisen der Menschen seien, müsse man mit dieser Pluralität leben, ohne die eigene Anschauung bzw. Konfession zur allein verbindlichen zu erklären.

Da sich Bayle der Grenzen der Vernunft bewusst ist, zielt seine Toleranzkonzeption auch nicht darauf ab, auf lange Sicht die Religionen durch eine allen Menschen gemeinsame Vernunftreligion zu ersetzen. Vielmehr habe der Glaube sein eigenes Recht, ohne sich vor der Vernunft rechtfertigen zu müssen. Die natürliche Offenbarung, die ja auch bei den Anhängern einer natürlichen Vernunftreligion den Kern ihres Glaubens bildet, tritt bei Bayle nicht an die Stelle der Offenbarungsreligion, sondern ist nur Impuls des Glaubens, ohne damit die religiösen Wahrheiten gänzlich abstreiten oder gar ersetzen zu wollen.[16] Über Vernunft und die natürliche Offenbarung äußert sich Bayle in seinem Artikel über die »Manichäer« in seinem *Historischen und Kritischen Wörterbuch:*

»[Die Vernunft] ist ein Prinzip des Zerstörens und nicht des Aufbauens. Sie ist zu nichts tauglich, als Zweifel zu erregen und sich nach rechts und links zu wenden, um einen Streit zu verewigen. Und ich glaube mich nicht zu täuschen, wenn ich von der natürlichen Offenbarung, d. h. von dem Licht der Vernunft, sage, was die Theologen von der mosaischen Heilsordnung sagen. Sie sagen, daß sie zu nichts weiter tauglich war, als den Menschen seine Ohnmacht, die Notwendigkeit eines Erlösers und eines barmherzigen Gesetzes erkennen zu lassen. Sie war – in ihren Worten – ein Lehrer, um uns zu Christus zu führen. [...] Wir wollen beinahe dasselbe von der Vernunft sagen: Sie ist zu nichts weiter tauglich, als den Menschen seine Blindheit und Ohnmächtigkeit und die Notwendigkeit einer anderen Offenbarung erkennen zu lassen. Das ist diejenige der Schrift.«[17]

Pierre Bayles Skeptizismus bewahrt ihn davor, religiöse Toleranz als eine bloße Zwischenetappe auf dem Weg zu einer zukünftigen Auflösung aller Religionsstreitigkeiten zu sehen. Diese Streitigkeiten entspringen bei ihm nicht der Bosheit herrschsüchtiger und fanatischer Kleriker. Sie enden daher auch nicht dann, wenn Philosophen sich als Religionslehrer um die Verkündigung der natürlichen Vernunftreligion bemühen. Vielmehr entspringt der Religionsstreit der kulturellen und anthropologischen Bedingtheit des Menschen: der mangelnden Einsichtsfähigkeit seines Verstandes, der Standortgebundenheit seines Denkens, beides Beschränkungen, die auch durch große Geister und Philosophen nicht überwunden werden können. Bayles Skepsis ermöglicht ihm, die Forderung nach Toleranz mit einer Duldung der bestehenden Konfessionen zu vereinbaren, sofern diese sich dem Toleranzprimat unterwerfen und nicht ihren Wahrheitsanspruch auf Kosten der anderen Bekenntnisse und mit Gewalt durchzusetzen suchen. Für Bayle ist der friedliche Religionspluralismus – unter Einschluss der Atheisten – der bestmögliche Zustand in einer Gesellschaft.

Die Aufklärer beriefen sich vielfach auf Bayle, und einzelne prominente *philosophes* des 18. Jahrhunderts wurden auch in der Forschung zu dessen Erben und Nachfolgern erklärt.[18] Gleichwohl ist diese proklamierte Verwandtschaft fragwürdig. Weder begnügten sich Aufklärer wie Voltaire oder Holbach mit der Zukunftsvision eines religiösen Pluralismus noch ließen sie sich in ihren Zukunftshoffnungen von der Skepsis leiten.[19] Ein gutes Beispiel dafür ist Voltaire, der sich immer wieder gerne auf Bayle berief, wenn es galt, den Wahrheitsgehalt von christlichem Offenbarungswissen anzuzweifeln, der aber alle Skepsis ablegte, wenn von den Möglichkeiten der Vernunft und der eigenen Rolle als Philosoph die Rede war. Zwar hatte Voltaire sich ebenfalls den Kampf für religiöse Toleranz auf die Fahnen geschrieben. Doch diente in den Augen des französischen *philosophe* dieser Kampf nicht allein dem Ziel, eine Vielzahl gleichberechtigter Religionen und Bekenntnisse in einer Gesellschaft zu ermöglichen, sondern diesen Religionen, ihren Dogmen und Frömmigkeitspraktiken letztlich die Grundlage zu entziehen und sie durch eine »monotheistische Tugendlehre« zu ersetzen.[20] Religiöse Toleranz war ein Mittel, die Autorität des Klerus – der Anwälte des Fanatismus und der Fürsprecher absurder Glaubenssätze – in Frage zu stellen und durch die Autorität der Philosophen zu substituieren. Hebt man also die emphatischen Aussagen der Aufklärer zur religiösen Toleranz hervor, ohne deren doppelte Funktion zur Durchsetzung eigener Geltungsansprüche sowie zur

Etablierung einer neuen Vernunftreligion mit zu berücksichtigen, ergibt sich ein falsches Bild. Unsere heutigen Vorstellungen von Religionspluralismus und der freien Wahl des Bekenntnisses als Bedingung einer freien Gesellschaft haben mit den Zielvorstellungen der Intellektuellen des 18. Jahrhunderts nur sehr bedingt etwas zu tun. Bayle ist hier die Ausnahme, die die Regel bestätigt.

Voltaire ist ein gutes Beispiel dafür, wie der Kampf für religiöse Toleranz stets verknüpft war mit dem Ziel der Reinigung der Vernunftreligion von allen menschlichen Zusätzen des Aberglaubens und der Unvernunft. Es mangelt wahrlich nicht an Beispielen für Voltaires Engagement für die religiöse Toleranz: Ob er in seinen *Philosophischen Briefen* England aufgrund der Vielzahl der Bekenntnisse Frankreich als Vorbild anempfiehlt oder in seiner Schrift *Über die Toleranz* den Justizmord an Jean Calas anprangert, stets stand sein Ringen um die Freiheit religiöser Bekenntnisse im Zusammenhang mit einer Attacke auf die Fanatiker, die Verteidiger der Kirche und Fürsprecher allgemein verbindlicher Glaubenssätze.[21] Sein Motto »écrasez l'infâme« etablierte er als Marken- und Erkennungszeichen für seinen Kampf gegen kirchliche Despotie. Doch war gerade für Voltaire Religionspluralismus nicht Selbstzweck, sondern nur ein erster Schritt hin zur Emanzipation von der Deutungshoheit der katholischen Kirche.

Um dem Fanatismus und dem Aberglauben zu entkommen, gebe es kein anderes Heilmittel als den »esprit philosophique«.[22] Dieser philosophische Geist würde aber die Religionen der Welt durch kritische Reflexion von allen Spuren des Aberglaubens reinigen. Eine allgemeine Vernunftreligion träte dann an die Stelle aller anderen, historisch gewachsenen Religionen und bestünde nur aus wenigen Dogmen:

»Seit dem Anbeginn der Dinge beten wir zu der einzigen ewigen Gottheit, der Belohnerin der Tugend und der Rächerin des Verbrechens; bis dahin sind sich alle Menschen einig und alle sprechen uns dieses Glaubensbekenntnis nach.

Der Kern, in dem sich alle Menschen aller Zeiten und aller Orte zusammenfinden, ist also die Wahrheit, und jede Abweichung von dieser Mitte ist also die Lüge.«[23]

Voltaire ist sich dabei sicher, dass die Reinigung der Weltreligionen von ihrem historischen Ballast zugleich einen ursprünglichen Urzustand der Religion wiederherstellt: »Also ist unsere Religion [...] die einzige universelle, so wie sie die älteste und die einzige göttliche ist«.[24] Diesen Urzustand könne der Mensch erschließen, wenn er sich an den moralischen Grundsätzen der Vernunft orientiert: »Die Moral ist bei allen Menschen die gleiche, also kommt sie von Gott; der Kultus ist verschieden, also ist er das Werk der Menschen.«[25] Der religiöse Fanatismus könne daher erst dann ein Ende haben, wenn man die Religion auf ihre reine Quelle zurückführt und von allem trennenden Menschenwerk befreit.

Es ging Voltaire also um ein »Zurück« zur Urreligion der Menschheit. Wie kam der französische Philosoph jedoch auf die Idee, dass es eine solche überhaupt gegeben habe? Dies begründet er nicht; es bleibt aber dem Aufklärungsforscher die Möglichkeit, zu konstatieren, an welche Vorstellungen er anknüpft. Voltaire folgt hier implizit bestimmten Thesen und Herangehensweisen der von ihm heftig angegriffenen Jesuiten. Die Idee einer Urreligion, deren Spuren man in den heutigen religiösen Praktiken und Glaubenssätzen der unterschiedlichen Völker der Erde finden könne, ist in der Tat eine spezifisch jesuitische gewesen. Dieses Konzept, das in der Forschung oft »Figurismus« genannt wird, hatten Autoren der Gesellschaft Jesu in Reaktion auf Bayle entwickelt. Der französische Hugenotte in den Niederlanden hatte im späten 17. Jahrhundert die These aufgestellt, es könne eine atheistische Gesellschaft geben. Die Religion sei kein unverzichtbares Band, das die Gesellschaft zusammenhält. Es mutet ironisch an, dass Bayle wiederum zu dieser Idee nicht zuletzt aufgrund jesuitischer Schriften kam.[26] Wie im letzten Kapitel dargestellt, hatten die Missionare der Gesellschaft Jesu in China im 17. Jahrhundert die Opfergaben für die Ahnen und Konfuzius nicht als religiöse Handlungen präsentiert. Dies war Teil einer missionarischen Strategie – es ging darum, die Mandarine nicht mit der Forderung aufzuschrecken, sie sollten diese Kulte aufgeben –, hatte aber die unvorhergesehene Konsequenz, das Bild einer zugleich tugendhaften und atheistischen chinesischen Gesellschaft zu etablieren.[27]

Bayle und Wolff ihrerseits bemühten dieses Bild, um das Primat der Theologie oder gar die Idee anzugreifen, die göttliche Offenbarung sei für das gesellschaftliche Zusammenleben notwendig.[28] Diese These konnten die Jesuiten aber auch nicht unwidersprochen lassen. Da sie jedoch ungewollt dabei geholfen hatten, die Autorität der Schrift und der Theologie in Zweifel zu ziehen, suchten sie nach neuen Wegen, der Kirche ein solides Fundament zu verleihen. Der Figurismus war als ein Beitrag zu diesem heiligen Werk gedacht: Indem diese jesuitischen Autoren nach Spuren der Urreligion in allen Kulturkreisen der Welt suchten, wollten sie zeigen, dass Gott sich ursprünglich allen Menschen offenbart habe. Es gebe nirgendwo atheistische Gesellschaften und die Vielfalt der Religion sei nur das Ergebnis eines Degenerierungsprozesses.[29] So erklärt sich, dass beispielsweise der französische Jesuit Lafitau in der Religion der kanadischen Huronen nach Spuren der Urreligion suchte.[30] Von Voltaire erntete er dafür nur Spott;[31] doch tat der französische Philosoph etwas grundsätzlich anderes, wenn er in der brahmanischen Lehre nach der ursprünglichen Vernunftreligion suchte?[32] Voltaire scheint im Gegenteil im polemischen Pingpong-Spiel des 18. Jahrhunderts ein eifriger Schüler der Jesuiten gewesen zu sein. Er übernahm deren Ideen und Herangehensweisen, um gegen sie zu agitieren.[33] Damit verblieb er jedoch weitgehend in deren Denkrahmen.

Wie verträgt sich dieser Exklusivitätsanspruch der Vernunftreligion aber mit Voltaires Engagement für die religiöse Toleranz? Für Voltaire endet die Toleranz bei den »Fanatikern« und den »Atheisten«. Diese beiden Gruppen seien gefährlich, da sie das Zusammenleben der Menschen auf je eigene Art untergrüben und damit den Frieden gefährdeten. Mit den Fanatikern sagte Voltaire aber letztlich dem gesamten Klerus bzw. all denjenigen den Kampf an, die die Dogmen des Christentums nicht einer Vernunftreligion zu opfern bereit waren. Fanatiker sind für Voltaire Besessene, von einer Krankheit Befallene, die nur die Vernunft heilen könne.[34] Rainer Forst hat sehr hellsichtig aufgezeigt, dass Toleranz für Voltaire nur die zweitbeste Lösung darstellt, und Toleranz sich in dem Maße erübrigt, in dem die Vernunftreligion an die Stelle der alten Offenbarungsreligionen tritt.[35]

Die Aussagen Voltaires zur religiösen Toleranz, zum Pluralismus der Konfessionen und zur Vernunftreligion stehen mit seinen geschichtsphilosophischen Ansichten in einem engen Zusammenhang. Geschichte ist für Voltaire eine fortschreitende Emanzipationsgeschichte der Menschheit von den Fesseln religiöser Bevormundung und Barbarei. Wenn eine Stufe der Aufklärung und Vernunft erreicht sei, dürfe man diese nicht wieder preisgeben. Dies hat auch Auswirkungen für die Reichweite und die Grenzen von Toleranz. So sieht Voltaire das Judentum mit äußerst skeptischen Augen, da er in den Juden die Anhänger einer Theokratie zu erkennen glaubt und damit Fürsprecher einer besonders frühen Form des reinen Fanatismus.[36] Letztlich fallen die Juden damit unter das Verdikt der Fanatiker, die man in einer Gesellschaft nicht dulden könne. Wenn Voltaire daher den Machthabern vorwirft, die Juden zu tolerieren, die Deisten aber zu verfolgen, so wird zugleich deutlich, dass er den Juden nicht in gleichem Maße Toleranz zugestehen möchte wie den Deisten – da die Letzteren die Vernunft verkörperten, die Ersteren aber den »Gipfel des Aberglaubens«.[37] Voltaire sah im Judentum die Ursprünge des Christentums und verurteilte es daher als Repräsentanten all derjenigen Irrwege, die er auch an der christlichen Kirchengeschichte anprangerte. Sein Antijudaismus war zumindest in Teilen auch eine Waffe gegen das Christentum.[38] Dies ging bei ihm einher mit Angriffen auf das Alte Testament, das er als eine Kompilation gleichermaßen kindischer wie absurder Texte wertete, denen keinerlei Anspruch auf göttliche Offenbarung zugebilligt werden könne.[39] Es waren daher gerade der Judenfreundschaft gänzlich unverdächtige katholische Geistliche wie der Abbé Charles Louis Richard, die das Judentum und den Wahrheitsgehalt des Alten Testaments gegen Voltaires Ausfälle in Schutz nahmen, um damit die christliche Idee der *Historia Sacra* und der Heilsgeschichte zu retten.[40] Für Voltaire ging der Kampf für die Vernunft mit einer generellen Absage an diese Offenbarungstraditionen einher. Dem aufgeklärten Isaac de Pinto, der Voltaire von seiner Judenfeindschaft abzubringen suchte, schrieb er darauf, neben einigen relativierenden Worten, als Antwort: Pinto müsse sich entscheiden, ob er Jude oder *philosophe* sein wolle – beides sei miteinander nicht vereinbar.[41]

Adam Sutcliffe hat zu Recht festgestellt, dass diese Auffassung keineswegs nur die individuelle Auffassung von Voltaire widerspiegelt, sondern für die Mehrzahl der Aufklärer repräsentativ sei.[42] So findet sich in Jaucourts Artikel »Jude« in der Enzyklopädie die Feststellung, dass man am Judentum »die Wiege, das Alter und die Fortschritte der unseren [Religion]« ablesen könne.[43] In einer Fortschrittsgeschichte der Menschheit, die in der Gegenwart auch das Christentum erfasst habe, sei das Judentum auf einer früheren, gleichsam primitiven Stufe stehengeblieben. Es halte partout am Gesetz Mose fest und könne und wolle sich nicht von alten Vorurteilen lossagen.

Gotthold Ephraim Lessing vertrat eine ähnliche Position in seiner Schrift *Die Erziehung des Menschengeschlechts.* Lessings Absicht war es, die Lehren der Offenbarungsreligionen und die Prinzipien der Vernunft nicht gegeneinander zu wenden, sondern dem Offenbarungswissen dadurch gerecht zu werden, dass man es in eine geistige Bildungs- und Entwicklungsgeschichte der Menschheit einreiht. Da der Fortschritt der Menschheit wie der Bildungsweg eines Menschen zu denken sei, musste der Menschheit in ihren Kindertagen die Wahrheit auf kindliche, anschauliche Weise vermittelt werden, damit sie Wirkung entfalten konnte.[44] Das Judentum war in Lessings

Augen eine solche entwicklungsgerechte Wahrheit, konzipiert für ein Volk, das »so roh, so ungeschickt zu abgezognen Gedanken war, noch so völlig in seiner Kindheit war«.[45] Da mittlerweile aber die Menschheitsentwicklung weiter voranschreite, sei es auch an der Zeit, sich von diesen adressaten-gerechten Wahrheiten wieder zu trennen, und sich vernunftgemäßen Formen der Wahrheit anzunähern. Hier sah Lessing die erzieherische Rolle des Christentums:

»§ 51. Aber jedes Elementarbuch ist nur für ein gewisses Alter. Das ihm entwachsene Kind länger, als die Meinung gewesen, dabey zu verweilen, ist schädlich. Denn um dieses auf eine nur einigermaassen nützliche Art thun zu können, muß man mehr hineinlegen, als darum liegt; mehr hineintragen, als es fassen kann. Man muß der Anspielungen und Fingerzeige zu viel suchen und machen, die Allegorieen zu genau ausschütteln, die Beyspiele zu umständlich deuten, die Worte zu stark pressen. Das giebt dem Kinde einen kleinlichen, schiefen, spitzfindigen Verstand; das macht es geheimnißreich, abergläubisch, voll Verachtung gegen alles Faßliche und Leichte.

§ 52. Die nehmliche Weise, wie die Rabbinen ihre heiligen Bücher behandelten! Der nehmliche Charakter, den sie dem Geiste ihres Volks dadurch ertheilten!

§ 53. Ein bessrer Pädagog muß kommen, und dem Kinde das erschöpfte Elementarbuch aus den Händen reißen. – Christus kam.«[46]

Das Judentum ist also in Lessings Augen eine Religion aus einer anderen, früheren, barbarischen Epoche der Menschheitsgeschichte, und die zeitgemäße Vernunft gebiete es, sich zunächst zu Christus als darauffolgender Entwicklungsstufe der Menschheit zu bekennen. Zwar historisiert Lessing auch das Christentum und sieht das Ende des Erziehungsweges der Menschheit wie viele seiner Zeitgenossen in der Durchsetzung der natürlichen Vernunftreligion. In der Abfolge der Religionen wird es aber auch als nächsthöhere Entwicklungsstufe dargestellt. Die Juden aber werden in der Gegenwart Lessings zu einem von ihren Rabbinern deformierten Volk, abergläubisch und geheimniskrämerisch, spitzfindig und kleinlich, zurückgeblieben auf dem Weg der Fortschrittsentwicklung der Menschheit.

Moses Mendelssohn erhebt gegen diese Fortschrittsideologie und gegen das Ziel einer Aufgabe aller Offenbarungsreligionen zugunsten der Vernunftreligion in seiner Schrift *Jerusalem oder über religiöse Macht und Judentum* Einspruch und befürwortet statt einer Aufhebung aller Religionsunterschiede einen Religionspluralismus, der allein dem Judentum die

Existenzberechtigung nicht abstreitet:»Brüder! Ist es euch um wahre Gott-
seeligkeit zu tun, so lasset uns keine Übereinstimmung lügen, wo Mannig-
faltigkeit offenbar Plan und Endzweck der Vorsehung ist. [...] Glaubens-
vereinigung ist nicht Toleranz, ist der wahren Duldung gerade entgegen.«[47]
Der Konversionsgedanke ist der Idee einer reinen Vernunftreligion genauso inhärent wie dem Christentum in seinen unterschiedlichen konfessionellen Spielarten, wie Mendelssohn sehr klar erkannt hat. Und auch die
entschiedensten Fürsprecher einer rechtlichen Gleichstellung der Juden verbanden diese Zielsetzung mit einer klaren Erwartungshaltung an diese Glaubensgruppe, sich von ihren bisherigen Gebräuchen zu trennen und auf lange
Sicht zur Vernunftreligion zu konvertieren. Christian Wilhelm von Dohm
verknüpfte seine Forderung nach einer Emanzipation der Juden mit der Idee
eines speziellen Erziehungs- und Unterweisungsprogramms, um wenigstens die zukünftigen Generationen an allgemeine Vernunftprinzipien heranzuführen. Die Regierung solle dafür sorgen, dass »der Verstand der Juden
durch das helle Licht der Vernunft, der Erkenntnis der Natur und ihres großen Urhebers, erleuchtet, und sein Herz durch die Grundsätze der Ordnung,
Rechtschaffenheit, der Liebe aller Menschen und der großen Gesellschaft in
der er lebt, erwärmt würde«.[48] In den Synagogen sollten auf Anweisung der
Regierung »zuweilen die reinen und heiligen Wahrheiten der Religion und
Sittenlehre der Vernunft« gelehrt werden.[49] Auf längere Sicht propagierte
Dohm für Juden wie für Christen den Weg zu einer allen gemeinsamen Ver-
standesreligion, der alle trennenden Unterschiede aufhöbe und eine vollstän-
dige Integration der Juden in den preußischen Staat ermöglichen könne.[50]

Die Utopie zahlreicher prominenter Aufklärer, die religiösen Unterschiede der Gegenwart in der Zukunft aufheben zu können und eine natürliche
Vernunftreligion in der gesamten Menschheit ohne Einsatz von Gewalt, sondern nur mit den Mitteln der Überzeugung als einzigen Glauben durchzusetzen, weist durchaus Parallelen zu christlichen religiösen Reformbewegun-
gen früherer Jahrhunderte auf. Die Unterscheidung zwischen einem reinen,
natürlichen und damit göttlichen Kern religiöser Wahrheit und menschlichen Zusätzen, mit denen die reine Idee verdunkelt worden sei, spielte für
zahlreiche christliche Gruppen im Kampf gegen eine »Amtskirche« eine be-
deutsame Rolle. Dies gilt auch für die Metaphorik, mit der die eigenen Vorstellungen plausibilisiert werden sollten: die Idee einer reinen Religion, die
es von den Verunreinigungen korrupter Kleriker zu befreien gelte, die Kon-
trastierung eines göttlichen Urzustandes mit einer als korrupt definierten

Institution Kirche, die für die Abkehr vom göttlichen Ideal verantwortlich gemacht wurde, etc. Die Idee einer reinen Religion, befreit von allen Spuren menschlicher Institutionen, ist für sich genommen kein neuer, aufgeklärter Gedanke, sondern dem Christentum und vielleicht allen drei monotheistischen Religionen seit den Anfängen inhärent.[51] Es wäre zu diskutieren, ob nicht auch die Idee der Vernunftreligion im Kontrast zur Priesterreligion nur eine neue Spielart der mosaischen Unterscheidung darstellt, wie sie Jan Assmann definiert hat als Unterscheidung »zwischen wahr und falsch in der Religion, zwischen dem wahren Gott und den falschen Göttern, der wahren Lehre und den Irrlehren, zwischen Wissen und Unwissenheit, Glaube und Unglaube.«[52]

Blickt man auf diese Parallelen, handelt es sich bei der propagierten natürlichen Vernunftreligion der Aufklärer vielleicht weniger um Vorgänge der »Säkularisierung« und der »Rationalisierung«, sondern vielmehr um eine Art »Dritte Reformation«, mit der man einen als positiv erkannten und von Gott gestifteten Urzustand wiederherstellen möchte, indem man die natürliche Wahrheit von allen Degenerierungen befreit. Es ist nicht mehr das reine Evangelium, das im Zentrum der Reformationsbestrebungen liegt, sondern die Vermittlung der reinen, der natürlichen Vernunft. Nur insofern das Evangelium diese reine, natürliche Vernunft repräsentierte, konnte es vor den kritischen Augen der Aufklärer bestehen.

Materialismus und religiöse Toleranz

Nun werden alle hier vorgebrachten Argumente und Beispiele dafür, dass die Aufklärer unter religiöser Toleranz etwas anderes verstanden als die dauerhafte Ermöglichung eines religiösen Pluralismus in der Gesellschaft, Jonathan Israel und seine Fürsprecher nur wenig erstaunen. Vielmehr scheinen sie auf den ersten Blick seine These zu bestätigen, dass die »moderaten Aufklärer«, von denen bisher in diesem Kapitel die Rede war, bestenfalls zu einer eingeschränkten Toleranz auf der Basis christlicher Glaubensvorstellungen willens gewesen seien. In seinen Augen blieb es allein den radikalen Aufklärern, den Materialisten und Sozinianern, vorbehalten, eine vollständige, universale Toleranz zu propagieren, also für eine vollumfassende Gewissens- und Gedankenfreiheit einzutreten. Es waren Israel zufolge die Enzyklopädisten, die als Erste eine vollständige Indifferenz gegenüber jeglicher Religion propagiert hätten und damit Fürsprecher einer individuellen Religionsfreiheit gewesen seien.[53]

Ein entscheidender Indikator für den Unterschied zwischen »moderaten« und »radikalen« Aufklärern, wie Israel ihn definiert, ist sicherlich ihre unterschiedliche Einstellung zum Atheismus. In der Tat lehnte beispielsweise Voltaire – hier ganz in den Spuren des von ihm hochgepriesenen John Locke – Atheismus als schädlich für die Gesellschaft ab: Dieser untergrabe jegliche Ordnung und löse Gehorsam auf. Da die Moral der von Gott etablierten Vernunftreligion für alle Menschen gleichermaßen gelte, würden diejenigen, die Gott leugneten, zugleich seine Moral und damit alle Wertprinzipien leugnen. Dies dürfe keine Gesellschaft zulassen. Sein *Glaubensbekenntnis der Theisten* beinhaltet daher neben einer positiven Bestimmung des Glaubens auch eine Markierung der Grenzen der Toleranz: »Wir verdammen den Atheismus, wir verabscheuen jeden barbarischen Aberglaube, wir lieben Gott und das Menschengeschlecht«.[54]

Wie steht es aber nun mit der universellen Toleranz derjenigen, die sich selbst zum Atheismus bekannten? Zieht man zur Beurteilung dieser Frage Paul Henri Thiry d'Holbachs Schrift *System der Natur* heran, die er 1770 anonym veröffentlichte und die für einige Furore sorgte, wird man an Israels These ernsthafte Zweifel anmelden müssen. Holbach geht weit darüber hinaus, nur den Nachweis erbringen zu wollen, dass der Atheismus der Gesellschaft keinen Schaden zufüge. Vielmehr kehrt er den Spieß um und hält eine freie und vernunftbasierte Gesellschaft für nicht realisierbar, solange jeglicher Gottesglaube die Menschen den Prinzipien der Natur und der natürlichen Moral entfremde. Dabei richtet sich seine Kritik nicht allein gegen den Klerus und dessen Fürsprecher, sondern insbesondere auch gegen die Deisten, denen er Feigheit und philosophische Inkonsequenz vorwirft. Der Glaube an Gott sei nur die Folge von »Unwissenheit und Furcht« und stets der Anfang der geistigen und politischen Unterdrückung des Volkes.[55]

Eine gereinigte, natürliche Vernunftreligion ist für Holbach eine Chimäre, nichts als ein weiterer Ausdruck von Götzendienst und Aberglaube[56] und daher für die Gesellschaft ebenso gefährlich wie die etablierten Offenbarungsreligionen: »Ihr System [das der Deisten], ursprünglich gegründet auf einen weisen und intelligenten Gott, dessen Güte sich niemals verleugnen kann, muss unter veränderten Umständen in Fanatismus und Aberglauben umschlagen.«[57] Um diese Gefahr von der Gesellschaft abzuwenden, sei Toleranz kein probates Mittel. Vielmehr müsse man die Religion insgesamt aus der Gesellschaft verbannen.

Holbach gibt in seinem *System der Natur* zu verstehen, »daß, wenn man die Moral auf sicheren Grundlagen aufbauen will, man die erdichteten Systeme einreißen muß, auf denen man bisher das baufällige Gerüst der übernatürlichen Religion errichtet hat«.[58] Die Zerstörung jeglicher Religion sei geradezu die Grundvoraussetzung für die Möglichkeit eines vernunftgemäßen Lebens: Nur »wenn wir den Aberglauben mit der Wurzel ausrotten, so werden wir ungestört die Wahrheit suchen und in der Natur die Fackel finden, die uns zur Glückseligkeit leiten kann«.[59]

Nun kann man mit Fug und Recht darüber streiten, inwiefern man den selbsternannten Atheisten Holbach atheistisch nennen kann, wenn er in seiner Verehrung der Natur als Letztbegründung allen Seins und aller Tugend und Moral sogar auf das Prinzip der Gottesstrafe nicht verzichten will. Sie findet bei ihm als Züchtigung des Menschen durch die Natur Eingang, sofern man sich ihrer Gesetze verweigert:

»[Die Natur] wird uns Mittel zur Linderung unserer physischen und moralischen Leiden geben, sobald wir sie zu Rate ziehen: sie straft uns und erweist sich als streng, wenn wir sie verachten, um unseren Weihrauch für die Idole zu verschwenden, die unsere Einbildungskraft auf einen Thron erhebt, der der Natur gebührt. Sie züchtigt alle die, die einen unheilvollen Gott an die Stelle setzen, die sie selbst einnehmen müßte, durch Unsicherheit, Uneinigkeit, Verblendung und Wahnsinn.«[60]

Es waren offenkundig nicht nur die Deisten, die sich der Bausteine von Augustinus' *Gottesstaat* bedienten, um einen irdischen Gottesstaat zu errichten.[61] Auch Materialisten wie der Baron von Holbach machten aus der Natur einen mosaischen Gott, mit dem gesetzlichen Auftrag an das Glaubensvolk, sich allen Götzendienstes zu enthalten. Die Erfindung Gottes deutet Holbach als Usurpation der Herrscherrolle der Natur, eine Beleidigung ihrer Majestät, die nicht ohne Folgen bleibe.

Das Gesetz der Natur verlange geradezu danach, dem Götzendienst – also jeglicher Gottesidee und jeglicher Religion – ein Ende zu bereiten. Die aufklärerische Mission lautete daher Holbach zufolge, die Religion insgesamt aus der Gesellschaft zu verbannen, um dadurch den Frieden unter den Menschen zu ermöglichen und das Glück der Menschheit zu befördern. Eine aufgeklärte Gesellschaft könne Religion nicht länger dulden, da diese deren Prinzipien untergrabe. Vor dem Hintergrund dieser Argumentation bleibt es ein Rätsel, inwiefern Materialisten wie Holbach in Israels Darstellung zu Fürsprechern einer individuellen Religionsfreiheit und einer wahrhaft universalen Toleranz mutieren konnten.

Die Auslassungen von Voltaire machen ebenso wie diejenigen des Barons Holbach deutlich, wie schwer es den Aufklärern fiel, sich gegenseitig zu tolerieren. Stattdessen haben die Anhänger einer Vernunftreligion und die erklärten Materialisten sich im Namen der Vernunftprinzipien und der Naturgesetze, auf die sie sich beide beriefen, im 18. Jahrhundert gegenseitig den Kampf angesagt und dabei den Kontrahenten die Existenzberechtigung in der Gesellschaft jeweils abgesprochen. Diese Auseinandersetzung hatte dann während der Französischen Revolution politische Folgen. Insbesondere Atheisten wie Jacques Hébert und seine Anhänger zogen aus dem Antagonismus zwischen den proklamierten Erfordernissen der Vernunft und vernunftfernem Fanatismus und Götzendienst die Konsequenz, sich der Kirchen selbst zu entledigen: Sie propagierten den Bildersturm, wie ihn die Religionsgeschichte mehrfach erlebt hat.[62] Umgekehrt nutzten Deisten wie Robespierre die Gelegenheit, die Atheisten im Namen des Höchsten Wesens der Guillotine zu überantworten und damit die sittlichen Grundlagen des Volkes zu retten.[63]

Was bleibt also von den Aufklärern als Fürsprecher der Toleranz? Die Bilanz ist zwiespältig: In der Tat nutzten die Aufklärer Toleranz als rhetorisches Instrument, um die Gegenseite der Intoleranz zu bezichtigen und den Anspruch der Kirche und mitunter auch der Obrigkeit, den wahren Glauben zu beschützen, in Frage zu stellen. Der Begriff der Toleranz war eine rhetorische Waffe, um den Gegner, »l'infâme«, bloßzustellen. Es war aber nur selten ein Wert, an den sich die Aufklärer selbst gebunden fühlten. Wenn es darum ging, die eigenen religiösen Vorstellungen zu befördern, fand die Toleranz schnell ein Ende: Stattdessen galt es, den Atheismus zu bekämpfen oder *vice versa* die Religion insgesamt abzuschaffen, den »Fanatismus« zu besiegen und mit ihm dem Klerus den Kampf anzusagen und allen Gläubigen als bemitleidenswerte, verführte, unwissende Menschen ihre Vernunft abzusprechen oder die Zivilisierungsmission voranzutreiben und dem Aberglauben – viele Aufklärer zählten hierzu auch und gerade die jüdische Religion – den Boden zu entziehen. Die geschichtsphilosophischen Konzeptionen von einer zunehmenden Durchsetzung der Vernunft waren mit der Idee eines religiösen Pluralismus und einem Recht jedes Einzelnen auf Religionsfreiheit nicht wirklich vereinbar.

Lässt man bei dem Eintreten der Aufklärer für Toleranz und Vernunftreligion den sozialen Rahmen außer Acht, verliert man die damit einhergehenden Geltungsansprüche der Akteure aus dem Blick. Wenn insbesondere die *philosophes* mit ihrem Plädoyer für die Vernunftreligion zugleich gegen die Schriftreligion und den Offenbarungsglauben zu Felde ziehen, so geht es nicht zuletzt auch um einen Kampf privilegierter Sprecherrollen in der Öffentlichkeit. Die Schriftreligion und der Offenbarungsglaube sind geknüpft an eine spezifische Gelehrsamkeit, an das Fach der Theologie. Die Vernunftreligion leitet sich hingegen aus moralischen Prinzipien ab, die aus allgemeinen Vernunfterwägungen resultieren wie der goldenen Regel der Reziprozität (Was du nicht willst, das man dir tu, das füg' auch keinem andern zu ...). Diese Vernunftprinzipien erschlössen sich aber den Philosophen stärker als den Theologen, die sklavisch an die Heilige Schrift gefesselt seien, wie Kant seinen Professorenkollegen in seiner Schrift über den Fakultätenstreit genüsslich vorhält.[64] Toleranz war in diesem Kontext ein Kampfbegriff zur Markierung von Geltungsansprüchen, Bestandteil einer Auseinandersetzung über die Frage, wem das Recht zukomme, die wahre Religion zu definieren: den Theologen oder den Philosophen. Beide Gruppen nahmen für sich in Anspruch, im Namen Gottes zu sprechen, der sich den Menschen entweder in der Heiligen Schrift, in der Natur oder aber in der Vernunft des Menschen geoffenbart habe. Auch dieser Aspekt wirkt für Frühneuzeithistoriker vergleichsweise vertraut und überhaupt nicht modern. Gerade der Toleranzbegriff der Aufklärung könnte daher Chancen bieten, sie im Kontext des Ancien Régime zu verstehen, nicht als dessen moderne Gegengeschichte.

»Ad maiorem Dei gloriam«: Rassentheorien der Aufklärer

In den ersten beiden Kapiteln ging es uns darum, Zweifel daran zu wecken, ob die Aufklärer als Erfinder im heutigen Westeuropa dominanter Wertvorstellungen angemessen charakterisiert werden könnten. Verorten Forscher die Ursprünge der Rassenlehre im 18. Jahrhundert, so überwiegt hingegen der Anklagemodus. Nicht selten wird ein Zusammenhang hergestellt zwischen der im 18. Jahrhundert aufkommenden Lehre von der Verschiedenartigkeit menschlicher Rassen und dem rassistischen Vernichtungswillen, der im 20. Jahrhundert zum Massenmord führte. Ob dieser Zusammenhang gegeben ist – ob es also sinnvoll ist, die Rassenlehren im 18. Jahrhundert vor dem Hintergrund des modernen eliminatorischen Rassismus zu deuten, oder ob andere Zusammenhänge nicht viel mehr zum Verständnis der Rassentheorien der Aufklärer beitragen könnten, darum soll es in diesem Kapitel gehen.

In seiner 1970 veröffentlichten und sofort zum Klassiker avancierten Monographie *La scienza dell'uomo nel Settecento* beschwerte sich Sergio Moravia über das Desinteresse für anthropologiehistorische Fragestellungen in der Aufklärungsforschung, die damals deutlich von Cassirers philosophiehistorischem Erkenntnisinteresse geleitet war.[1] Dabei hatte in seinen Augen die Wissenschaft vom Menschen entschieden zum geistigen Fortschritt beigetragen. Dass sie »das jahrhundertelange Joch einer anspruchsvollen Anthropologie abschüttelte, die den Menschen als ein ganz besonderes Wesen der natürlichen Ordnung betrachtet hatte«, war für ihn gleichbedeutend mit einer »Emanzipation«.[2] Den zentralen Fortschritt sah er – genauso wie heutzutage noch Jonathan Israel – in der Herauslösung des Menschen aus dem Leib-Geist-Dualismus, der noch Descartes' Philosophie beherrscht hatte. Moravia feierte Linné als den Ersten, der den Menschen als ein Tier begriffen habe.

Der schwedische Naturhistoriker

»erforschte und klassifizierte […] die verschiedenen Arten und Kategorien des *Homo* wie jede andere Gruppe der drei Naturreiche [des Tierreichs, des Pflanzenreichs und des Reichs der Minerale] mit großer Sorgfalt. So teilte er schließlich bekanntermaßen das Menschengeschlecht in zwei Gattungen, in den *Homo Sapiens* und den *Homo troglodytes* oder *sylvestris*, und unterschied sechs Rassen. Diese identifizierte und definierte er aufgrund sehr kurzer, aber interessanter Charakterisierungen, die zu neuen Diskussionen über den Menschen und seine ethnoanthropologischen Differenzierungen führten.«[3]

Die Unbekümmertheit, mit der Moravia noch 1970 eine aus unserer heutigen Sicht eindeutig rassistische Theorie als Fortschritt feiern konnte, dürfte manch einen Leser im 21. Jahrhundert erstaunen. Dabei war Moravia nicht untypisch sowohl für das damalige liberale als auch für das linke Spektrum. So zelebrierte Werner Krauss – Romanist, Professor an der Akademie der Wissenschaften der DDR und Mitglied des Parteivorstands der SED – in seiner 1976 posthum veröffentlichten Monographie *Zur Anthropologie des 18. Jahrhunderts* die befreiende Kraft der Wissenschaft vom Menschen in der Aufklärung. Die anthropologische Fragestellung sei eine »emanzipatorische Erkenntnis« gewesen, die »auf das Begreifen des Menschen als Glied und Entwicklungsprodukt im Reich der Lebewesen« zielte. Die physische Anthropologie habe eine »theologische Reaktion« bekämpft, die sich bemüht habe, »Gottes Schöpfertat, die Offenbarung und die unsterbliche Seele zu retten […].«[4]

Krauss' und Moravias Veröffentlichungen trugen dazu bei, die Erforschung der Anthropologie gerade als den letzten Zweig einer Aufklärungsforschung mit apologetischen Tendenzen zu etablieren. Doch nur wenige Jahre später wendete sich das Blatt. In *Toward the Final Solution: A History of European Racism* (1978) machte George Mosse die Anthropologen der Aufklärung zu Wegbereitern des nationalsozialistischen Massenmords an den Juden.[5] Hiermit knüpfte Mosse an die Pionierstudien Richard Popkins an, der bereits mehrere Jahre zuvor die Aufklärung ihrer »Unschuld« beraubt hatte. Popkin erkannte in der rassistischen Ideologie ein Produkt der Aufklärung. Genauso wie Moravia und Krauss hob er die Säkularisierung des Menschenbilds als eine zentrale Entwicklung der Philosophie des 18. Jahrhunderts hervor. Allerdings erblickte er in ihr nicht unbedingt einen Fortschritt, sondern auch den Anfang des modernen Rassismus.[6]

In der Tat bietet das Aufkommen von Rassentheorien im 18. Jahrhundert einen starken Kontrast zur gängigen Erzählung des Aufklärungszeitalters als einer Epoche der Emanzipation. Nur noch wenige Spezialisten würden es heute wagen, zu behaupten, Aufklärung sei mit Antirassismus, Abolitionismus und Abschaffung der Sklaverei in der Französischen Revolution gleichzusetzen, wie Yves Benot es noch 1992 tat.[7] Zahlreiche Forschungen haben ergeben, dass rassistisches Denken in den intellektuellen Kreisen der Aufklärung geläufig gewesen ist, so dass manche Historiker zur Schlussfolgerung kommen, das 19. Jahrhundert habe nur das verallgemeinert, was das 18. erfunden habe.[8] Es besteht kein Zweifel, dass so prominente Philosophen wie Hume, Voltaire und Kant einem ausgeprägt rassistischen Weltbild anhingen.[9] Man kann sogar sagen, dass bis zum späten 18. Jahrhundert so gut wie alle Aufklärer an die physische und moralische Minderwertigkeit der »Neger« glaubten.[10]

Einige Forscher zögern nicht einmal, den Rassismus zum Signum der Epoche zu erheben. Für Emmanuel Chukwudi Eze war der Anspruch der Europäer, vernünftig zu sein, mit der Behauptung eng verwoben, andere Rassen seien es nicht:

»Wenn die Aufklärung predigte, sie sei ein Zeitalter der Vernunft, so tat sie das von der Annahme ausgehend, dass die Vernunft nur in Europa zu ihrer Reife hatte kommen können, während sie die Bewohner anderer Gegenden als Europa [...] stets als weniger vernünftig und wild ansah. [...] Die zahlreichen rassentheoretischen Schriften von Hume, Kant und Hegel spielten eine große Rolle in der Etablierung eines europäischen Gefühls nicht nur der kulturellen, sondern auch der *rassischen* Überlegenheit.«[11]

Die Aufklärung erscheint hier im postmodernen Sinne als eine Unternehmung zur Beherrschung der Welt durch eine weiße (und männliche) Elite. In der Tat wird in der Forschung der Rassismus oft als eine Ideologie verstanden, deren Funktion es sei, Herrschaftsverhältnisse zu naturalisieren und somit zu begründen.[12] In diesem Sinne betonte man in den letzten Jahrzehnten besonders die kolonialpolitische Funktion der Rassendiskurse im 18. Jahrhundert: Als ideologische Herrschaftsinstrumente hätten sie dazu gedient, die Sklaverei und die gewalttätige europäische Expansion zu legitimieren. So wurde vielfach herausgearbeitet, dass neue Rassenvorstellungen im kolonialen Kontext aufgekommen sind.[13]

Eines scheint somit heute klar: Die Anthropologie des 18. Jahrhunderts mit Emanzipation oder gar die Aufklärung im Allgemeinen mit Antirassismus und Abolitionismus zu assoziieren hieße, einzelne Schriften zu Zwecken der Traditions- und Identitätsbildung willkürlich hervorzuheben oder zumindest für unsere aufklärungsfreundliche Erinnerungskultur zurechtzubiegen. Doch weiter reicht der Konsens heutzutage in der Forschung nicht. Die Hervorhebung des rassistischen Denkens in der Aufklärungszeit rief seit den 1970er Jahren vielmehr kritische Reaktionen hervor, die man in vier Typen einteilen kann. Die erste Reaktion besagt, dass im 18. Jahrhundert »Rasse« noch keine dominante Wahrnehmungskategorie war. Laut Roxann Wheeler und Colin Kidd waren die älteren Vorstellungen von Christentum, Zivilität und Rang sehr viel wichtiger für die Briten des 18. Jahrhunderts als ihre Hautfarbe.[14] Eine zweite Möglichkeit, auf die postkoloniale Aufklärungskritik zu antworten, besteht in der Behauptung, der Rassismus betreffe nicht den Kern des philosophischen Systems der jeweiligen Aufklärer. Eine solche Strategie ist in der philosophiegeschichtlichen Literatur zu Kant auszumachen. So konzediert Gideon Stiening gerne, dass sich Kant von rassistischen Vorurteilen in verschiedenen Werken blenden ließ, weist aber die Idee zurück, dass solche Urteile in seiner physischen Anthropologie begründet seien.[15] Die dritte Gruppe von Forschern, die auf die Rassismusvorwürfe reagieren, kontrastiert eine moderate rassistische mit einer radikalen antirassistischen Aufklärung. Israel zufolge hätten moderate Aufklärer wie Immanuel Kant die Einheit des Menschengeschlechts angezweifelt und sich somit in den Dienst des kolonialen und sklavistischen Systems gestellt, während Radikale wie Georg Forster sowohl in ihren anthropologischen als auch in ihren politischen Texten für die Gleichheit der Menschen eingetreten seien.[16]

Die mit dieser These verwandte, vierte Reaktion besagt, dass nicht alle Rassentheorien rassistisch seien. Hier treffen Wissenschaftler oft eine Unterscheidung zwischen Monogenisten, die geglaubt haben, alle Menschen hätten eine gemeinsame Herkunft, und Polygenisten, die unterschiedliche Menschenstämme vermuteten. Es gibt eine deutliche Tendenz in der Forschung, den Monogenismus positiver zu bewerten, da er die Einheit des Menschengeschlechts postuliert habe. So kontert Christian Geulen die Rassismusanschuldigungen gegen Kant mit dem Hinweis, es sei dem Monogenisten aus Königsberg vor allem darum gegangen, »die engen Grenzen des Rassenbegriffs aufzuweisen, ihn überhaupt einmal zu definieren und vor seiner irrationalen Ausweitung zu warnen«.[17] Nach der Meinung

Geulens waren die Aufklärer von einem rein wissenschaftlichen Interesse geleitet. Sie wollten die Weltbilder rationalisieren und sammelten daher Daten
über fremde Völker. Die Idee einer Herrschaft der weißen über die anderen Rassen sei ihnen fremd gewesen.[18] Colin Kidd zufolge sei der in der Bibel gründende Monogenismus ein Hindernis gewesen für die Entwicklung
nicht nur von Rassismus, sondern sogar von »racialism«, also der Einteilung
der Menschheit in »Rassen«.[19] Loring Brace assoziiert in seiner anthropo-
logiehistorischen Überblicksdarstellung Rassentheorie und Polygenismus
noch enger, wenn er bedauert, dass die Polygenisten, die in seinen Augen in
Frankreich den Kampf gegen die Monogenisten um 1800 gewonnen haben,
uns den Rassebegriff als Erbe überlassen hätten.[20] Die Akzentlegung auf den
Monogenismus führt einige Historiker wie Andrew Curran und Colin Kidd
neuerdings dazu, zu betonen, es sei der Anthropologie des 18. Jahrhunderts
viel mehr darum gegangen, das zunehmende ethnographische Datenma-
terial mit der Überzeugung in Einklang zu bringen, alle »Menschenarten«
stammten von denselben Urvätern und Urmüttern ab, als die Menschen in
Rassen zu trennen. Die meisten Autoren der Aufklärung, die über die Physis
des Menschen geschrieben hätten, seien im Rahmen des christlichen Glaubens und gar der biblischen Erzählung geblieben.[21]
   Es ist in der Tat eine höchst spannende Frage, weshalb zahlreiche Intellektuelle des 18. Jahrhunderts ein Interesse für die physische Anthropologie
und insbesondere für Rassentheorien entwickelten. Zu welchen Debatten
trugen sie damit bei? Sind die anthropologischen Theorien des 18. Jahrhunderts dabei als Herrschaftsinstrumente im Kontext der europäischen Expansion aufzufassen? Und inwieweit stehen diese Theorien im Zusammenhang
mit einer Säkularisierung des Weltbilds?

Von Sklaven und Affen: Rassentheorien in der Plantagenkolonie

Wenn es darum geht, die herausragende Bedeutung des kolonialen Kontexts
für das Aufkommen »rassischer« (*racialist*) und rassistischer Vorstellungen
hervorzuheben, wird in der Literatur oft auf den Kolonialbeamten, Frie-
densrichter und Plantagenbesitzer Edward Long aus Jamaika verwiesen.[22]

Im Folgenden möchten wir nicht bestreiten, dass die koloniale Expansion eine entscheidende Rolle in der um 1700 einsetzenden Selbstdefinition der Überseeeuropäer als Weiße und in der Idee einer natürlichen Überlegenheit der eigenen Hautfarbengruppe spielte. Insbesondere die massive Präsenz von Sklaven afrikanischer Herkunft in der Karibik, in Brasilien und im Süden Nordamerikas ließ die Hautfarbe zu einem relevanten Kriterium werden, um den Platz der Menschen in der gesellschaftlichen Hierarchie zu definieren. Diese soziale Relevanz der Hautfarbe kristallisierte sich in der Karibik wie in den südlichen britischen Kolonien Nordamerikas in der ersten Hälfte des 18. Jahrhunderts heraus.[23] Somit dürfte der im 18. Jahrhundert so verbreitete Hautfarbenrassismus eindeutig auf koloniale Erfahrungen zurückzuführen sein. Es ist aber zu fragen, inwieweit das Aufkommen von Rassentheorien ebenfalls in diesem Kontext zu verorten ist.

Der Hautfarbenrassismus schlug sich ab den 1770er Jahren in ambitionierten Werken nieder, die einen Dialog mit Schriften der intellektuellen Elite Europas eröffneten. Dazu zählt die dreibändige *History of Jamaica,* die Edward Long 1774 in London veröffentlichte.[24] Longs Werk war in gewisser Hinsicht ein typisches Produkt der karibischen Elite des späten 18. Jahrhunderts. In den 1770er Jahren eigneten sich kreolische Juristen der Zuckerinseln Montesquieus *Vom Geist der Gesetze* an, um Respekt vor der Eigenartigkeit der karibischen Sitten einzufordern. Gesetze sollten dem Klima und dem Geist der karibischen Gesellschaften entsprechen. Eine neue Disziplin wurde geboren: die komparatistische koloniale Rechtswissenschaft. Eines der Ziele dieser »kolonialen Aufklärung«, wie Malick Ghachem sie genannt hat, war es, das sklavistische System gegen Einmischungen aus der Metropole zu verteidigen.[25]

In diesem Zusammenhang konnten zusätzlich zu moralischen, religiösen, wirtschaftlichen, politischen und klimatheoretischen Argumenten auch rassistische Thesen mobilisiert werden.[26] Dies ist einer der Wege, die Long in seiner *History of Jamaica* beschritt. Als Erster präsentierte Long dem europäischen Publikum ein breites Bild der Hauptbesitzung der Briten in der Karibik. Seine Darstellung der zahlreichen Verwaltungsinstanzen, der Topographie der unterschiedlichen Regionen, des Handels, der Landwirtschaft, des Bergbaus, der vielfältigen Bewohnergruppen unterschiedlicher Herkunft und Religionen, der Möglichkeit einer militärischen Verteidigung sowie der gesundheits- oder bildungspolitischen Fragen machten die *History of Jamaica* zu einem unverzichtbaren Werk für alle, die sich über diese Zuckerinsel informieren wollten. Zugleich war die *History of Jamaica* eine polemische Schrift. Bereits in der Einleitung machte Long klar, dass er gegen die »Beispiele von vollendeter Tyrannei und Ungerechtigkeit, die in diesen entlegenen Teilen des British Empire praktiziert werden«,[27] schrieb.

In einer sehr aggressiven Sprache prangerte Long die List, die Verlogenheit, die Arroganz, die willkürliche Gewalt, die Skrupellosigkeit, die Habsucht und den Geiz der Repräsentanten der Krone an. Man solle sie mit Ketten binden, ihnen einen Maulkorb anlegen, ja ihnen die giftigen Zähne herausreißen.[28] Nun hätten die Bewohner Jamaikas mit ihren Klagen in London nichts erreichen können: Man habe ihnen geantwortet, dass sie erst ihren »Negern« die Freiheit schenken sollten, bevor sie sie für sich selbst reklamieren. Long zufolge sei ein solches Argument absurd: Wer könne daran zweifeln, dass ein Sklave von einem freien Menschen besser behandelt würde als von einer »versklavten Person« (womit der die Sklavenbesitzer meinte)? Gerade weil in Jamaika die Sklaverei aufgrund der natürlichen Bedingungen notwendig sei, müsse die Freiheit der Bürger als heiliges Prinzip jeglicher Regierung gelten.[29]

Die rassistischen Argumente entfaltet Long insbesondere im zweiten Band. Er beschreibt zuerst den Einfluss des heißen Klimas auf die kreolischen Weißen, die er trotz ihrer allzu starken Vorstellungskraft, ihrer Vernachlässigung der Geschäfte und ihrer prononcierten Neigung zum anderen Geschlecht als gutmütig, intelligent, sanft und leutselig, kurzum: als gute Väter und nachsichtige Herren bezeichnet.[30] Diese Schilderung kontrastiert mit seiner anschließenden vernichtenden Darstellung der »Neger«, des »abscheulichsten Teils der Menschheit«. 15 Seiten lang erzählt Long, diese seien von Natur aus unfähig, Fortschritte in »civility« und Wissenschaft zu machen. In Afrika wie »auf unseren Plantagen« seien die Neger stupide, verräterisch, blutrünstig, abergläubisch, faul, misstrauisch, feige, diebisch und wollüstig. Sie zeigten nie dieselbe geistige Regheit, die der Jesuitenpater Charlevoix bei den Wilden Kanadas beschrieb. Doch Long belässt es nicht dabei: Über weitere 20 Seiten lang erklärt er dem Leser, wie menschlich der Orang-Utan und wie tierisch der Afrikaner seien. Unter breiter Mobilisierung der zeitgenössischen Literatur führt er aus, dass man zwar die »Neger« bis zu einem gewissen Grad »dressieren« könne, suggeriert aber, dass man wohl zu einem ähnlichen Ergebnis mit dem Orang-Utan kommen würde, wenn man das Experiment anstellte. Long setzt sich auch eingehend mit Buffons Thesen auseinander: Gegen den französischen Naturhistoriker möchte er beweisen, dass der Weiße und der Schwarze nicht zum selben *genus* gehören, nicht mehr jedenfalls als der Schwarze und der Orang-Utan.[31] Diese Argumentation von Long ist also ein Paradebeispiel, wie in der zweiten Hälfte des 18. Jahrhunderts Rassentheorien – in diesem Fall die polygenetische – für die koloniale Elite attraktiv sein konnten, um die Sklaverei zu rechtfertigen und Einmischungen aus Übersee abzuwehren. Das Beispiel der *History of Jamaica* scheint zu belegen, dass die Rassentheorien des 18. Jahrhunderts vor allem koloniale rassistische Urteile begründen sollten. Doch eine genauere Lektüre lädt zur Vorsicht ein. Erstens zeigt Longs massiver Rekurs auf europäische Autoren, dass diese Theorien nicht aus dem kolonialen Kontext stammten. Long eignete sich Gedankengut aus Übersee an, genauso wie die karibischen Juristen, die anhand von Montesquieus Begrifflichkeit argumentierten. Zweitens zeigt sich, dass Long auf ganz anders geartete Diskursstränge antworten musste, die nichts mit der Stoßrichtung seiner Schrift gemeinsam hatten, um seine kolonialpolitische Linie zu verteidigen. So beteuert er, die Theorie, wonach der »Neger« näher zum Orang-Utan als zum weißen Menschen stehe, sei keine Herabwürdigung des Menschen oder von Gottes Schöpfung, im Gegenteil:

»es hilft die unendliche Vollkommenheit der Gottheit zu preisen, denn wie groß ist die Distanz zwischen der reglosen Materie und der Materie, die mit Vernunft versehen ist! Ein Klumpen Dreck und ein vollkommener Mensch liegen unglaublich weit auseinander; und nicht minder ist wohl die Distanz zwischen Letzterem und dem sehr vollkommenen Engel und vielleicht zwischen diesem Wesen und Gott.«[32]

Long präsentierte somit seine Theorie als einen Beitrag zum Lob Gottes. Dieses Zitat weist darauf hin, dass die Mobilisierung rassentheoretischen Gedankenguts auch religiöse Implikationen hatte. Es wirft die Frage auf, inwiefern die europäischen anthropologischen Theorien, die Long ablehnte oder sich aneignete, selbst als Diskussionsbeiträge in Kontroversen über die göttliche Schöpfung aufzufassen sind, inwieweit also Debatten um religiöse Denkfiguren für das Aufkommen der rassentheoretischen Anthropologie im 18. Jahrhundert verantwortlich waren.

Rassentheorien und vormoderne Weltbilder

Im Folgenden soll gezeigt werden, dass die Rassentheorien des 18. Jahrhunderts bei weitem nicht nur und vielleicht sogar nicht primär Instrumente einer kolonialen Herrschaft, sondern Nebenprodukte von älteren religiösen und metaphysischen Denkrahmen waren, die weitergeführt und diskutiert wurden. Die anthropologischen Theorien des 18. Jahrhunderts brachten keinen Abschied von einer religiösen Weltsicht mit sich. Im Gegenteil waren es vor allem theologische und metaphysische Fragen, Begriffe und Methoden, die das Erkenntnisinteresse der Rassentheoretiker des 18. Jahrhunderts leiteten. Wie neu war daher die Idee der Rasse und wie innovativ die rassischen Klassifizierungssysteme des Aufklärungszeitalters? Welche Zusammenhänge lassen sich in der Debatte zwischen Mono- und Polygenisten herstellen zwischen Religionskritik oder Bibeltreue einerseits und Rassismus oder Nichtrassismus andererseits? Und welche Überzeugungen teilten Mono- und Polygenisten gleichermaßen, Ansichten, die ihre naturhistorischen Lehren von modernen biologischen Vorstellungen wie der Evolutionstheorie trennen?

Der Begriff der »Rasse« war zu Beginn des 18. Jahrhunderts nicht neu. Allerdings wurde er vor dem späten 17. Jahrhundert nicht in erster Linie auf Europäer, Afrikaner, Asiaten und Indianer angewendet.[33] Vor allem in der Vorstellungswelt des Adels hatte der Begriff eine herausragende Bedeutung, wie Arlette Jouanna es für Frankreich im 16. Jahrhundert gezeigt hat. Der französische Adel legitimierte seinen Führungsanspruch unter anderem mit der Idee eines »edlen Bluts«.[34] Dies hat manche Forscher und Intellektuelle wie André Devyver und Michel Foucault dazu gebracht, den Ursprung des biologischen Rassismus in den Theorien über die Ursprünge des Adels im 18. Jahrhundert zu suchen. Insbesondere Boulainvilliers habe die führende Stellung des Adels durch die Idee legitimiert, Frankreich sei durch eine überlegene germanische Rasse erobert worden. Diese Thesen sind zu Recht von der neueren Forschung kritisiert worden: In der Tat hat Boulainvilliers den Adel niemals als eine biologische Gemeinschaft der Franken verstanden, die aufgrund ihrer physischen Überlegenheit Gallien erobert und ihre Privilegien durch diese Eroberung erhalten hätten.[35]

Doch dass die französischen Adligen des 18. Jahrhunderts ihren Stand nicht als eine »germanische« oder sonstige Rasse wahrgenommen haben, heißt nicht, dass mit dem Begriff »Rasse« vor dem 18. Jahrhundert etwas anderes als eine Abstammungsgemeinschaft mit besonderen Eigenschaften bezeichnet worden wäre. Auch wenn die Vorstellung des edlen Bluts nicht im Sinne einer gemeinsamen Abstammung der unterschiedlichen Adelsgeschlechter verstanden wurde und folglich mit keinem Katalog von physischen Merkmalen einherging, die etwa den Adel ausmachen würden, war die gerne benutzte Blutsmetaphorik mit der Vorstellung von ererbten besonderen moralischen Qualitäten intim verwoben. »Reines Blut« ging den Zeitgenossen zufolge mit einer erblichen Veranlagung zur Tugend einher.[36] Der Begriff der »Rasse« implizierte bereits eindeutig die Idee einer natürlichen Hierarchie und somit mehr als der Begriff »Familie«. Zudem wurde »Rasse« bereits in der Renaissance nicht selten auf »ethnische Gruppen« angewendet wie die Juden oder die Ureinwohner Amerikas.[37]

Das Neue im 18. Jahrhundert war also, dass die Intellektuellen die älteren Rassenvorstellungen öfter auf menschliche Großgruppen bezogen, diese als natürliche Gruppen anhand von physischen Merkmalen wie Hautfarbe und Haartextur definierten und sie somit in naturhistorische Systeme klassifizierten. Insofern ist die Rassentheorie tatsächlich eine Erfindung der Aufklärungszeit. Zugleich soll man jedoch nicht aus den Augen verlieren, dass die Begriffe, die die Philosophen und Naturhistoriker benutzten – »Rasse«, »Spezies«, »Art«, »Varietät« –, meist unpräzis und nicht selten austauschbar waren.[38] Gegen diese Begriffsverwirrung versuchten die Naturhistoriker einzuschreiten, ohne jedoch einen Konsens zu erreichen.

Das erste große naturklassifizierende Werk des 18. Jahrhunderts, Carl von Linnés *Systema naturae* (erste Auflage 1735), das trotz der wachsenden Popularität Buffons im gesamten »Jahrhundert der Aufklärung« einflussreich blieb, ordnete die Menschen nach dem Aufbau ihres Herzens der »Klasse« der Säugetiere und nach der Form ihrer Zähne der »Ordnung« der »Anthropomorphen« oder (ab 1758) »Primaten« zu. Vor 1758 unterschied Linné vier »Arten« von Menschen: den Europäer, den Amerikaner, den Afrikaner und den Asiaten. Danach definierte er zwei Arten, den Tagesmenschen und den Nacht- oder Höhlenmenschen (womit er den Orang-Utan meinte). Ersterer wurde von ihm als »homo sapiens« bezeichnet und in die vier oben genannten »Varietäten« eingeteilt.[39] Diese Klassifikationsleistung war allerdings für zahlreiche Zeitgenossen allzu künstlich. Dass etwa die Gestalt der Zähne das entscheidende Kriterium zur Definition von »Ordnungen« sein sollte, leuchtete vielen nicht ein.[40]

Der jüngere Buffon lehnte sogar jegliche Einteilung der Pflanzen und Tiere in Arten und Spezies als Konstrukt ab, da sie dem Kontinuum der Natur widerspreche. 1749 lieferte er dennoch eine Definition von »Spezies« oder »Art« als Gruppe von Tieren, die fruchtbare Nachkommen zeugen können. Diese neue Definition stand nunmehr in seinem Werk neben seinen früheren Ansätzen zur Klassifikation, was nicht gerade zur Klärung der Begriffe beitrug.[41] Kant lehnte sich an die buffonsche Artdefinition von 1749 an und definierte »Rasse« als eine Untergruppe von »Art«.[42] Doch die Idee Buffons, die Arten anhand der Fähigkeit zur Zeugung von fruchtbaren Nachkommen zu definieren, schien vielen Zeitgenossen ebenfalls bizarr und künstlich. Nicht wenige Intellektuelle sahen nicht ein, warum man eine trennende Linie zwischen den Menschengattungen und den großen Affen ziehen sollte. Voltaire sprach vor allem von »espèces« von Menschen, die er manchmal aber auch als »races« bezeichnete.[43] »Rasse« wurde also im 18. Jahrhundert trotz mehrerer Anläufe in der Regel nicht klarer definiert als im Jahrhundert zuvor. Offensichtlich war nur, dass der Begriff eine Gruppe mit gemeinsamer Abstammung und damit im Zusammenhang stehenden Eigenschaften bezeichnete. In diesem Sinne wird im Folgenden unter »Rassentheorie« jede Theorie verstanden, die die physischen Unterschiede zwischen Menschengroßgruppen verschiedener Abstammung erklären sollte.

Auch ist zu beachten, dass die Art, wie die Philosophen und Naturhistoriker die menschlichen Großgruppen gemeinsamer Abstammung definierten, oft wenig innovativ war. Bei Linné schwingen implizit zwei ältere Vorstellungen mit, die seine Einteilung der Art »Mensch« in vier Varietäten – den »roten« Amerikaner, den »weißen« Europäer, den »gelben« Asiaten und den »schwarzen« Afrikaner – plausibel machten. Erstens knüpfte Linné an die Vorstellung der vier Kontinente an: Europa, Afrika und Asien waren von der Antike übernommene Begriffe, die im 16. und 17. Jahrhundert im Zuge der europäischen Expansion an Relevanz gewonnen hatten und nun sehr viel weitere Gebiete bezeichneten. Bereits in der Renaissance teilten dementsprechend manche Autoren die Menschheit in vier Typen, die je einem Kontinent eigen seien, und machten eine Hierarchie zwischen ihnen aus.[44] Zweitens stand Linnés Rasseneinteilung mit der galenischen Viersäftelehre im Einklang, so dass bei ihm das Übergewicht von Blut, schwarzer Galle, gelber Galle und Schleim mit der Hautfarbe und Charakterzügen in einer ganz klassischen Weise korrelierte.[45] Eine solche Theorie des »Temperaments« und der »Komplexion« war es auch, die die monogenistischen Rassentheoretiker des 18. Jahrhunderts zur These bewog, das Klima (bzw. die Umwelt) sei die Ursache der physischen Unterschiede zwischen den Menschen.[46] Weitere ältere Konzepte prägten den Diskurs über die menschliche Vielfalt im 18. Jahrhundert. Sehr geläufig war der Glaube, dass die Schönheit und die Hässlichkeit des Körpers und insbesondere des Gesichts die Schönheit oder Hässlichkeit der Seele spiegele. So standen ästhetische Urteile im Zentrum der aufkommenden Theorien über die physischen Unterschiede zwischen menschlichen Großgruppen.[47] Schließlich war – wie Colin Kidd gezeigt hat – für die überwältigende Mehrheit der Intellektuellen des 18. Jahrhunderts, die über das Thema »Rasse« schrieben, der biblische Rahmen verbindlich. Auch wenn die Heilige Schrift »hautfarbenblind« ist und so gut wie keine Angaben zur Genealogie der Völker macht, bewog die Sintflutgeschichte die Philosophen und Theologen des 18. Jahrhunderts dazu, die physischen Unterschiede auf die Verzweigung der Familie Noahs zurückzuführen. Somit stellten sie sich die Varietäten des Menschengeschlechts in der Regel nicht grundsätzlich anders als die Nebenlinien eines Geblüts vor.[48]

Über menschliche »Rassen« und »Spezies« zu schreiben, hieß im Europa des 18. Jahrhunderts in erster Linie, über die göttliche Schöpfung zu diskutieren. Auch wenn die Debatten über die Sklaverei gegen Ende des Jahrhunderts immer hitziger wurden, galt das Interesse der meisten Zeitgenossen vor allem den religiösen Implikationen der Rassentheorien.[49] Die sich darum entfachenden Auseinandersetzungen werden in der Forschungsliteratur meist vereinfachend als Kampf zwischen bibeltreuen Monogenisten (Anhängern der These, es habe nur eine Schöpfung des Menschen gegeben) und bibelkritischen Polygenisten (Anhängern der Vorstellung, der Mensch sei an unterschiedlichen Orten und zu unterschiedlichen Zeiten erschaffen worden bzw. entstanden) dargestellt.[50] Dabei fallen zwei widersprüchliche Tendenzen der Forschung auf. Erstens sehen die Anhänger des Begriffs »radikale Aufklärung« einen Zusammenhang zwischen der Religionskritik und der antirassistischen Ideologie. Zweitens assoziieren diejenigen Forscher, die die Aufklärung für das Aufkommen des modernen Rassismus verantwortlich machen, den Polygenismus mit Säkularisierung und mit Rassismus. Umgekehrt fällt auch die Tendenz auf, den Monogenismus als eine Barriere für die Entwicklung des Rassismus darzustellen.

In *Democratic Enlightenment* suggeriert Jonathan Israel, Kant habe an die Hierarchie zwischen Rassen geglaubt, weil er sich im Gegensatz zu Georg Forster von den Ideen der Einzigartigkeit des Menschen und der Beständigkeit der Arten nicht verabschiedet habe. In seinen wiederholten Angriffen auf Kants Anthropologie habe dagegen der radikale Forster auf der essentiellen Einheit des Menschengeschlechts bestanden.[51] Diese Darstellung ist in zweifacher Hinsicht problematisch. Erstens weil – wie wir später sehen werden – Kants Rassentheorie gerade darauf beruhte, dass er dem Menschen genauso wie jedem Tier eine Geschichte von physischen Veränderungen unter dem Einfluss des Klimas nachsagte. Somit hatte sich Kant mehr als seine Zeitgenossen von der Idee der Beständigkeit der Arten entfernt. Das zweite Problem besteht darin, dass Israel einen Zusammenhang zwischen der radikalen Aufklärung – die in seinen Augen sowohl die Religion kritisierte als auch für die Gleichheit zwischen allen Menschen kämpfte – und der monogenistischen These suggeriert, den eben das Beispiel der Kant-Forster-Kontroverse widerlegt. Denn es war der »moderate« Kant und nicht der »radikale« Forster, der die Idee einer gemeinsamen Abstammung aller Menschen verteidigte. Forster zufolge war im Gegenteil das »Verhältniß zwischen dem Lande und seinen Bewohnern am leichtesten und kürzesten durch eine lokale Entstehung der letzteren [zu] erklären«.[52] Forsters Ziel war es dabei nicht unbedingt, die Afrikaner herabzustufen. Sein Ansturm gegen Kants Anthropologie hatte wenig zu tun mit einem allgemeinen Kampf zwischen einer moderaten und einer radikalen Aufklärung um die richtige Gesellschafts- oder Weltordnung. Indem er sich für die polygenistische These aussprach, traf er eigentlich keine Aussage über die Gleichheit oder Ungleichheit zwischen den Menschen, denn man konnte innerhalb des monogenistischen Rahmens die Unterlegenheit mancher »Rassen« behaupten.[53] Er trug zu einer Debatte um den Ursprung der physischen Diversität bei, die vor allem wegen ihrer religiösen Implikationen so leidenschaftlich war.

Die Kant-Forster-Kontroverse weist auf ein zentrales Problem des Begriffes »radikale Aufklärung« hin. Obwohl dieser einen Zusammenhang zwischen Religionskritik und Kampf für die Gleichheit zwischen den Menschen herstellt, bedeutete die Kritik an der religiösen Tradition im Falle der Rassentheorie meist genau das Gegenteil: Wer sich von Adam und Eva als Ursprung der Menschheit verabschiedete und stattdessen eine Vielzahl von Ursprüngen in einer Entwicklungsgeschichte der Menschheit propagierte, stellte meist nicht nur die Einheit des Menschengeschlechts in Frage, sondern auch die Gleichheit zwischen den Menschen. Dies zeigt Voltaires *Die Philosophie der Geschichte des verstorbenen Herrn Abtes Bazin* (1765). In diesem Werk geht es Voltaire vor allem darum, die Juden von dem Thron zu stürzen, auf dem sie als auserwähltes Volk des Alten Testaments sitzen, und somit die klerikale Universalgeschichte in der Art Bossuets zu demolieren.[54] In diesem Sinne eröffnet der französische Jesuitenfeind seine Abhandlung mit einem Abschnitt »Von den verschiedenen Menschenarten«, der die biblische Schöpfungsgeschichte mit Rekurs auf rassistische Vorstellungen angreift:

»Nur einem Blinden muß man den Zweifel erlauben, ob die Weißen, die Schwarzen, die Albinos, die Hottentotten, die Lappen, die Chinesen, die Amerikaner auch völlig verschiedene Arten sind. […] [Die] runde[n] Augen [der Neger], ihre stumpfe Nase, ihre dicke[n] Lippen, ihre anders gebildete[n] Ohren, die Wolle auf ihrem Kopf, selbst das Maß ihres Verstandes, machen zwischen ihnen und andern Gattungen [des] Menschen einen erstaunlichen Unterscheid [sic!].«[55]

Um die Idee einer Polygenese der Menschheit zu verteidigen, kritisiert Voltaire daraufhin die These der Monogenetiker, die physischen Unterschiede zwischen den Varietäten des Menschengeschlechts seien ein Ergebnis des Klimas. Er tut dies mit dem Hinweis darauf, dass schwarze Menschen, die er als »Tiere« bezeichnet, schwarze Kinder in allen möglichen klimatischen Sphären hervorbringen:

»zum Beweise, dass dieser Unterscheid nicht von ihrem Klima herrühre, bringen Neger und Negerinnen, wenn sie auch in die kältesten Länder versetzt werden, daselbst einmal Thiere ihrer Art hervor, denn die Mulatten sind eine Blendlingsart von einem Schwarzen und einer Weissen […]; wie die Esel, die, der Gattung nach, von den Pferden verschieden sind, durch Begattung mit Stuten, Maulesel hervorbringen.«[56]

Auf paradoxe Weise kehrt Voltaire mit diesem letzten Satz das zentrale Argument der Monogenisten um: Buffons Gattungsdefinition, wonach zwei Varietäten zu einer Gattung gehören, wenn sie fruchtbare Nachkommen zeugen können. Buffons Paradebeispiel für die Unterscheidung zwischen den Gattungen war, dass Esel und Pferd nicht zu einer Gattung gehörten, weil sie dieses Kriterium nicht erfüllten.[57] Voltaire greift hier dieses Beispiel auf und spielt mit der Ähnlichkeit zwischen den Wörtern, um apodiktisch zu behaupten, »Mulatten« (*mulâtres*) seien wie »Maulesel« (*mules*). Dies impliziert, dass der Unterschied zwischen Weißen und Schwarzen dem zwischen Eseln und Pferden entspricht. Weiter suggeriert Voltaire die Möglichkeit, dass andere monströse Mischwesen zwischen Mensch und Tier gezeugt werden könnten:

»Es wird fast in allen alten Schriftstellern von Satyren geredet. Ich sehe nicht, daß ihr Daseyn unmöglich sey. Man bringt noch jetzt in Kalabrien einige Misgeburten um, die von Weibern zur Welt gebracht werden. Es ist nicht unwahrscheinlich, daß in heissen Ländern Affen Mädchen überwältiget haben. Herodotus im zweyten Buche sagt, daß sich auf seiner Reise in Egypten ein Weib in der mendesischen Provinz gefunden habe, die öffentlich mit einem Bock sich vermischet; und er rufet ganz Egypten zu Zeugen. Es wird im dritten Buch Mose K[ap.] XVII verboten, Greuel mit Böcken und Ziegen zu begehen. Dergleichen Verkoppelungen müssen also gemein gewesen seyn.«[58]

Dieser letzte Seitenhieb auf die alten Juden zeigt: Für Voltaire waren sowohl Antijudaismus als auch Rassismus eine antiklerikale Waffe.

Voltaires Fall suggeriert somit einen Zusammenhang zwischen Polygenismus, Säkularisierung und Rassismus. Doch lässt sich dieser Befund verallgemeinern? Ein näherer Blick lädt zur Vorsicht ein. Als der Vater des Polygenismus gilt gemeinhin Isaac de La Peyrère, den die späteren Rassisten laut Richard Popkin zum »Galileo der Anthropologie«[59] gemacht haben. La Peyrère war ein französischer Hugenotte jüdischer Herkunft, der sich Mitte des 17. Jahrhunderts als Klient des Grand Condé verdingte. Sich auf eine Bibelexegese stützend, vertrat er die These, Gott habe zuerst die Heiden geschaffen und dann die Juden. Christus sei auf Erden gekommen, um Erstere zu erlösen. Bald werde er »im Geist« zurückkommen, um die Juden im Königreich Frankreich zu sammeln und das alte Königreich Israel wiederzuerrichten. La Peyrères Ziel war dem Voltaires geradezu konträr: Er wollte mit seiner »präadamitischen« Theorie die Auserwähltheit der Juden demonstrieren.[60] Dabei blieb er bibeltreu – auch wenn er die Heilige Schrift in einer gänzlich unorthodoxen Weise auslegte. Mit seiner Trennung der Schöpfungsgeschichte von Heiden und Juden war La Peyrère Polygenist – von Rassismus findet sich in seinem Werk keine Spur.

Auch im 18. Jahrhundert ist fraglich, inwieweit man den Polygenismus mit der Säkularisierung in Verbindung bringen sollte. Selbst Voltaires Theorie war keinesfalls areligiös, sondern diente in seinen Augen im Gegenteil dazu, die Ehre des Schöpfers zu verteidigen. Die monogetische Vorstellung einer Degenerierung der Menschenrassen unter dem Einfluss des Klimas lief seinem Bild einer vom »Großen Uhrmacher« wohlgeordneten Welt zuwider.[61] Auch der englische Arzt Charles White griff um 1800 den Monogenismus gerade deswegen an, weil er seiner Ansicht nach Gottes Schöpfung herabwürdigte. Es war für ihn erniedrigend zu denken, dass die physischen Unterschiede zwischen den Menschen auf eine Degenerierung von Adams Urtyp zurückzuführen seien. Des Menschen und Gottes Ehre sei besser zu erhalten mit der Idee, dass die Arten vom Allmächtigen so geschaffen wurden, wie sie jetzt sind.[62]

Zudem zeigt sich, dass die polygenistischen Argumente sogar einem bibeltreuen und traditional universalhistorischen Rahmen angepasst werden konnten. Nicht jeder, der die Polygenese der Menschheit als eine ernsthafte Theorie betrachtete, war per se gegenüber der biblischen Erzählung skeptisch eingestellt. Vielmehr konnten die polygenistischen Argumente zur Herausbildung von vielfältigen Erklärungsmustern führen, die sich nicht so recht in die Schubladen »Monogenese vs. Polygenese« fügen. Ein gutes Beispiel für ein solches Vorgehen ist im Werk *Sketches of the History of Man* (1774) des schottischen Philosophen Henry Home Lord Kames zu finden. Kames wird in der Historiographie meist schlicht als Polygenist dargestellt.[63] Eine aufmerksame Lektüre seines Werks weckt indes Zweifel an dieser Darstellung.

Kames wollte in seinen *Sketches of the History of Man* vor allem eine Theorie des menschlichen Fortschritts ausbreiten. Er behandelt zuerst den »progress of men as individuals« – ihre Subsistenzmittel, Wirtschaft, Sitten, Beziehungen zum weiblichen Geschlecht –, dann den »progress of men in society« dank der Entwicklung von Staaten und Vergesellschaftungsformen, um schließlich in den »Essays upon the Principles of Morality and Natural Religion« zu behaupten, dass Wissenschaft und Moralität sich parallel zur gesamten Gesellschaft entwickeln.[64] Doch um diese optimistische These plausibel zu machen, musste Kames erst einmal erklären, warum nicht alle Kontinente angefangen hatten, diesen Weg zu beschreiten. Aus diesem Grund setzte er sich mit naturhistorischen Theorien auseinander.

Kames zufolge stelle sich die Frage, »ob es unterschiedliche Menschenrassen g[ebe] oder ob alle Menschen von einer Rasse s[eien]«, das heißt, ob alle Menschen von gemeinsamen Ahnen abstammten.[65] Vor allen weiterführenden Überlegungen müsse die Vollkommenheit der göttlichen Schöpfung anerkannt werden: Der Allmächtige habe den Lebewesen ein unterschiedliches Aussehen verliehen, damit wir auf den ersten Blick die nützlichen von den gefährlichen unterscheiden, die Tiere unter sich ebenfalls solche

Unterscheidungen treffen könnten und die unterschiedlichen Gattungen
den diversen klimatischen Zonen angepasst seien.[66] Diese Idee führt Kames
zu einer harschen Kritik der Gattungsdefinition Buffons. Der französische
Naturhistoriker propagiere »eine sehr künstliche Regel, um die unterschiedlichen Tiergattungen zu bestimmen«, nämlich dass nur Tiere, die fruchtbare
Abkömmlinge zeugen können, zu einer und derselben Gattung gehörten.[67]
Habe Buffon bereits daran gedacht, »dass die menschliche Rasse sehr unvollkommen wäre, wäre sie nicht imstande, einen Menschen von einem Affen,
oder einen Hasen von einem Igel zu unterscheiden, bevor sie weiß, ob sie zusammen Junge zeugen können«.[68] Aber auch Linné liege mit seinem Ansatz
falsch: Statt einfach »jedes Tier nach seiner Art zu beschreiben, wie Adam
unser Vorfahre es getan hat«, habe er sich durch seine komplizierten Klassi-
fizierungen von der Natur entfernt. Der einzige Nutzen seiner Einteilung in
genera und Gattungen sei, dass man schneller die einzelnen Tiere in seinem
Buch finden könne.[69]

Kames zufolge zeigten die Gesetze der Natur, dass es »unterschiedliche
Menschenrassen« gebe so wie es unterschiedliche Hunderassen gibt. Und
sofern wir auch nur ein bisschen Vertrauen in die göttliche Vorsehung hätten, dann müssten wir glauben, dass es so sein solle. Es sei sicher, dass die
unterschiedlichen Varietäten des Menschengeschlechts für unterschiedliche Klimazonen geschaffen worden seien.[70] Dagegen sei die »merkwürdige«
Theorie Buffons, wonach die physischen Unterschiede zwischen den Menschen aus dem Einfluss des Klimas resultierten, zu verwerfen.[71] Laut Kames
waren die Theorien, die einen schädlichen Einfluss des Klimas postulierten
wie die von Buffon und von Montesquieu, eine Beleidigung der göttlichen
Vorsehung, die doch für die Klimaunterschiede verantwortlich sei.[72] Kames
folgte zudem Voltaires These, wonach die physischen Merkmale der Weißen
wie der Schwarzen in den unterschiedlichen klimatischen Zonen konstant
blieben. Auch treffe man seiner Meinung nach unterschiedliche Hautfarben in ähnlichen Klimazonen.[73] Die jeweiligen wilden Völker seien so unterschiedlich: Manche seien gutmütig, andere boshaft, manche dumm, andere
klug, manche mutig, andere feige. Obwohl sie in ähnlichen gesellschaftlichen und klimatischen Bedingungen lebten, hätten die Wilden also ganz
konträre Charaktereigenschaften.[74] Solle man nicht davon ausgehen,
dass Gott mehrere Menschenpaare geschaffen und sie in unterschiedlichen
Klimazonen platziert habe? Dafür sprach Kames zufolge auch die Tatsache,
dass – soweit wir es wissen können – die Erde früher von Wilden bewohnt

war, die in kleinen Stämmen lebten und eine eigene Sprache hatten. Kames sieht sehr wohl, dass diese Tatsachen scheinbar nicht im Einklang mit der Schöpfungsgeschichte stehen: Adam sei kein Wilder gewesen, und auch seine Nachfahren könnten es nicht sein.

Führten diese Überlegungen Kames dazu, die polygenistische These zu verteidigen? Entgegen dem, was die vorige Argumentation ahnen lässt und das Gros der Forschungsliteratur bis heute suggeriert, verwirft Kames eindeutig diese Lösung. Man dürfe ihm zufolge nämlich nicht die »Autorität« Moses in Zweifel ziehen, so verwirrend seine Erzählung auch scheine. Dies sei auch nicht notwendig, denn die Heilige Schrift liefere eine Erklärung für die Tatsache, dass die Menschen in einen wilden Zustand »degeneriert« seien: die göttliche Strafe nach dem unglücklichen Versuch, zu Babel einen Turm zu bauen, der bis in den Himmel reichte. Der Schöpfer habe in diesem Zusammenhang nicht nur die Menschen in alle Erdteile verstreut und ihnen Sprachen gegeben. Auch habe er ihre Gestalt verändert, um sie den unterschiedlichen Klimazonen anzupassen.[75] Kames kombiniert somit seine anthropologischen Betrachtungen mit einer der Bibel entnommenen Erklärung der zivilisatorischen Unterschiede zwischen den Völkern der Erde, die es ermöglicht, zugleich an der biblischen Erzählung und an der Fortschrittsgeschichte der Menschheit festzuhalten:

»Wenn die Menschen also nicht den wilden Versuch gemacht hätten, einen Turm zu bauen, dessen Spitze den Himmel erreichen sollte, würden die Menschen nicht nur keine unterschiedlichen Sprachen sprechen, sondern auch die gleichen Fortschritte hin zu einer Reife des Wissens und der Zivilisation gemacht haben. Dieses erbärmliche Ereignis hat die gesamte Natur auf den Kopf gestellt: Es hat die Menschen in alle Ecken der Erde verstreut, ihnen die Gesellschaft entzogen, sie zu Wilden gemacht. Sie kommen aus diesem Zustand der Degenerierung allmählich heraus. Manche Nationen, durch ihre eigene Natur oder das Klima stimuliert, haben schnelle Fortschritte gemacht; manche sind langsamer vorangeschritten; manche bleiben wild.«[76]

Kames' Werk zeigt, dass man im Rahmen der biblischen Erzählung sehr wohl Rassentheorien entwickeln konnte. Der Zusammenhang zwischen Säkularisierung und rassistischem Gedankengut, der seit den 1970er Jahren immer wieder postuliert wird, wirkt in der Tat zweifelhaft, wenn man die monogenistischen anthropologischen Theorien betrachtet. Genauso problematisch wie die Koppelung von Polygenismus, Säkularisierung und Rassismus ist eine Assoziation von Monogenismus mit nichtrassistischem Denken.

Der Grund, weshalb Monogenese und Rassismus sich keineswegs ausschlossen, lag darin, dass Monogenisten die Geschichte der Menschheit als eine Geschichte der Degenerierung von Gottes Geschöpfen verstanden, wie etwa die Werke Buffons, Maupertuis', Kants und Blumenbachs zeigen. Diese Philosophen und Naturhistoriker meinten, die ursprüngliche Menschheit sei weiß gewesen, habe aber unter dem meist schädlichen Einfluss des Klimas unterschiedliche Gestalten und Hautfarben angenommen. Da Noah und seine Söhne wie die Europäer ausgesehen hätten und nach der Sintflut auf dem Berg Ararat in Armenien gelandet seien, nannte Blumenbach die weißen Europäer »Kaukasier« – eine im Amerikanischen immer noch geläufige Bezeichnung.[77] Maupertuis bezog sich seinerseits auf afrikanische Albinos, um die Ursprünglichkeit der weißen Hautfarbe zu demonstrieren.[78] Vielen Monogenisten zufolge hätten sich insbesondere die Afrikaner sehr zu ihrem Nachteil in Körper und Geist von der ursprünglichen von Gott geschaffenen Verfassung entfernt.[79]

Die Geschichte der poly- wie der monogenistischen Theorien zeigt also, dass man sich davor hüten muss, Aufklärung, Säkularisierung, Rassentheorien, Rassismus und Moderne zu assoziieren: erstens, weil im 18. Jahrhundert die ganz eindeutig im biblischen Rahmen bleibenden Rassentheorien dominierten; zweitens, weil die monogenistische Annahme einer gemeinsamen Herkunft aller Menschen geradezu zur Idee der rassischen Degenerierung einlud; drittens, weil selbst Polygenisten trotz ihrer Distanz zur Bibel in der Regel keine Anhänger eines säkularisierten Weltbilds waren; viertens, weil die Rassentheoretiker eigentlich kaum über Rassenvorurteile und die kolonialpolitischen Implikationen ihrer Theorien stritten, sondern vielmehr um die Frage, inwiefern Universalgeschichte religiös zu erzählen sei und welche Theorie der Ehre des Schöpfers am besten gerecht werde.

Aufklärerische Scholastik

Diese Feststellungen lassen die oben vorgestellten Theorien nicht als weniger rassistisch erscheinen, sondern weisen nur auf die Distanz hin, die unsere Weltbilder und Interessenlagen von denjenigen des 18. Jahrhunderts trennt.

Außerdem zeigen die stillschweigenden Annahmen der Rassentheoretiker des 18. Jahrhunderts, dass sie kaum Wegbereiter der Biologie des 19. und 20. Jahrhunderts waren. Es ging der Naturgeschichte des 18. Jahrhunderts nicht darum zu analysieren, wie Leben sich entwickelt und funktioniert, sondern darum, in der Schöpfung die göttlichen Intentionen zu lesen. Diese Wissenschaft bestand deshalb vor allem in der Klassifizierung des Augenscheinlichen.[80] Wie die oben angeführten Zitate von Kames und Voltaire zeigen, waren für manche Philosophen des 18. Jahrhunderts sogar die Unterschiede zwischen den Arten so evident, dass ihre Einteilung keiner besonderen Wissenschaft, sondern nur des *common sense* bedurfte.[81]

Vor dem frühen 19. Jahrhundert wurde die göttliche Schöpfung zudem als statisch verstanden. Obwohl Kant in Anlehnung an Buffon als Erster die Idee formulierte, die Natur habe eine Geschichte, die man in einer eigenen Disziplin untersuchen sollte, verstand er unter dieser Geschichte nur die sich im Prozess der Degenerierung vollziehende Entfaltung von »Keimen«, die der Schöpfer von vornherein in den jeweiligen Arten angelegt habe.[82] Das Bild vom Kosmos, auf dem die Naturgeschichte aufbaute, war bei vielen Autoren schließlich stark geprägt von der spätantiken neuplatonischen Idee der Großen Kette der Wesen, die von Gott bis zum Stein führe. Diese Lehre war in der mittelalterlichen scholastischen Theologie weitergeführt worden, wenn auch nur halbherzig, weil sie Gefahr lief, Gottes Freiheit einzuschränken. Sie stützte sich auf drei Prinzipien: Erstens habe Gott alle Wesen in ein hierarchisches System geordnet. Zweitens seien die Unterschiede zwischen ihnen kontinuierlich, so dass sich die Arten in einer lückenlosen Abstufung berührten (Prinzip der Kontinuität). Drittens habe der Schöpfer das Universum mit allen möglichen Wesen gefüllt. Diese alles Denkbare umfassende Ausgiebigkeit sei ein notwendiger Ausdruck seiner Allmacht (Prinzip der Fülle).[83]

Das erste Prinzip ließ die Hierarchie zwischen Menschenarten als offensichtlich erscheinen. Das zweite war der eigentliche Antrieb der Naturgeschichte: Es animierte zur Suche nach den fehlenden – das heißt noch unbekannten – Gliedern der Kette. In der Anthropologie ließ es den Orang-Utan einen Zwischenplatz zwischen dem Affen und dem Menschen einnehmen.[84] Auch provozierte das Prinzip der Kontinuität die Kontroverse, ob angesichts der Gradualität der Kette der Wesen klassifikatorische Kategorien wie der Begriff »Art« überhaupt sinnvoll seien.[85] Schließlich führte es die Zeitgenossen zu der uns heute bizarr anmutenden Debatte, ob Arten überhaupt aussterben könnten.[86] Das Prinzip der Fülle inspirierte seinerseits nicht minder merkwürdige Theorien. Noch mehr als die leibnizsche Vorstellung einer unendlichen Zahl von bewohnten Welten erstaunt uns heutzutage, dass der französische Naturhistoriker Jean-Baptiste-René Robinet in den 1760er Jahren die Existenz von im Meer lebenden Menschen (nach Art der Meerjungfrauen) für wahrscheinlich hielt, da Gott bekanntlich alle Zwitterwesen geschaffen habe.[87] Der junge Kant glaubte seinerseits an die Existenz von Außerirdischen, die auf jedem Planeten unseres Sonnensystems lebten. Diejenigen, deren Gestirn weiter entfernt von der Sonne sei, waren seiner Kosmographie zufolge intelligenter, genauso wie Europäer aufgrund des milderen Klimas klüger seien als Afrikaner.[88]

Solche Theorien sind methodisch entschieden näher an der mittelalterlichen Scholastik als an der experimentellen und empirischen Biologie. Sie sollten deshalb jedoch nicht gleich aus der Geschichte der Anthropologie im 18. Jahrhundert ausgeschlossen werden. Vielmehr können sie als Signum einer wissenschaftshistorischen Epoche gelten: Was die Naturgeschichte des 18. Jahrhunderts leitete, waren ja metaphysisch-theologische Konzepte. Linné bezeichnete die Naturgeschichte als eine »theologia experimentalis« – also als eine empirische Theologie, deren Ziel es sei, Gott zu erkennen und zu loben. Sein Vorgänger war Adam, der im Garten Eden – laut Linné eine Insel am Äquator – die Tiere erkannt und benannt habe. Aus diesem Grund war jedes abweichende Klassifizierungssystem in seinen Augen nicht nur falsch, sondern auch »ketzerisch«. Sein Ansatz war in hohem Maße von der mittelalterlichen Scholastik geprägt. Selbst seine Einordnung des Menschen in das Reich der Tiere erscheint angesichts der scholastischen Quellen, die der aristotelischen Tradition folgend von einem »rationalen Tier« sprechen, wenig originell. In der Tat erkannte Linné nicht nur die Bibel, sondern auch die klassischen Autoren als höhere Autoritäten an. Das Alte Testament prägte seinen Stil und seine Weltanschauung. Der schwedische Naturforscher lebte in einem magischen Universum voller Fabelwesen und Wunder des Allmächtigen. Er glaubte, dass Schwalben unter dem Eis überwinterten oder dass man einen Welpen in einen Zwerg verwandeln könne, wenn man seinen Rücken mit Aquavit einreibt.[89] Eng verbunden mit dieser fehlenden Trennung von Naturgeschichte, Fabeln, Metaphysik und Theologie[90] war die im 18. Jahrhundert dominante teleologische Weltsicht. So betitelte Kant ein Werk, das auf die Kritik seiner Anthropologie durch Forster antwortete, *Über den Gebrauch teleologischer Principien in der Philosophie* (1788). Kant zufolge könnten »organisierte Wesen« nur als »System von Endursachen« gedacht werden, so dass die Organisation von Leben und Materie allein metaphysisch, nicht naturwissenschaftlich erklärt werden könne.[91] Kant wollte durch seine Theorie der »Keime« die Idee der Degenerierung des Menschen mit der Vorstellung der göttlichen Vorsehung in Einklang bringen. Seine Definition der »Rasse« als Realisierung der »Keime« war mithin primär ein metaphysisches Konstrukt. Auf die Frage: »Warum haben jene Menschen diese physischen Merkmale?« antworteten sowohl Mono- als auch Polygenisten: »Weil Gott dies so wollte, um …«

Wie die Scholastiker des 13. Jahrhunderts erklärten die *philosophes* der Aufklärung die Natur durch Deduktionen von den Eigenschaften des Schöpfers, seiner Vernunft und Güte. Da ihr Bild der Lebewesen sich nicht grundsätzlich von dem Thomas von Aquins unterschied,[92] war die Anthropologie ein Diskurs über die Ehre des Herrn. *Ad maiorem Dei gloriam* – zum größten Ruhm Gottes: Das Motto der Jesuiten trifft auch auf die Aufklärer zu, die mehr oder weniger rassistische Theorien entwarfen. Bei aller Verachtung für andere »Rassen« hatten diese Theorien in ihrer Entstehung sowie ihrem Debattenkontext mit imperialistischen Herrschaftsfantasien oder gar eliminatorischen Projekten wenig zu tun. Dass sie in späteren Rassendiskursen als Autoritäten und Stichwortgeber angeführt wurden, steht auf einem anderen Blatt.

Die Befreiung der Weißen:
Der Abolitionismus

Von Februar bis April 1804 ereignete sich ein Völkermord auf der gerade unabhängig gewordenen ehemaligen französischen Kolonie Saint-Domingue, der »Perle der Antillen«. Der neue Diktator Jean-Jacques Dessalines, der sich wie Bonaparte noch in diesem Jahr zum Kaiser krönen ließ, hatte 1803 die französischen Truppen besiegt. Diese hatten in einem genozidalen Feldzug versucht, die Herrschaftsverhältnisse und die Gesellschaftsordnung wiedereinzuführen, die vor dem Sklavenaufstand von 1791 – dem »einzigen erfolgreichen Sklavenaufstand der Weltgeschichte«, wie er oft genannt wird[1] – gegolten hatten. In diesem Kontext verordnete Dessalines das Massaker an den verbliebenen Einwohnern französischer Herkunft. 3.000 bis 5.000 Männer, Frauen und Kinder fielen ihm zu Opfer. Bereits am 1. Januar hatte Dessalines in der Unabhängigkeitserklärung der Insel zur Rache gegen die Franzosen, »dieses barbarische Volk«, diese »Nation von Henkern«, aufgerufen. Dieses Blutbad sollte in seinen Augen den Geburtsakt einer neuen Nation besiegeln: Haiti. Dessalines taufte die Insel auf den Namen zurück, den sie vor der Eroberung durch Kolumbus getragen hatte. Er stilisierte sich zum »Rächer der Neuen Welt«, der mit Blutvergießen alle Gewalttaten der Europäer vergelte.[2]

Damit betrat Dessalines in der Vorstellungswelt seiner europäischen Zeitgenossen keineswegs Neuland. Vielmehr eignete er sich eine Figur an, die Mercier in seinem utopischen Roman *2440* erfunden hatte. Als der Erzähler im Paris der Zukunft spazieren geht, fällt ihm ein Denkmal auf:

»Kaum daß ich den Platz verließ, bemerkte ich zur Rechten die Figur eines Negers auf einem prächtigen Sockel, barhäuptig, mit ausgestrecktem Arm, blitzendem Auge und in edler, Achtung gebietender Haltung. Um ihn her lagen die Trümmer von zwanzig Zeptern. Zu seinen Füßen las man die Worte: Dem Rächer der neuen Welt!

Ich tat einen lauten Schrei vor Überraschung und Freude. – ›Ja‹, antwortete man mir mit einer Wärme, die meinem Entzücken gleichkam, ›die Natur hat endlich diesen staunenswerten, unsterblichen Mann hervorgebracht, der eine ganze Welt von der schrecklichsten, längsten und schimpflichsten Sklaverei befreien sollte. Sein Genie, seine Kühnheit, Geduld und Standhaftigkeit, die tugendhafte Rache, die er übte, sind belohnt worden: Er hat die Fesseln seiner Landsleute zerbrochen. So viele vom hassenswertesten Joch gedrückte Sklaven schienen nur auf sein Signal zu warten, um ebenso viele Helden zu werden. Der Strom, der seine Dämme zerbricht; der Blitz, der herabzuckt, tut eine weniger rasche, weniger gewaltsame Wirkung. Im Augenblick vergossen sie das Blut ihrer Tyrannen. Franzosen, Spanier, Engländer, Holländer, Portugiesen, alles wurde ein Raub des Schwertes, des Giftes und der Flammen. Die Erde Amerikas hat gierig das Blut eingesogen, nach welchem es schon lange dürstete, und die Gebeine ihrer Vorfahren, die schändlich erwürgt wurden, schienen sich darauf vom Staube zu erheben und vor Freude zu klappern.‹«[3]

In diesem Abschnitt zeigt sich Mercier von seiner radikalsten Seite: Er scheut nicht davor zurück, genüsslich zehntausende seiner Mitbürger zu einem grausamen Tod zu verurteilen, weil sie Sklaven besaßen. Dieser Text gehört sicherlich zu den gewaltigsten Verurteilungen der Sklaverei, die im 18. Jahrhundert verfasst wurden. Stellt man die Frage nach dem Verhältnis zwischen der Aufklärung und dem Abolitionismus, dem Kampf für die Abschaffung der Sklaverei, dann liefert Merciers *2440* ein gutes Argument für die These, die antiklavistische Bewegung sei stark von den Idealen des aufgeklärten Zeitalters inspiriert gewesen.[4]

An einem solchen Zusammenhang zweifelte beispielsweise der amerikanische Historiker, Diplomat und Mitgründer der Cornell University, Andrew Dickson White, nicht:

»Aktive und ernsthafte Männer übernahmen überall die Theorie und Phrasen von Voltaire, Rousseau und Montesquieu und kämpften damit gegen die Tyrannei. Dies waren furchtbare Waffen – oft sogar […] schrecklich für diejenigen, die sie emporhoben –, aber es war beinahe ausgeschlossen, dass ein Mensch, der sich diese angeeignet hatte, die Sklaverei unterstützen würde. Wer auch immer […] ernsthaft den ›Geist der Gesetze‹ las, […] wurde zum Gegner der Sklaverei […].«[5]

Als White zu Beginn des amerikanischen Bürgerkriegs diese Zeilen schrieb, tobte ein Kampf um die Erinnerung an Thomas Jefferson. Während die

Anhänger des Südens den Gründungsvater der Republik für ihre Sache in Anspruch nahmen, behauptete White, die Lektüre der französischen philosophischen Werke habe das Kind Virginias beinahe zwangsweise in einen Abolitionisten verwandelt. In der Tat konnte White darauf hinweisen, dass Jefferson wiederholt seine Ablehnung der Institution der Sklaverei bekundet hatte.[6] In einem später gestrichenen Abschnitt der ersten Fassung der amerikanischen Unabhängigkeitserklärung warf dieser den Briten vor, unschuldige Afrikaner versklavt zu haben und die Kolonien mit dem Sklavenhandel zu korrumpieren. Seinem Entwurf der Verfassung Virginias (1776) fügte er eine Klausel bei, die den weiteren Import von Sklaven verbieten sollte.[7]

Aus dem Erinnerungskampf um Jefferson ging der Norden als Sieger hervor, und das Bild eines eigentlich abolitionistischen Gründungsvaters und dritten Präsidenten der Vereinigten Staaten dominierte lange Zeit die Historiographie.[8] Doch sprechen die Beispiele Merciers und Jeffersons wirklich für die These, das aufklärerische Menschenrechtsideal habe dem Abolitionismus seinen Geist eingehaucht? Bei näherem Hinsehen führt uns in *2440* die Fantasie des Autors weit weg von einer Welt, in der die Menschenrechte triumphieren. Vielmehr inszeniert er mit seinem erfundenen Racheakt eines der größten Blutbäder seiner prophetischen Weltgeschichte. Jeffersons Feindschaft gegen die Sklaverei erweist sich ihrerseits als zweideutig. Bereits in den 1960er Jahren brachte die Bürgerrechtsbewegung sein Denkmal ins Wanken: Die amerikanischen Schwarzen, die für das Ende der Rassendiskriminierung kämpften, entdeckten den Rassisten Jefferson wieder. Dieser erinnerungsgeschichtliche Paradigmenwechsel prägt unsere Sichtweise bis heute. Seit dieser Zeit weist man auf die Unstimmigkeit zwischen Jeffersons Feindseligkeit gegenüber der Sklaverei und seinem Rassismus hin. Auch wirft man ihm Widersprüche zwischen Worten und Taten vor: Nicht nur habe sich Jefferson als Präsident nicht für die abolitionistische Sache engagiert, auch habe er zeitweise mehr als 200 Sklaven besessen.[9] Jefferson habe nie für die Freilassung der Sklaven agiert, weder als Privatmann noch als Präsident. Die Sklaverei hielt er für ein Übel; ein Abolitionist war er jedoch nicht.

Vor allem aber haben die meisten Historiker den Glauben an den zwingenden Zusammenhang zwischen Aufklärung und Abolitionismus verloren, der für White so offensichtlich war. Jefferson steht im Gerichtssaal nicht allein: Auch die großen Vertreter der französischen Philosophie des 18. Jahrhunderts sitzen auf der Anklagebank. Besonders Louis Sala-Molins' heftiger

Essay »Das Elend der Aufkärung« bewegte die Geister. Sala-Molins nahm kein Blatt vor den Mund, als er das »Schweigen der Aufklärung« denunzierte:

»Die Aufklärung zeichnet die Notenlinien und füllt sie mit den schönsten Akkorden einer wunderbaren Symphonie zu Ehren der Vernunft, des Menschen, der Souveränität eines jeden, der universellen Philanthropie. […] Ein Schwarzer taucht inmitten dieses Konzerts auf. Der Mensch, die Vernunft, die Philanthropie? Sie sind weg. […] Kurzum, die entscheidende Bewährungsprobe der Aufklärung ist der Handel mit Schwarzen und ihre Sklaverei. Es sind nicht die Juden, wie man es manchmal sagt. Es sind nicht die Frauen, wie man es oft sagt. Es sind die ›Neger‹. […] Wie soll man die Geschichte der Aufklärung lesen? Mit dem Code Noir in der Hand.«[10]

Sala-Molins zufolge hätten Rousseau und Montesquieu nie Interesse für die Sklaverei in Übersee gezeigt: Für beide Philosophen sei die Sklaverei eine Institution aus anderen Zeiten und einer anderen Welt gewesen, eine antike Erscheinung, die sie nicht unmittelbar betraf.[11] Sala-Molins hat für Voltaire und Diderot noch härtere Worte. Beiden wirft er vor, korrupt gewesen zu sein. Ihre finanziellen Interessen hätten sie von einem abolitionistischen Engagement ferngehalten. Sala-Molins empört sich sogar gegen die »Pantheonisierung« Condorcets, die François Mitterrand bei den 200-Jahr-Feiern der Französischen Revolution 1989 anordnete. Ihm zufolge sei Condorcet, der sich selbst zum »Freund der Schwarzen« erklärte, kein wahrer Absolitionist gewesen.[12]

Die Philosophen fanden bald leidenschaftliche Anwälte. Jean Ehrard, der seine Monographie ausdrücklich als eine Reaktion auf die »neue Mode der Verunglimpfung des Jahrhunderts Voltaires«, als »Plädoyer zur Verteidigung« der *philosophes* und als »Antwort auf die Anklagerede gegen die Aufklärung« versteht, wirft Sala-Molins Anachronismus und Oberflächlichkeit vor. Die Kritiker der Aufklärer würden dem »langsamen Reifungsvorgang« der Antisklavereibewegung und den Subtilitäten des philosophischen Diskurses im 18. Jahrhundert nicht gerecht. Die Korruptionsvorwürfe gegen Voltaire seien eine pure Verleumdung.[13]

In Anbetracht der französischen Bewegung für die Abschaffung der Sklaverei wird man Ehrard recht geben, wenn er die postmoderne Diagnose eines »Schweigens der Aufklärung« nicht teilt. Die Frage bleibt jedoch, warum viele Forscher bei der Lektüre der Schriften, die die Philosophen des 18. Jahrhunderts über die Sklaverei verfasst haben, heutzutage ein Unbehagen empfinden oder sich sogar empören. Hier spielt wohl ein bestimmter Erwartungshorizont eine Rolle: Für heutige Europäer ist der Kampf um die Abschaffung der Sklaverei ein Kampf um die Menschenrechte, und gerade die Aufklärung soll die Idee der Menschenrechte hervorgebracht haben.[14] Skandalös ist für uns, dass die Väter der amerikanischen Verfassung und die Autoren der Menschenrechtserklärung von 1789 ihre universalistischen Prinzipien formulierten, ohne auf die Hunderttausenden von Sklaven zu achten, die in ihrem Staat bzw. ihrem Kolonialreich lebten.

Alle, die im Abolitionismus eine aufklärerische Menschenrechtsbewegung vermuten, muss zudem der Fall Großbritanniens erstaunen. Nur in den Nordstaaten der USA und in Großbritannien entstand eine Massenbewegung zur Abschaffung des Sklavenhandels und der Sklaverei. Allerdings scheint diese weniger mit der Geschichte der Aufklärung zu tun zu haben als vielmehr mit der des Evangelikalismus. Dies ist sicherlich der Grund, weshalb dieses Phänomen von manchen Forschern, die den Abolitionismus zu einem Schlüsselkampf des radikalaufklärerischen Strebens nach Gleichheit machen, einfach ausgeblendet wird.[15] Die traditionelle britische Erzählung der Geschichte des Abolitionismus ignoriert ihrerseits die Aufklärung weitgehend. Schon Thomas Clarkson stellte die Abschaffung des Sklavenhandels 1808 als das Werk von »Heiligen« dar, die sich den christlichen Geboten voll verpflichtet hätten.[16] Seitdem haben zahlreiche Studien gezeigt, dass Evangelikalismus und Quäkertum die Motoren des abolitionistischen Kreuzzugs gewesen sind, so dass manche Historiker die These verbreiten, nicht die Aufklärung, sondern das Christentum sei die wahre Ursache der Abschaffung der Sklaverei gewesen.[17]

Die zentrale Frage, die die Forschung zum britischen Abolitionismus seit der Mitte des 20. Jahrhunderts bewegte, war nicht die nach der Rolle der Aufklärer, sondern die nach einem eventuellen Zusammenhang zwischen Abolitionismus und modernem Kapitalismus. 1944 veröffentlichte Eric Williams, der 1956 Premierminister von Trinidad und Tobago wurde und es bis zu seinem Tod 1981 blieb, eine vom historischen Materialismus beeinflusste Monographie, *Capitalism and Slavery*. Darin stellte er die These auf, dass die Zuckerwirtschaft der Karibik sich zur Zeit der Abschaffung des Sklavenhandels bereits im Niedergang befand, und warf den Abolitionisten Heuchelei vor.[18] Die Forschung widerlegte seine Thesen, kehrte aber nicht zur alten Erzählung über die »Heiligen« zurück, sondern untersuchte den Abolitionismus im Kontext der wirtschaftlichen und imperialen Interessen britischer Eliten.[19] Im Folgenden sollen nicht die Ursachen der französischen Abschaffungen der Sklaverei von 1794 und 1848 oder der britischen Abolitionen von 1807 und 1833 untersucht werden. Stattdessen wird lediglich auf Texte eingegangen, die für eine Abschaffung des Sklavenhandels und der Sklaverei im 18. Jahrhundert plädierten, und gefragt, inwieweit diese als Teil der Geschichte der Aufklärung zu verstehen sind. Umgekehrt heißt dies, die Frage zu stellen, inwiefern die Aufklärung zur Durchsetzung von modernen Menschenrechtsvorstellungen beigetragen habe. Worum ging es im Abolitionismus des 18. Jahrhunderts? Wie stellten sich Abolitionisten die zukünftige Freiheit der Sklaven vor? Kann man im Laufe des Jahrhunderts einen allmählichen »Reifungsvorgang« beobachten, der zum Kampf für die Rechte der schwarzen Sklaven führte? Gab es eine radikale Aufklärung, die sich für die Gleichheit der Menschen aller Hautfarben engagierte und daher die Sklaverei anfocht?

Menschen- oder Bürgerrechte?

Für uns ist es offensichtlich, dass eine Erklärung der Menschenrechte, die besagt, dass »alle Menschen frei und gleich an Rechten geboren werden und es bleiben«, die Abschaffung der Sklaverei implizieren sollte. Doch war dies für die Mitglieder der französischen verfassunggebenden Versammlung im Sommer 1789 alles andere als evident und zwingend.[20] Mit anderen Worten: Die Politiker des späten 18. Jahrhunderts hatten wohl nicht die gleiche Menschenrechtskonzeption wie Mitarbeiter heutiger NGOs wie *Amnesty International*. Für die Menschenrechtsbewegung des späten 20. und frühen 21. Jahrhunderts sind Menschenrechte etwas, das unabhängig von staatlichem Recht besteht und diesem übergeordnet wird. Im späten 18. Jahrhundert wurden Menschenrechte dagegen niemals losgelöst von Nation und Staat gedacht. Sie blieben stets Menschen- *und* Bürgerrechte zugleich.[21] Hiermit hing ein potentieller Konflikt zwischen Natur- und Bürgerrecht zusammen. Dass die Sklaverei kein Phänomen des Naturrechts sei, war im römischen Recht fest verankert und galt folglich seit der Antike als eine gesicherte Erkenntnis.

Doch die Frage war, ob dem Naturrecht gegenüber dem Zivilrecht Vorrang eingeräumt werden müsse oder ob nicht umgekehrt die im bürgerlichen Recht verankerten Besitzverhältnisse überwögen. Zu dieser zweiten Lösung kamen ältere Römischrechtler wie Grotius, der die Sklaverei als Phänomen des Völkerrechts für durchaus legitim hielt.[22]

Eine Analyse der Haltung amerikanischer und französischer Revolutionäre gegenüber der Sklaverei sollte somit bei deren Republikverständnis ansetzen. Die politische Elite der neu formierten Vereinigten Staaten war in hohem Maße vom klassischen Republikanismus geprägt. Diese Republikvorstellung stammte aus der Antike und wurde im Italien der Renaissance wiederbelebt. Deren Kernidee war nicht die freie Entfaltung der Individuen, sondern die Unterordnung der Einzelinteressen unter die der Allgemeinheit.[23] Erhaltungsprinzip der Republik war die »Tugend« (*virtus*), die männliche Kraft des Bürgers, der auf den Luxus und die Erfüllung seiner individuellen Wünsche verzichten solle, um sich stattdessen für die »gemeine Sache«, die *res publica,* aufzuopfern.

Wie ist vor diesem Hintergrund die Haltung Jeffersons zur Sklaverei zu erklären? In seinen *Notes on the State of Virginia,* die er für die französischen politischen Eliten 1781 redigierte und erst 1785 in gekürzter Form und anonym veröffentlichte, benennt er das, was in seinen Augen das Problem der Sklaverei ausmachte:

»Das Bestehen der Sklaverei in unserem Land muss sicherlich einen unglücklichen Einfluss auf die Sitten unseres Volkes haben. Die ganze Beziehung zwischen Meister und Sklave ist eine ewige Übung in den wildesten Leidenschaften, dem unablässigsten Despotismus auf der einen und der erniedrigenden Unterwerfung auf der anderen Seite. Unsere Kinder sehen das und ahmen es nach […] Mit welchem Abscheu soll man nicht dem Staatsmann begegnen, der es einer Hälfte der Bürger erlaubt, die Rechte der anderen mit den Füßen zu treten, der Erstere zu Despoten und Letztere zu Feinden macht, der das Moralempfinden der einen und die Vaterlandsliebe der anderen zerstört! […] Die Zerstörung des Moralempfindens führt zum Niedergang der Industrie. […] Und können die Freiheiten einer Nation sicher sein, wenn man ihre einzige stabile Grundlage entfernt hat, nämlich die Überzeugung, dass diese ein Geschenk Gottes sind?«[24]

Laut Jefferson war somit die Sklaverei zu verurteilen, weil sie dem Geist einer freien Republik zuwiderlief, indem sie die Bürger an die Tyrannei gewöhnte,

ihre Tugend und ihren Fleiß verdarb sowie die übrigen, in Unfreiheit lebenden Bewohner zu Feinden des Staates machte. Die Institution der Sklaverei
bedrohe zudem den Glauben an die Grundlagen der Republik: Sie erwecke
Zweifel daran, dass die Freiheit eine Belohnung sei, die Gott dem Tugendhaften schenke.

Jefferson bedient sich hier der Sprache des klassischen Republikanismus
und vertritt weitgehend dieselbe Staatsauffassung, die James Harrington zur
Zeit der Englischen Revolution Mitte des 17. Jahrhunderts in Anlehnung
an Vorbilder aus der klassischen Antike vorgelegt hatte. Dies dürfte für einen Patrioten der Amerikanischen Revolution durchaus typisch gewesen
sein.[25] Die Väter der Republik grenzten sich vor allem von einer vom Hof
beherrschten Gesellschaft ab. Ihr Leitbild war ein Gemeinwesen von unab-
hängigen Eigentümern, die sich frei von der Tyrannei der Zentralregierung
entfalten können. Für sie war das Eigentum die Grundlage der Freiheit und
Gleichheit. Freiheit war vor allem eine »Freiheit von«: Man erkämpfte und
erarbeitete sie sich; sie war die Belohnung für den Fleißigen und Tugendhaften.[26] Die Sklavenhaltung galt ihnen als ein korrumpierendes Element,
das einer wahren Republik fremd sei. Gleichzeitig war es aber alles andere
als selbstverständlich, dass man diese göttliche Gabe der Freiheit passiven
Sklaven schenken sollte. Vielmehr griffen alle Emanzipationspläne das Eigentum an und stellten somit die Grundlage von Freiheit und Autonomie
in Frage, ohne neue gleichgestellte Bürger schaffen zu können. Die Massenfreilassung hätte ein Heer von Besitzlosen in die Welt gesetzt, das die öffentliche Ordnung gefährdet hätte. In diesem Zusammenhang nimmt Jeffersons Rassismus seine ganze Bedeutung ein: Für den Staatsmann aus Virginia
konnten die Afrikanischstämmigen aus natürlichen Gründen keine Glieder
der Republik werden. Die Abolition der Sklaverei konnte er sich somit nur
vorstellen, wenn sie mit einer Massenausweisung der Schwarzen nach Afrika
einherginge.[27]

Die Abwesenheit eines modernen Menschenrechtsdiskurses und die klas-
sisch-republikanische Prägung der Eliten des 18. Jahrhunderts erklären auch,
warum die meisten französischen Revolutionäre mehrere Jahre lang nicht
mehr als ihre amerikanischen Vorgänger daran dachten, die Sklaverei aus
der Welt zu schaffen. Die Revolutionäre kündeten mit Pauken und Trompeten an, gegen »Tyrannei« und »Sklaverei« zu kämpfen. Aber sie stellten nur
selten einen Zusammenhang zwischen ihrem Kampf um die Gleichstellung
der Franzosen und dem Abolitionismus her. Dies zu tun, hätte auch implizit

den Bürgerstatus der Koloniebewohner in Frage gestellt: Seit dem Ende des Siebenjährigen Kriegs rekurrierte man auf rassistische Diskriminierung, um die labilen politischen Bande zwischen Zuckerinseln und Metropole diskursiv zu stärken, weshalb die Gleichsetzung der Freien aller Hautfarben nicht nur der kolonialen, sondern auch der Pariser Elite so schwer fiel.[28] In einer Zeit, in der die Gleichheit aller Bürger auf der Tagesordnung stand, konnte unter diesen Umständen eine Massenfreilassung nur kontraproduktiv sein. Entgegen ihrem Ruf als republikanische Revolutionäre, die unter dem Einfluss einer die Moderne bringenden Aufklärung standen – ein Bild, das in Bezug auf die Abschaffung der Sklaverei etwa Yves Benot pflegte[29] –, setzten die französischen Abgeordneten mit der Abolition von 1794 keinen jakobinischen Programmpunkt um. Die erste französische Abolition war eher das Ergebnis von höchst kontingenten Ereignissen und ein taktisches Mittel in einer schwierigen militärischen Lage.[30] Dies erklärt wiederum, warum die Wiedereinführung der Sklaverei unter Napoleon in der französischen Elite keinen breiten Widerstand provozierte.

Die göttliche Strafe abwenden

Wenn es nicht moderne Menschenrechtsvorstellungen und die republikanische Ideologie waren, was verlieh dann im späten 18. Jahrhundert dem Abolitionismus Resonanz? Wie ist der große gesellschaftliche Anklang der Antisklavereibewegung insbesondere in Großbritannien zu erklären? Worum ging es den britischen Abolitionisten, warum engagierten sie sich für diese Sache? Welchen Charakter hatte folglich der Abolitionismus?

1772 startete Granville Sharp seinen persönlichen Kreuzzug gegen die Sklaverei in Übersee. Er sollte der erste Brite sein, der sich substantiell und über einen langen Zeitraum gegen dieses Übel engagierte.[31] Erst 1787 bildete sich mit der *Society for the Abolition of the Slave Trade* eine Organisation heraus, die abolitionistische Kampagnen koordinieren konnte. Sharp kann also als ein Vorreiter des britischen Abolitionismus gelten. 1775 verfasste er gleich vier Traktate, die beim modernen Leser eher Befremden auslösen, den Frühneuzeithistoriker jedoch an Bekanntes erinnern sollten.[32] Am pointiertesten war *The Law of Retribution; or a Serious Warning to Great Britain and Her*

*Colonies, founded on unquestionable Examples of God's Temporal Vengeance
against Tyrants, Slave-holders, and Oppressors,* das er 1776 veröffentlichte.
Während die Autoren, die vor Sharp gegen die Sklaverei geschrieben hatten,
diese als eine individuelle Sünde der Sklavenhalter verstanden, kollektivierte
Sharp die Schuld und zog daraus die Konsequenz, dass der Allmächtige bald
Großbritannien aufs Grausamste strafen werde, wie er gleich im ersten Satz
des Traktats ankündigte:

»Der afrikanische Sklavenhandel wird vom Parlament dieses Königreiches seit beinahe einem Jahrhundert öffentlich unterstützt und gefördert; sodass diese monströse Zerstörung der menschlichen Spezies […] sicherlich als ein nationales Verbrechen
der schlimmsten Sorte betrachtet werden kann, was (dem Lauf der göttlichen Provi-
denz zufolge) wahrscheinlich eine exemplarische Rache auf die unreuigen Bewohner
dieser Insel herabrufen wird!«[33]

Obwohl er für die versklavten Afrikaner durchaus Mitleid empfand, ging
es Sharp in seinen Schriften nicht primär um deren Freiheit und Rechte,
sondern um das Heil Großbritanniens. Erst die Definition eines nationalen
Interesses aufgrund von religiösen Prämissen führte zur Entstehung des Abolitionismus. Umgekehrt heißt dies, dass viele britische Abolitionisten gegenüber der Sklaverei in anderen Kolonialreichen relativ indifferent waren.[34]
Wie Jürgen Osterhammel es zusammenfasst: »Nicht, dass Menschen ein allgemeines Recht darauf hätten, nicht gequält zu werden, war hier der zentrale
Gedanke, sondern, dass es sündhaft und moralisch verwerflich sei, Qualen
zuzufügen. Also eine Ethik der heilenden Selbstreinigung und tatkräftigen
Sühne, eher die Lösung eines Täter- als eines Opferproblems.«[35] Dies zeigt,
dass man das Aufkommen des Abolitionismus nicht verstehen kann, wenn
man ihn mit der Vorstellung einer säkularen radikalen Aufklärung in Verbindung bringt, die sich für die Menschenrechte einsetzte.

Auch weist die Geschichte des Abolitionismus darauf hin, dass das gän-
gige Bild des 18. Jahrhunderts als Zeitalter der Säkularisierung korrekturbe-
dürftig ist. Es ist dem protestantischen Millenarismus zu verdanken, dass
ein Diskurs über die Notwendigkeit, die Sklaverei abzuschaffen, entstanden
ist. Es waren die Jünger des kongregationalistischen Predigers Jonathan Ed-
wards, die angesichts der dramatischen Ereignisse der Amerikanischen Revolution in Neuengland zu einer kollektiven Läuterung aufriefen. Mit der
Befreiung der Sklaven würden sich die Amerikaner als Volk Gottes beweisen

und zugleich ihrer Bestimmung folgen, deren Freiheit zu garantieren. In einem großartigen Befreiungsschlag von der Sünde würden sie Heil für die Gemeinschaft als Ganzes erlangen.[36] Die Abschaffung der Sklaverei sollte die Weißen von ihrer Schuld und der damit einhergehenden Gefahr einer göttlichen Strafe befreien.

Auf der anderen Seite des Atlantiks eigneten sich sowohl Mitglieder der *Church of England* als auch Quäker die religiösen Diskurse der Amerikaner an. Dabei verfolgten sie unterschiedliche religiöse Agenden. James Ramsay und andere Anglikaner interessierten sich ursprünglich hauptsächlich für die Verbreitung von Gottes Wort bei den »Afrikanern« der Neuen Welt. Zunehmend ging es in ihren Augen auch um die Rehabilitierung des religiösen Enthusiasmus und die Wiederherstellung der göttlichen Gebote. Für die Quäker war der Kampf gegen Sklavenhandel und Sklaverei besonders interessant, weil er der *Society of Friends* ermöglichte, aus ihrer marginalen Stellung innerhalb der britischen Gesellschaft herauszukommen.[37]

Als katholisches Land bot Frankreich somit nicht die gleichen Voraussetzungen für die Entwicklung des Abolitionismus zur Massenbewegung. Aber auch in Paris konnten religiöse Motive ausschlaggebend sein. Diese sind zumindest bei demjenigen zu beobachten, der sich am entschiedensten und am nachhaltigsten für die abolitionistische Sache engagierte: beim Abbé Grégoire, der nicht zuletzt deswegen 1989 zusammen mit Condorcet im Panthéon seine letzte Ruhestätte fand. Für den »Freund der Menschen aller Hautfarben« war die Abschaffung der Sklaverei der erste Schritt hin zur »Vereinigung der menschlichen Familie«, die auf einer Fusion der »Rassen« durch »Mischehen« und zugleich auf einer Übernahme der wahren – christlichen – Religion durch alle Völker beruhen werde.[38] Wenn Grégoire die Unabhängigkeit Haitis unter der Führung ehemaliger Sklaven begrüßte, dann nicht, weil er dachte, die Schwarzen der Karibik sollten ihren Platz in der Menschheitsgeschichte selbst bestimmen können. Es stand für ihn außer Frage, dass Haiti zu einer Art zweites Frankreich werden sollte – zivilisiert und katholisch.[39]

Frankreich ist keine Despotie: Sklavereikritik ohne Abolitionismus

Die Abschaffung der Sklaverei sollte also das Heil und das Wohlergehen der Weißen sichern sowie die Verbreitung ihrer Religion und Zivilisation fördern. Heißt dieser starke religiöse Antrieb, dass Ideen, die wir klassischerweise mit der Aufklärung in Verbindung bringen, keine Rolle im abolitionistischen Diskurs spielten? Die Tatsache, dass die abolitionistische Ideologie erst in den 1770er Jahren entstand und sich eine Bewegung zur Abschaffung des Sklavenhandels erst in den 1780er Jahren formierte, sollte uns zur Vorsicht mahnen. Änderte sich etwas in der Ideengeschichte des späten 18. Jahrhunderts, das eine Bedingung für das Aufkommen des Abolitionismus darstellte? Um diese Frage zu beantworten, ist es angebracht, Montesquieus Behandlung des Themas »Sklaverei« mit Condorcets abolitionistischen Schriften zu vergleichen.

Was Montesquieus entscheidenden Einfluss auf die Geschichte des Abolitionismus angeht, zeigt sich Jean Ehrard in seiner neusten Monographie kaum weniger sicher als Andrew Dickson White in den 1860er Jahren:

»Niemand kann ernsthaft dem Autor von *Vom Geist der Gesetze* das Verdienst absprechen, in Frankreich der Erste gewesen zu sein, der es gewagt hat, die theoretischen Prinzipen [des Abolitionismus] zu formulieren. Ihm folgte bald der Autor des *Ursprungs der Ungleichheit zwischen den Menschen* und des *Gesellschaftsvertrags*. Nach Montesquieu und Rousseau konnte der Ideenkampf für die Sache der Sklaven endlich aufgenommen werden.«[40]

Montesquieu habe als Erster die Argumente der Römischrechtler kritisiert, die die Versklavung im Rahmen des Völkerrechts zuließen. Da für ihn der reziproke Nutzen die Grundlage jeder Gesellschaft darstelle, könne es zudem keine Rechtfertigung für die Sklaverei aus Geburt geben. Montesquieus Meinung nach sei sogar die Flucht für Sklaven nichts Illegales gewesen: »Welches zivile Gesetz könnte einen Sklaven bei der Flucht behindern, da dieser nicht Teil der Gesellschaft ist und somit von keinem zivilen Gesetz betroffen?«[41] Zugleich muss aber Ehrard konzedieren, dass Montesquieus Behandlung des Themas von Ambiguitäten durchzogen war. Es gebe in *Vom Geist der Gesetze* einen Kontrast zwischen den mutigen Theorien der beiden ersten

Kapitel des Abschnitts über die Sklaverei und der »praktischen Vorsicht« der folgenden Bücher. In Letzteren zeigt Montesquieu, dass die Sklaverei dem allgemeinen Nutzen und nicht der persönlichen Wollust des Sklavenhalters dienen sollte (wie im Falle des Harems), dass eine zu hohe Konzentration von Sklaven gefährlich sei und dass Sanftmut im Umgang mit Sklaven nützlich sei, um Aufstände zu verhindern.[42] Im Endeffekt ist das Bild von Montesquieus Schrift, das Ehrard zeichnet, nicht grundsätzlich anders als das Urteil der postmodernen Literaturwissenschaftlerin Madeleine Dobie: Ihr zufolge zeugt die Behandlung des Themas »Sklaverei« in *Vom Geist der Gesetze* von einer »komplexen Mischung von Verurteilung und Verdrängung«.[43] Dobie betont insbesondere, dass Montesquieu die Sklaverei nicht thematisiert, wenn er über die französischen Zuckerkolonien schreibt, die er für »bewundernswert« hält, und stattdessen die Sklaverei im Zusammenhang mit der orientalischen Despotie bespricht.[44] Genau diese »Verdrängung« der Sklaverei aus der modernen europäischen Geschichte hat Sala-Molins bei vielen Aufklärern angeprangert.

Doch wird hier nicht etwas von Montesquieu erwartet, das nicht seinem Ziel entsprach, ja vielleicht für ihn und seine Zeitgenossen unvorstellbar war? Wieder zeigt sich, dass die Aufklärungsforscher Zeilen aus dem *Geist der Gesetze* entkontextualisieren und in einem Diskurszusammenhang verorten, in den sie nicht hineingehören. Die Ideenhistoriker sollten nicht vergessen, dass sie es sind, die die Textteile in einen Dialog treten lassen – Textteile, die oft nicht aufeinander antworten. Worum es im *Geist der Gesetze* geht, verschwindet meist in der Forschung, da sie auf anachronistische Weise nach dem Beitrag Montesquieus zur Herausbildung der modernen liberalen Demokratie fragt. Insbesondere in der Politikwissenschaft hat Montesquieu in der Ahnenreihe politischer Autoren einen Ehrenplatz als Erfinder der Gewaltenteilung. Seine Schrift *Vom Geist der Gesetze* gilt als Meilenstein auf dem Weg zu modernen Verfassungen.[45] Auch wird sie als eine Art frühes politikwissenschaftliches Handbuch gefeiert.[46] Dass Montesquieu mit seiner Abhandlung im Kontext der französischen Politik seiner Zeit bestimmte Wirkungen erzielen wollte, wird in diesen Lesarten nicht berücksichtigt.

Der erste Schritt hin zu einer Interpretation der Aussagen Montesquieus zur Sklaverei sollte daher eine Kontextualisierung der entsprechenden Textteile innerhalb des Gesamtwerks sein. Montesquieu analysiert die Institution der Sklaverei im dritten großen Teil des *Geistes der Gesetze,* der dem Einfluss des Klimas auf die Gesetzgebung nachgeht. Montesquieus Buch über die

Sklaverei heißt folglich »Wie die Gesetze der zivilen Sklaverei mit der Natur des Klimas zusammenhängen«. Schon in der Einleitung macht Montesquieu klar, worum es ihm geht:

»In den despotischen Ländern, wo man schon in politischer Sklaverei lebt, ist die bürgerliche Sklaverei leichter zu ertragen als anderswo. Dort muß jeder schon zufrieden sein, wenn er sein Auskommen und sein Leben hat. So ist dort die Lage der Sklaven kaum drückender als die des Untertanen.

Aber unter einer monarchischen Regierung, für die es von ausschlaggebender Wichtigkeit ist, die menschliche Natur nicht zu unterdrücken und zu entwürdigen, da darf es keine Sklaven geben.«[47]

Entscheidend ist für Montesquieu, dass in einer Monarchie wie Frankreich die Sklaverei keinen Platz hat. Wenn er daraufhin die Begründungen der Sklaverei durch die Römischrechtler widerlegt,[48] dann nicht, um der Sklaverei insgesamt die Existenzberechtigung abzusprechen. Es geht ihm vielmehr darum, Rechtfertigungen der Sklaverei, die unabhängig vom Klima und dem politischen Regime sind, zu verwerfen. Das Gleiche gilt, wenn Montesquieu auf sarkastische Weise die in seinen Augen absurden Begründungen der »Negersklaverei« lapidar auflistet:

»Da die Völker Europas die Völker Amerikas ausgerottet hatten, mussten sie die Völker Afrikas zu Sklaven machen, um sie zur Urbarmachung so großer Gebiete zu benutzen.

Der Zucker würde zu teuer sein, wenn man die Pflanzungen, die ihn erzeugen, nicht von Sklaven bearbeiten ließe.

Die Menschen, um die es sich dabei handelt, sind schwarz vom Kopf bis zu den Füßen und haben eine so platte Nase, dass es fast unmöglich ist, sie zu beklagen.

Man kann sich nicht vorstellen, daß Gott, der doch ein allweises Wesen ist, eine Seele, und gar noch eine gute Seele, in einen ganz schwarzen Körper gelegt habe. [...]

Man kann auf die Hautfarbe von der Haarfarbe schließen, die bei den Ägyptern, den besten Philosophen der Welt, von so folgenschwerer Bedeutung war, dass sie alle rothaarigen Menschen, die ihnen in die Hände fielen, töten ließen.«[49]

Sosehr solche Textteile uns als Denunzierungen des zynischen Utilitarismus und des Rassismus erheitern mögen, abolitionistisch sind sie nicht. In der Tat handelt es sich hier nicht um ein Plädoyer für die Abschaffung der

Sklaverei in den Kolonien. Dies zeigt bereits der nächste Schritt, in dem Montesquieu die »wahren Ursprünge des Sklavereirechts« erläutert: Es sei die »politische Sklaverei« – die Willkürherrschaft eines Despoten –, die die »bürgerliche« – die Sklaverei in unserem Sinne – begründe.[50] Die Sklaverei habe also ihren gleichsam natürlichen Platz in Despotien, die wiederum auf natürliche Weise in heißen Gegenden entstünden:

»Es gibt Länder, wo die Hitze den Körper so entnervt und den Willen so schwächt, daß die Menschen nur durch die Furcht vor Strafe zur Erfüllung einer lästigen Pflicht getrieben werden können: hier verstößt die Sklaverei also nicht gegen die Vernunft; und da der Herr hier seinem Fürsten gegenüber ebenso nachlässig ist, wie sein Sklave ihm gegenüber, so ist die bürgerliche Sklaverei hier noch von der politischen Knechtschaft begleitet.

Aristoteles will beweisen, daß es Sklaven von Natur gebe; aber seine Ausführungen beweisen das kaum. Ich glaube, wenn es solche wirklich geben sollte, dann sind es die, von denen ich soeben gesprochen habe.«[51]

Montesquieu zufolge gebe es im heißen Klima vielleicht keine »natürliche Sklaverei«, aber doch eine auf natürlichen Ursachen beruhende Sklaverei. Worin der Unterschied zwischen beiden liegt, bleibt unklar, ist aber auch nicht so entscheidend. Wichtiger ist es für Montesquieu, zu zeigen, die Sklaverei habe »bei uns« – im gemäßigten französischen Klima – keinen Platz.[52] Montesquieu interessiert sich also nicht so sehr für die Sklaverei an sich, sondern für die Frage, ob sie in Frankreich gerechtfertigt sein kann. Präziser gesagt: Seine gesamte Demonstration zielt darauf hin, zu zeigen, dass die Institution der Sklaverei in seinem Vaterland wider die Natur wäre.

In den anderen Büchern des *Geistes der Gesetze* trifft Montesquieu sehr ähnliche Aussagen. Er führt immer wieder die politischen und gesellschaftlichen Institutionen auf klimatische Bedingungen zurück. In kalten Gegenden sei der Mensch kräftig, stark und mutig, tugendsam und aufrichtig, in warmen Gegenden hingegen furchtsam und schwach, träge und verschlagen. Allein in gemäßigten Ländern sei das Klima nicht so ausgeprägt, dass es die Menschen in ihren Tugenden und ihren Lastern bestimmen könne.[53] Dort, wo das Klima sie faul, träge, schwach und furchtsam werden lasse, hält Montesquieu keine andere Regierungsform für möglich als eine Despotie, in der alle aus Furcht gehorchten und sich der Willkür eines Einzelnen unterwerfen müssten. Asien sei ein Kontinent ohne gemäßigte Breiten, während in Europa fast überall gemäßigtes Klima vorherrsche. Dies hat für Montesquieu unmittelbare politische Konsequenzen:»Dies ist der Hauptgrund für die Schwäche Asiens und die Stärke Europas, für die Freiheit Europas und die Knechtschaft Asiens [...]. Daher kommt es in Asien nie dazu, dass die Freiheit wächst, während sie in Europa größer und kleiner wird je nach den Umständen«.[54] Deshalb herrsche in Asien ein Sklavengeist, in Europa ein Geist der Freiheit.

Im Zentrum vom *Geist der Gesetze* steht die Unterscheidung zwischen »gemäßigten« (monarchischen, aristokratischen und republikanischen) Staatsformen und einer despotischen Regierungsweise. Insbesondere interessiert sich Montesquieu für eine Abgrenzung der Monarchie von der Despotie. Auf überraschende Weise definiert der französische Jurist die Monarchie nicht wie etwa Aristoteles als Herrschaft eines Einzelnen, sondern im Gegenteil anhand des Bestehens von Zwischengewalten:»Das Vorhandensein untergeordneter und abhängiger Zwischengewalten macht das Wesen der monarchischen Regierungsform aus, d. h. der, in welcher ein einzelner nach Grundgesetzen regiert.«[55] Umgekehrt heißt diese Definition: Wenn diese Zwischengewalten und mit ihnen der Adel des Landes an der Regierung nicht beteiligt sind, solle nicht von einer Monarchie, sondern von einer Despotie die Rede sein. Viele Exkurse und enzyklopädische Abhandlungen des Werkes über den Zusammenhang zwischen den Gesetzen und der Regierungsform eines Landes und dem Klima, der Religion, dem Handel, der Bodenbeschaffenheit, den Rechtstraditionen usw. dienen letztlich demselben Zweck: darzulegen, dass Frankreich sowohl von seiner natürlichen Beschaffenheit als auch von seiner Tradition her dazu bestimmt sei, auf gemäßigte Weise regiert zu werden, also als Monarchie unter Einbeziehung der dort etablierten Zwischengewalten.

Dass Montesquieu als ehemaliger Präsident des *parlement* von Bordeaux dabei vor allem an die französischen *parlements* – die höchsten Gerichte – dachte, zeigt ein genauerer Blick auf seine oben angeführte Monarchiedefinition: Ausdrücklich sieht er die Hauptaufgabe der Zwischengewalten darin, die Gesetze zu »wahren«.[56] Dies war genau der Anspruch der Obergerichtshöfe des Königreichs Frankreich, die sich das Recht nahmen, die Gesetze nicht zu »registrieren« (und somit nicht zu applizieren), die sie für mit den »Fundamentalgesetzen des Königreichs« nicht konform erklärten. Der Kontext für Montesquieus Werk waren die in der Frühen Neuzeit chronisch ausgetragenen Kämpfe zwischen dem Königlichen Rat und den Richtern des

Landes. Im 18. Jahrhundert war der Zankapfel vor allem die Verurteilung des Jansenismus durch das Papsttum, einer augustinischen Frömmigkeitsbewegung innerhalb der katholischen Kirche. Die *parlements* verteidigten den Jansenismus und verbaten sich die römischen Einmischungen in die französische Kirche. Montesquieu erlebte diesen politisch-religiösen Krieg als Gerichtsrat und dann als Präsident des *parlement* von Bordeaux an vorderster Front. Der *Geist der Gesetze* war ihm eine Waffe, um die Ansprüche seines Standes durchzusetzen.

Man kann also nicht davon sprechen, dass Montesquieus Aussagen zur Sklaverei widersprüchlich seien. Berücksichtigt man die Wirkungsabsicht des Autors, zeigt sich, dass dieser Jurist auch im Kapitel über die Sklaverei das Programm des *Geistes der Gesetze* in aller Konsequenz durchzieht. Dies heißt zugleich auch, dass es verfehlt wäre, nach Ursprüngen des Abolitionismus bei Montesquieu zu suchen. Ein allmählicher Reifevorgang der antisklavistischen Ideologie im Laufe des 18. Jahrhunderts lässt sich nicht beobachten. Vieles spricht im Gegenteil dafür, dass der Abolitionismus Mitte des 18. Jahrhunderts noch nicht gedacht wurde. Was änderte sich also in den 33 Jahren zwischen Montesquieu und Condorcet?

Natur, Moral und Nutzen: Die Geburt des aufklärerischen Abolitionismus

Im Jahre 1781 veröffentlichte Marie Jean Antoine Nicolas Caritat Marquis de Condorcet seine *Überlegungen über die Sklaverei der Neger* unter dem Pseudonym Joachim Schwartz, angeblich der Name eines Schweizer Pastors. Sieben Jahre später entstand nach britischem Vorbild die *Société des Amis des Noirs*, die erste französische abolitionistische Organisation, deren Präsident er wurde. Mit der Wahl des Pseudonyms »Schwartz« würdigte Condorcet die herausragende Rolle protestantischer Prediger im Kampf gegen die Sklaverei und gab zugleich vor, sich mit den dunkelhäutigen Afrikanern zu identifizieren. Tatsächlich schreibt Condorcet – ganz anders als Montesquieu – eine Vorrede »an die versklavten Neger«, die er als seine »Brüder« apostrophiert.[57] Er eröffnet seine Schrift mit einer allgemeinen Verurteilung der Sklaverei, die universelle Geltung beansprucht:

»Einen Menschen in die Sklaverei zu zwingen, ihn zu kaufen, zu verkaufen, ihn in Knechtschaft zu halten, das sind wahrhaftige Verbrechen – Verbrechen, die schlimmer sind als Raub. [...]
Wenn es eine Moral gibt, dann gilt das folgende Prinzip: Mag auch die öffentliche Meinung solche Verbrechen hinnehmen, mag auch das Gesetz des Landes sie dulden, weder die öffentliche Meinung noch das Gesetz können die Natur der Taten ändern. Und würde die gesamte Menschheit in jener Meinung übereinstimmen, und hätte das versammelte Menschengeschlecht einstimmig jenes Gesetz beschlossen. Das Verbrechen bliebe doch immer ein Verbrechen! Im Folgenden werden wir die Handlung, jemanden in die Sklaverei zu zwingen, immer wieder mit dem Raub vergleichen. Obwohl das zuletzt genannte Verbrechen oft weit weniger schwerwiegend ist, haben doch beide viele Ähnlichkeiten.«⁵⁸

Mit seiner Bezeichnung von Sklaverei als Raub definiert Condorcet implizit genauso wie die Väter der amerikanischen Verfassung Freiheit als eine Art Besitz. Doch dekonstruiert er zugleich das Dilemma, in dem sich die Amerikaner befanden. Für Jefferson und seine Mitstreiter widersprach die Sklaverei dem Geist der Republik, aber der Besitz an Sklaven war zugleich unantastbar, weil Eigentum die Grundlage der Republik darstellte. Für Condorcet handelt es sich dagegen bei der Sklavenhaltung eindeutig nicht um einen rechtmäßigen Besitz.

Weiter behauptet Condorcet klar die Unabhängigkeit moralischer Prinzipien von utilitaristischen Überlegungen:

»Man gibt vor, es sei unmöglich, ohne Negersklaven die Kolonien zu bebauen. Wir setzen im Folgenden die Richtigkeit dieser Behauptung voraus. Wir nehmen an, die Unmöglichkeit wäre absolut: Es ist offensichtlich, dass damit die Sklaverei nicht legitimiert werden kann. [...] Wenn man fragt, ob [der] Schutz [des Vermögens der Kolonisten] die Sklaverei legitimiert, heißt das folglich, zu fragen, ob ich mein Vermögen mithilfe eines Verbrechens erhalten darf. Dass ich die Pferde meines Nachbarn unbedingt brauche, um mein Feld zu bestellen, gibt mir kein Recht, sie zu stehlen. Warum also sollte ich das Recht haben, ihn mit Gewalt zu zwingen, mein Feld für mich zu bestellen?«⁵⁹

Condorcet scheint somit dem Bild einer abolitionistischen radikalen Aufklärung, das Jonathan Israel entwirft,⁶⁰ hervorragend zu entsprechen. Behauptet der französische Revolutionär hier nicht, dass abstrakte universale

Rechtsprinzipien stets den gesellschaftlichen Verhältnissen überlegen sind? Dass man lieber auf die Kolonien verzichten sollte als Unrecht zu begehen? Eine solche Lektüre Condorcets hieße jedoch, die Logik des Texts auszublenden. Condorcet betrachtet die Sklaverei nicht losgelöst von sozialen Zusammenhängen. Im Gegenteil beruht seine Schrift auf dem Prinzip, das Problem der Sklaverei von unterschiedlichen gesellschaftlichen Standpunkten aus zu beleuchten. So gibt er dem ersten Teil, in dem er die Sklaverei als eine Art besonders schlimmen Raub verurteilt, den Titel »Vom Unrecht der Sklaverei, betrachtet in Hinsicht auf die Sklavenhalter«. Der dritte Abschnitt, in dem er klarstellt, dass utilitaristische Beweggründe nichts an moralischen Prinzipien ändern können, heißt »Von der vermeintlichen Notwendigkeit der Negersklaverei, betrachtet in Hinsicht auf das Recht, das aus ihr für die Sklavenhalter folgen kann«. Es folgen die Kapitel »Vom Unrecht der Negersklaverei, betrachtet in Hinsicht auf den Gesetzgeber«, »Können die Zucker- und Indigoplantagen nur von Negersklaven bebaut werden?«, »Untersuchung der Gründe, welche die gesetzgebende Gewalt der Staaten, in denen die Sklaverei der Schwarzen geduldet wird, daran hindern könnten, durch ein allgemeines Gesetz zur Sklavenbefreiung die Gerechtigkeitspflicht zu erfüllen, die von ihr fordert, diesen die Freiheit zurückzugeben«, »Von den Maßnahmen zur schrittweisen Abschaffung der Negersklaverei« und »Über die Projekte zur Milderung der Negersklaverei«.

Bereits an diesen Titeln wird der Weg, den Condorcet durchschreitet, deutlich: von der Selbstidentifizierung mit den Sklaven im Vorwort hin zur distanzierten Betrachtung eines Mitglieds einer Sklavenhaltergesellschaft. Nachdem er allgemeine moralische Prinzipien aufgestellt hat, kündigt er die Notwendigkeit an, das Problem auch vom Standpunkt der politischen Klugheit zu betrachten:

»Diese [moralische] Pflicht ist an sich absolut, doch gibt es Umstände, unter denen die Moral nur den Willen fordert, sie zu erfüllen, und der Klugheit die Wahl der Mittel und des Zeitpunkts überlässt. Folglich darf der Gesetzgeber bei der Wiedergutmachung eines Unrechts auf die Interessen desjenigen, der das Unrecht erlitten hat, Rücksicht nehmen, und diese Interessen können, was die Art und Weise der Wiedergutmachung angeht, ein behutsames Vorgehen erfordern, das Verzögerungen mit sich bringt. Es gilt auch, auf die öffentliche Ruhe und Ordnung Rücksicht zu nehmen, und die zu ihrer Erhaltung notwendigen Maßnahmen können es notwendig machen, dass man die vorteilhaftesten Unternehmungen aufschiebt.«[61]

Was Condorcet mit »den Interessen desjenigen, der das Unrecht erlitten hat,« meint, ist nicht – wie man erwarten könnte – die Freiheit der Afrikaner, sondern im Gegenteil das Verderbnis, in das sie sich und andere stürzen würden, wären sie frei:

»Politische Gesellschaften können keinen anderen Zweck haben als den Schutz der Rechte ihrer Mitglieder. [...] Wenn es hingegen einigermaßen gewiss ist, dass ein Mensch außerstande ist, seine Rechte wahrzunehmen, und dass er, wenn man ihm ihre Wahrnehmung gestatten würde, sie gegenüber anderen missbrauchen oder sich ihrer zu seinem eigenen Schaden bedienen würde, dann darf ihn die Gesellschaft so behandeln, als ob er seine Rechte verloren oder nicht erworben hätte. [...] Insofern nun die Sklaven in den europäischen Kolonien durch Erziehung, durch die Verrohung, in die sie die Sklaverei hat verfallen lassen, durch die Sittenverderbnis, die notwendig aus den Lastern und dem Beispiel ihrer Herren folgt, unfähig geworden sind, die Stellung von freien Menschen einzunehmen, kann man sie [...] wie Menschen behandeln, die durch Unglück oder Krankheit einen Teil ihrer Fähigkeiten verloren haben, denen man also die vollständige Ausübung ihrer Rechte nicht gestatten kann, ohne sie der Gefahr auszusetzen, anderen oder sich selbst zu schaden, und die nicht nur gesetzlichen Schutz brauchen, sondern auch menschliche Fürsorge.«[62]

Hier ist somit Condorcets Grundannahme nicht von derjenigen der amerikanischen Revolutionäre zu unterscheiden: Eine sofortige Freilassung der in seinen Augen verdorbenen schwarzen Massen würde die Grundlagen der Republik erschüttern. Condorcet glaubt im Gegensatz zu Jefferson jedoch, dass die jetzt noch korrumpierten Afrikaner zu tugendhaften französischen Bürgern erzogen werden könnten. Aus diesem Grund schlägt er einen Plan für eine schrittweise Abolition vor, die sich auf ca. 70 Jahre erstrecken sollte.[63] Schließlich macht Condorcet Vorschläge, wie die Sklaverei in der Zwischenzeit »gemildert« werden könnte.[64]

Condorcet betont zwar, dass die zeitweilige Unfähigkeit der Afrikaner zur Freiheit und ihre Korrumpiertheit »die einzigen Gründe« seien, »die Abschaffung aller Gesetze, die einen Menschen seiner Rechte berauben, aufzuschieben, ohne damit ein Verbrechen zu begehen«. Vor allem könnten nicht das »Gedeihen von Handel und der nationale Reichtum [...] gegen die Gerechtigkeit in die Waagschale geworfen werden«.[65] Doch handelt es sich bei diesem Satz nur um die Überleitung zur zentralen Aussage des Pamphlets: Zum Glück brauche man nicht die wirtschaftlichen Interessen »gegen die

Gerechtigkeit in die Waagschale« zu werfen, denn beide gingen Hand in Hand. Die Plantagenwirtschaft könne man mit freien schwarzen Arbeitern erhalten, denn Schuld an der Faulheit der »Neger« sei »weder das Klima noch die Landschaft, noch ihre körperlichen Eigenarten, noch ihr Nationalcharakter«, sondern »die schlechten Gesetze, mit denen sie regiert werden«.[66] Eine von freien Schwarzen betriebene Landwirtschaft würde sogar die Qualität der Erzeugnisse verbessern und ihre Quantität erhöhen.[67] Hier knüpft Condorcet an das physiokratische Kalkül über die höhere Produktivität und die geringeren Kosten der freien Arbeitskraft an, das sich Pierre Samuel du Pont de Nemours in einer 1771 veröffentlichten Schrift zu eigen gemacht hatte.[68]

Condorcets Traktat zeigt somit, dass zu den Bedingungen des Abolitionismus nicht nur das Bewusstsein gehört, Sklaverei sei Unrecht, wie Ehrard es suggeriert. Ebenso wichtig ist die Überzeugung, dass Alternativen möglich seien. In diesem Sinne spielte die intellektuelle Geschichte der Spätaufklärung eine entscheidende Rolle: Erst der physiokratische Glaube, dass in der natürlichen Ordnung Vernunft, Moral und Nutzen untrennbar seien und dass es die Aufgabe der aufgeklärten Männer sei, diese Gesetze aufzudecken und für ihre Befolgung zu sorgen, führte zu einer Infragestellung des sklavistischen Systems. Wie die Forschung zum britischen Abolitionismus gezeigt hat, ist der Abolitionismus von Konstruktionen religiöser, wirtschaftlicher und imperialer Interessen nicht zu trennen.[69]

Sklaven für sklavenlose Kolonien: Abolitionismus und imperiale Bestrebungen

Der Abolitionismus entstand im Kontext sowohl von physiokratischen Überlegungen als auch von imperialen Bestrebungen. Der Glaube daran, dass freie Arbeit nicht nur gerechter, sondern auch nützlicher als Sklavenarbeit sei, führte um 1770 zur Formulierung von Projekten einer imperialen Entwicklung ohne Sklaven. 1766 schlug der Abbé Baudeau in seiner physiokratischen Zeitschrift *Les Éphémérides du Citoyen* vor, die bourbonischen Monarchien Frankreichs und Spaniens sollten gemeinsam Louisiana besiedeln. Das Projekt Baudeaus beinhaltete den Verzicht auf eine monopolistische Kompanie, die Zuwanderung von Migranten aus Italien und Deutschland und die Zivilisierung der Indianer.[70] Baudeau kündigte zudem an, auf die Sklaverei verzichten zu wollen, »dieses für die Menschheit so unheilvolle System, das dem Christentum und den Sitten unseres Europas so konträr ist«.[71] Doch statt aus Gründen der Menschlichkeit ganz auf Afrikaner zu verzichten, schlug Baudeau den Kauf von schwarzen Sklaven vor, die man in Louisiana in einer quasimilitärischen Organisation zum Bebauen der Felder arbeiten lassen solle. Die Handelskompanie solle sie

»in große Truppen oder Regimente von tausend Mann einteilen; die Regimente in Kompanien von 100 Mann; die Kompanien in Untergruppen von zehn Mann mit jeweils einem Vorgesetzten für jede Unterteilung. Wir glauben, dass jede Untergruppe dieser neuen landwirtschaftlichen Miliz in drei Reihen aufgestellt werden sollte. Die Männer werden in der Mitte stehen und so wird jeder Familienvater seine Frau hinter sich in der dritten Reihe haben, während seine Kinder in der Reihenfolge ihres Alters vor ihm Platz nehmen sollen. So würde man sie auftreten lassen, ihre Namen in Register einschreiben, ihnen Lebensmittel und Sold verteilen, sie an Bord bringen, sie ausladen und sie niederlassen.«[72]

Das erste britische Projekt zur Abschaffung der Sklaverei in der Karibik wich von Baudeaus Vorstellungen nicht grundsätzlich ab. 1772 veröffentlichte Maurice Morgann *A Plan for the Abolition of Slavery in the West Indies* anonym. Morgann hatte in den 1760er Jahren als *Undersecretary for American affairs* eine der höchsten Stellen in der Londoner Verwaltung der Kolonien innegehabt, musste aber 1770 seinem Patron William Pitt dem Älteren in die Opposition folgen.[73] Schon im ersten Satz seines abolitionistischen Projekts stellte Morgann klar, es gehe ihm um die »Expansion der zukünftigen Macht und des Handels Großbritanniens«.[74] Den Wortschatz der Viehzucht gebrauchend, untersucht Morgann, mit welcher »Rasse von Menschen« (*breed of men*) Florida, das im Frieden von Paris 1763 an Großbritannien gefallen war, »besetzt« (*to stock*) werden solle.[75] Er stellt fest, dass es unnötig sei, die britischen Interessen der Gerechtigkeit zu opfern, denn die weise Natur sorge dafür, dass es immer im Interesse der Menschen sei, ihren Gesetzen zu folgen. Die Sklaverei sei gegen die Natur und könne deshalb nicht vorteilhaft sein. Die Afrikaner würden dadurch zu prinzipienlosen und unehrlichen Menschen. Genau deshalb sei es aber unmöglich, sie freizulassen. Statt einer Emanzipation der karibischen Sklaven schlug also Morgann genauso wie Baudeau den Import afrikanischer Sklaven vor. Am besten sollten in seinen Augen schwarze Kinder gekauft werden, die man in Großbritannien erziehen und in Florida ansiedeln würde.[76] Dass ein solches Projekt quer zu unseren heutigen Menschenrechtsvorstellungen steht, braucht nicht betont zu werden. Zwar diskreditiert dies nicht die abolitionistische Bewegung insgesamt. Baudeaus und Morganns Projekte sind keine Vorwegnahmen des späteren Abolitionismus, der sich ab den 1780er Jahren sowohl in Großbritannien als auch in Frankreich auf ein Unterfangen konzentrierte, das uns als ein großer Fortschritt erscheint: die Abschaffung des Sklavenhandels. Eine Sache haben diese Pläne und Kämpfe jedoch gemeinsam: Auch die abolitionistischen Kampagnen des späten 18. Jahrhunderts sind nur im Zusammenhang mit dem Aufkommen neuer imperialer Perspektiven zu verstehen. Neue Fortschrittsvisionen ließen eine Expansion in Afrika denkbar werden, während die Briten in Südasien ohne den Kauf von Plantagensklaven bereits ihre Herrschaft ausbreiteten. Mit dem Abolitionismus eignete sich Großbritannien »moralisches Kapital« an und konnte die Speerspitze der sich im moralischen Fortschritt befindenden Menschheit bilden.[77] In diesen imperialen Überlegungen spielte eine Geschichtsvorstellung, die in engem Zusammenhang mit dem aufklärerischen Anspruch stand, die Fackel der Vernunft zu tragen, eine Schlüsselrolle. Damit gehört der Kampf für die Abschaffung der Sklaverei in die Zeit der imperialen Expansion und der protestantischen Erweckungsbewegungen, kaum aber in die der modernen Menschenrechte. Der Abolitionismus des 18. Jahrhunderts war vielleicht eher ein Kampf für die Befreiung und das Wohl der Weißen.

Die patriotische Geschichte beider Indien: Auf der Suche nach neuen Kolonien

»Von allen Genies der europäischen Aufklärung ist er das kühnste, uns nächste: Denis Diderot.«[1] So lautet der Untertitel der Hommage an Diderot, die der Essayist Matthias Geffrath zum 300. Geburtstag des Franzosen in der Wochenzeitung *Die Zeit* veröffentlichte. Damit gab Geffrath die Stimmung eines gewichtigen Teils der Aufklärungsforschung wieder. Unter den Lieblingsbüchern der Aufklärungsforscher, nimmt die *Histoire des deux Indes*, die *Geschichte beider Indien,* die Raynal und Diderot verfassten, einen besonderen Platz ein. Die *Philosophische und politische Geschichte der Niederlassungen und des Handels der Europäer in beiden Indien,* wie der vollständige Titel lautet, ist für Jonathan Israel nichts weniger als »das Buch, das die Weltrevolution anstiftete«.[2] Die *Geschichte beider Indien* wird oft »die Bibel des Antikolonialismus« oder auch »die Bibel der Revolutionen« genannt,[3] und man bekommt den Eindruck, sie sei in den Augen vieler Forscher in der Tat eine Art heilige Schrift.

Die Idee, manche *philosophes* hätten als Erste die koloniale Expansion grundsätzlich in Frage gestellt, gehört seit der Mitte des 20. Jahrhunderts zur Heldensaga der Aufklärung dazu. Bereits in den 1950er Jahren wurde das Werk Raynals und Diderots in der Forschung als eine »Kriegsmaschine« gegen die Ungerechtigkeiten der Kolonialherrschaft aufgefasst.[4] Diese Tendenz hat sich trotz einer jüngst unternommenen Relativierung[5] in den letzten Jahrzehnten eher verstärkt. Auf der Suche nach Vorkämpfern für die Menschenrechte und die Gleichberechtigung aller Völker avancierte vor allem Diderot, wenn nicht zu einem Heiligen, so doch zu einem Propheten.[6]

Diderot und die *Geschichte beider Indien* spielen somit eine zentrale Rolle in dem Versuch einer Ehrenrettung der Aufklärung – oder zumindest der sogenannten radikalen Aufklärung. Wenn die Forscher sich heutzutage sicherlich kaum noch trauen, zu behaupten, Aufklärung, Abolitionismus und Antikolonialismus seien untrennbar miteinander verbunden, wie Yves Benot oder Jürgen Osterhammel es noch vor 20 Jahren taten,[7] so nehmen sie zumindest einige *philosophes* vor der postkolonialen Kritik in Schutz.[8] Unter den am meisten beachteten Diskussionsbeiträgen der letzten Jahre ist vor allem Sankar Muthus *Enlightenment against Empire* zu nennen. Muthu sieht bei Diderot, Kant und Herder genau die Haltung vertreten, deren Abwesenheit die postkolonialen Aufklärungskritiker bemängeln: die Bereitschaft, fremde Völker als gleichwertige Kulturwesen anzuerkennen. Diesen Schritt hätten sie vollzogen, indem sie sich vom alten Mythos des edlen Wilden, der aus dem 16. Jahrhundert stammte, verabschiedet hätten. Das Bild der »edlen Wilden« habe höchstens ein Bedauern der Kolonialexpansion, jedoch keinen grundsätzlichen Antikolonialismus möglich gemacht, weil es die außereuropäischen Völker als andersartig, kindisch und keineswegs gleichwertig dargestellt habe.[9] Weil Diderot sich dagegen von solchen Wahrnehmungsmustern distanziert und einen Kulturrelativismus entwickelt habe, habe er gedacht, die europäische Zivilisation sei »nicht zum Export geeignet« gewesen.[10] Muthu zufolge glaubten Raynal und Diderot, dass die Europäer zu korrumpiert waren, um in Übersee Gerechtigkeit walten zu lassen. Ihre Hoffnung hätten sie in den Widerstand der fremden Völker gesetzt.[11] Somit erscheinen diese Autoren unter der Feder des amerikanischen Ideenhistorikers wie wahrhaftige moderne Antikolonialisten.

Der *philosophe* und die glücklichen Tiere

Muthu belegt seine These, wonach Diderot den »Wilden« *cultural agency* – das heißt die Fähigkeit, ein Kulturwesen zu sein – zuerkannt hätte, mit Diderots *Nachtrag zu Bougainvilles Reise*, einem literarischen Dialog über Tahiti, auf den wir noch zurückkommen werden. Doch zeigt dieser Text wirklich, dass Diderot in den »Wilden« Gleichwertige anerkannt hat? Die Beschreibung der tahitianischen Gesellschaft, die der französische Philosoph im *Nachtrag zu Bougainvilles Reise* vorlegt, ist keineswegs als realistisch gedacht. Diderot hat nicht den Anspruch, real existierende Tahitianer zu schildern. Stattdessen stellt dieser Text eine Parodie des literarischen Genres des Dialogs zwischen »Wilden« und Europäern sowie ein Gedankenexperiment dar, wie eine Gesellschaft aussehen könnte, würde sie sich ausschließlich

nach den Naturgesetzen richten.[12] Wenn Diderot dagegen von real existie-
renden »Wilden« berichtet, erscheinen diese keineswegs als rationale Wesen,
die bewusst eine eigene Gesellschaft errichten. So schreibt er zum Beispiel
in der *Geschichte beider Indien*,[13] die südafrikanischen Khoisan-Völker (*Bush-
men*), die im 18. Jahrhundert »Hottentotten« genannt wurden, seien beinahe
so dumm wie ihr Vieh:

»[Die Hottentotten] sind, wie alle Hirtenvölker, sehr freundschaftlich gesinnt, und
haben etwas von der Unreinlichkeit und Dummheit der Thiere, die sie treiben, an
sich. [...] Man könnte die Sprache dieser Wilden schwerlich mit unsern Buchstaben
schreiben. Sie besteht aus einer Art von Vogelgesang [...]«[14]

Ausdrücklich rückt Diderot die Hottentotten in die Nähe des Tierreichs. In
europäischen Augen merkwürdige Bräuche wie das Abschneiden eines Testi-
kels ist Diderot zwar bestrebt, mit dem Hinweis auf das universelle Bedürfnis
nach Gruppenidentität zu erklären. Diese Feststellung zeichnet jedoch die
Khoisan nicht als Kulturwesen aus, denn, so Diderot, auch die Tiere mar-
kierten anhand von Zeichen ihre Zugehörigkeit zu einer Gruppe. Es handele
sich dabei also um ein allgemeines Prinzip der Natur, nicht der Kultur, wie
Diderot anhand der Vögel festmacht:

»[G]anz gewiss ist, daß die Hottentotten nur einen Testikel haben. Dieses hat man
oft bemerkt, die gleichen Absichten auf Nutzen, die Gegenwart der gleichen Gefahr
flößten auch sowohl mitten in den Wäldern, als in der Gesellschaft die gleichen Mittel ein. Ich weis nicht, ob diese nemliche Bemerkung sich nicht auch auf die Thiere
erstreckt. Die Vögel haben einen ihnen eigenen Gesang. Dieser ist anders, wenn sie
für die Erhaltung ihrer Jungen, anders wenn sie für ihre eigene wachen.«[15]

Eine solche Beschreibung der Natur ist nicht mit einem Kulturrelativismus
zu vereinbaren, der eine Pluralität und eine Gleichheit zwischen den Zivi-
lisationen impliziert. Auch kann man schwerlich von einer Aufwertung des
Bildes der »Wilden« sprechen. Entgegen dem, was Muthu suggeriert, bricht
Diderot in der *Geschichte beider Indien* nicht mit dem Mythos des edlen
Wilden, indem er eine Gleichrangigkeit der Kulturen postuliert. Stattdessen
stuft er zumindest manche »Wilden« herab, indem er sie beinahe zu Tieren
macht.

Darin war Diderot keineswegs originell. Man kann wohl sagen, dass in der zweiten Hälfte des 18. Jahrhunderts bei vielen französischen Autoren vor dem Hintergrund der Aufklärungs- und Fortschrittsidee die »Wilden« wilder geworden sind, also immer weniger als vernünftige Menschen dargestellt wurden.[16] Dies war selbst beim Fortschrittskritiker Rousseau der Fall, auf den sich Diderots Hottentottentext maßgeblich stützt. Rousseau stellte sich im *Diskurs über den Ursprung der Ungleichheit zwischen den Menschen* den »wilden Menschen« als eine Art Tier vor, der keinen Verstand besitzt und lediglich seinen elementaren Bedürfnissen nachgeht.[17] Dies steht im Gegensatz zum Bild von philosophierenden »Wilden«, das in der älteren Edle-Wilden-Literatur entworfen worden war und das zu Beginn des Jahrhunderts etwa Lahontan so erfolgreich vermarktet hatte.[18] Bei Rousseau waren die »Wilden« edel nur noch in dem Sinne, das sie nicht bewusst Böses tun konnten. Sie lebten einfach glücklich – das heisst ohne »künstliche Bedürfnisse« – vor sich hin. Genau in diesem Sinne betont Diderot im Kapitel »Vergleichung der wilden und der gesitteten Völker« die Vorteile des beinahe noch tierischen Zustands der Wildheit gegenüber dem der Zivilisation.[19] Und auch bei seiner Schilderung der »Hottentotten« ist die Nähe zu Rousseau unübersehbar. Der Hottentotte, wahres Kind der Natur, sei aufgrund seiner Freiheit, Gesundheit und nicht zuletzt seines stumpfen Verstandes glücklich: »Liebt ihr die Freyheit? Er ist frey. Liebt ihr die Gesundheit? Er kennt keine andere Krankheit als das Alter. Liebt ihr die Tugend? Er hat Neigungen, die er ohne Gewissensbisse befriedigt; aber er hat keine Laster.«[20]

Weil wilde Völker in seinen Augen allgemein glücklich sind, apostrophiert Diderot die Hottentotten des 17. Jahrhunderts und warnt sie vor dem Eindringen der Holländer in Südafrika:

»Fliehet, unglückliche Hottentotten, fliehet! Versteckt euch in eure Wälder. Die wilden Thiere, die selbige bewohnen, sind weniger fürchterlich als die Ungeheuer, unter deren Herrschaft ihr fallen werdet. Der Tiger wird euch vielleicht zerreissen, aber er wird euch nichts, als das Leben rauben. Der andre wird euch die Unschuld und die Freyheit entreissen.«[21]

Worum geht es Diderot, wenn er das Porträt von dummen, aber glücklichen Wilden malt und wenn er diese vor den Europäern warnt? Obwohl die Rede an die Hottentotten auf den ersten Blick wie eine fundamentale Kritik der Kolonialexpansion klingt, kann man Zweifel hegen, dass dem so ist. In der

Tat steht nicht das Schicksal der »viehischen« Hottentotten des vorigen Jahrhunderts auf dem Spiel, die längst tot sind und seine Schriften nie lesen werden. Diese möchte Diderot sogar wörtlich genommen lieber von Raubkatzen gefressen sehen, als dass sie mit den Lastern der Zivilisation in Kontakt kommen. Diderot geht es hier also augenscheinlich nicht um die Gleichheit aller Völker, und man sollte sehr vorsichtig sein, eine solche Rede als »antikolonialistisch« aufzufassen. Muthu hat in einem Punkt wohl recht: Auf der Grundlage der rousseauistischen Version des Mythos des edlen Wilden, den man vielleicht treffender den Mythos des glücklichen Wilden nennen könnte, ist ein moderner Antikolonialismus nur bedingt zu erwarten. Das Eindringen der Europäer erscheint im Grunde genommen als nichts anderes als ein bedauerliches Herausreißen der »Wilden« aus ihrem kindlichen Zustand. Dennoch wäre es ebenso verfehlt, Diderot dafür zu kritisieren, dass er fremde Kulturen nicht aufwertete. Denn Diderots Hottentotten sind nur die Projektion eines goldenen Zeitalters der Unschuld, die ihn als Moralwächter über seine Zeitgenossen etablieren soll. Die Darstellung der merkwürdigen Bräuche der dummen Hottentotten, die sich einen Hoden abschneiden, dient ihm dazu, klarzustellen, dass »selbst in gesitteten Gesellschaften« »sonderbare Gebräuche« wohl etabliert seien.[22] Zweck seiner Darstellung ist es, die Idiotie vieler seiner Mitbürger anzuprangern, die in den Klauen der Kirche blieben und die damit im Gegensatz zu ihm und seinen Gesinnungsgenossen nicht über die Wilden erhaben seien:

»Ihr lacht voll Verachtung über das abergläubische Wesen des Hottentotten. Aber vergiften euch nicht eure Priester gleich bey der Geburt mit Vorurtheilen, welche die Quaalen eures Lebens ausmachen, die Zwietracht in eure Familien aussäen, die eure Gegenden, eine gegen die andre bewaffnen?«[23]

Die »Wilden« sind hier nur Statisten im großen Schauspiel der Zivilisation, in dem der aufgeklärte Philosoph die Hauptrolle spielt und als wahrer Held der Geschichte die Fackel der Tugend und der Vernunft im Angesicht seiner noch barbarischen Zeitgenossen hochhält. Und genau dieser aufklärerische Anspruch konnte die Autoren der *Geschichte beider Indien* an anderer Stelle dazu bewegen, für eine europäische Expansion in Übersee einzutreten.

Schwarze Legende, weiße Legenden

Liest man die *Geschichte beider Indien,* kann man erstaunt sein, dass dieses Buch als die »Bibel des Antikolonialismus« gilt. Denn nimmt man den modernen Antikolonialismus zum Maßstab, muss man zumindest zur Einsicht gelangen, die *Geschichte beider Indien* sei ein widersprüchlicher Text – und unseres Erachtens sogar zur Einsicht, es handle sich um ein patriotisches und kolonialistisches Werk. Der Prüfstein zur Bewertung eines Texts als antikolonialistisch sollte dabei nicht die Kritik an der Kolonialexpansion konkurrierender Nationen sein, sondern an der der eigenen Landsleute, also in diesem Fall der Franzosen. Deshalb soll hier verglichen werden, wie die Autoren die koloniale Expansion unterschiedlicher europäischer Nationen erzählen und bewerten.

Die Geschichte der Eroberung Amerikas durch die Spanier empört den Erzähler regelrecht. Dieser berichtet detailliert über die einzelnen Gewalttaten in Mexiko und Peru und benutzt einen stark wertenden Wortschatz, um seine Missbilligung zum Ausdruck zu bringen.[24] Auf den ersten Blick scheinen diese Erzählungen also von einer antikolonialistischen Haltung zu zeugen. Jedoch sprechen die Erklärungsmuster, auf die Raynal und Diderot rekurrieren, gegen die These, dass diese hier eine Fundamentalkritik der Kolonialexpansion formulieren. Die Autoren der *Geschichte beider Indien* führen die Grausamkeiten der Spanier auf zwei Faktoren zurück. Erstens seien sie Ausdruck eines abergläubischen, stolzen, habsüchtigen und grausamen spanischen Nationalcharakters. Die Verachtung der Eingeborenen Mexikos – und insbesondere derjenigen der Stadt Tlaxcala – durch die Spanier erklärt Diderot mit deren besonders abergläubischer »Gemüthart«, die sie zu einem blinden Stolz animiere:

»Vielleicht hat nie ein Volk seine Vorurtheile in einem so hohen Grad abgöttisch verehrt, als damals, und auch jetzt die Spanier thun. Diese Vorurtheile machten den ganzen Grund ihrer Gedanken aus, hatten einen Einfluß in ihre Urtheile und bildeten ihre Gemüthart. Sie gebrauchten den feurigen und kräftigen Geist, den ihnen die Natur gegeben hat, nur dazu, eine Menge Trugschlüsse zu erfinden, um sich in ihren Irrthümern noch fester zu setzen. Niemals ist die Unvernunft dogmatischer, entschiedener, stärker eingewurzelt und spitzfündiger gewesen. Sie waren ihren Gebräuchen eben so ergeben, als ihren Vorurtheilen. Sie erkannten kein Volk für vernünftig, erleuchtet und tugendhaft, als sich. Mit diesem Nationalstolz, dem blindesten, den man je gesehen hat, würden sie Athen eben so verachtet haben, als Tlaskala.«[25]

Was die Eingeborenen Mexikos »vom spanischen Karakter« gesehen hätten, habe bei ihnen »einen unversöhnlichen Haß gegen eine so trotzige und unterdrückende Nation« geweckt.[26] Die zweite Erklärung für die Verbrechen in Amerika lautet, dass die Europäer damals noch unaufgeklärt gewesen seien. Statt das Glück der Menschheit durch eine friedliche Expansion und eine wirtschaftliche Entwicklung zu fördern, seien die Menschen damals aus lauter Vorurteil vor allem nach Gold gierig gewesen:

»Die Aussicht des zukünftigen Glücks, welches man durch diese kluge Anstalten hätte festsetzen können, war zu sehr über die Vorurtheile der damaligen barbarischen Zeiten erhaben. Nur der Reitz des gegenwärtigen Gewinnstes konnte die Menschen zu so verwegenen Unternehmungen, als [es] die dieses Jahrhunderts waren, reitzen. Das Gold allein zog sie in die Gegenden von Amerika, [...] und aus einer schröcklichen, aber gerechten Rache verband sich mit der Grausamkeit und Haabsucht der Europäer, welche beyde Welttheile zugleich entvölkerten, die Zerstörung dieser beraubten Völker mit den Handlungen der Diebe und Mörder.«[27]

Statt die Kolonialexpansion grundsätzlich anzugreifen, verbindet die Erzählung der spanischen Gewalttaten in Amerika somit zwei Motive: die sogenannte Schwarze Legende und die Idee des historischen Fortschritts. Einerseits sind diese Textteile eine Fortführung der französischen antispanischen Propaganda des 17. Jahrhunderts, die sich ebenso wie die englische und die holländische auf die Anklageschriften von Bartolomé de Las Casas bezogen hatte, um einen grausamen und abergläubischen spanischen Nationalcharakter auszumachen.[28] Andererseits suggeriert die Idee eines Zeitalters der Aufklärung, dass ein solches räuberisches Verhalten der Europäer in Übersee nun nicht mehr auf der Tagesordnung stand. Implizit dient die Geschichte der Spanier in Amerika als eine Negativfolie für die darauffolgende Darstellung einer guten Kolonialexpansion.

In der Tat äußern die Autoren in den Kapiteln über die englische und französische Expansion in Amerika keine grundsätzlichen Bedenken gegen die Kolonialexpansion, sondern schlagen einen wohlwollenden Ton an. Raynal eröffnet die Bücher über die Geschichte der europäischen Expansion in

Nordamerika, indem er diese von vornherein mit der brutalen Eroberung des Kontinents durch die Spanier kontrastiert und unter das positive Vorzeichen der Freiheitsdurchsetzung und des Landesausbaus stellt:

»Es ist nicht mehr um Gold zu thun [d.h. zu finden], das unsere habsüchtigen und grausamen Europäer fern von ihrem Vaterland holen werden. Weniger unsinnig, wenn sie das Meer durchstreifen, wird es nur deswegen geschehen, um sich den Unglücksfällen ihres eigenen Vaterlandes zu entziehen. Es wird geschehen, um Ruhe und Freyheit zu finden; um ungebaute Länder anzubauen; um fischreiche Flüsse mit Netzen zu bedecken; um auf den hohen Gebirgen, in den Tiefen Wäldern Thiere zu suchen, denen man ihr kostbares Pelzwerk nehmen könnte.«[29]

Amerika wird hier als ein unbebautes Land dargestellt, die Kolonisation grundsätzlich befürwortet. In der Geschichte der französischen Expansion in Kanada konzentriert der Autor seine Kritik auf das monopolistische System, das die Entwicklung der Kolonie gehemmt habe. Für den Krieg mit den Irokesen werden vor allem Letztere verantwortlich gemacht.[30] Raynal betrachtet seine Landsleute mit Sympathie, auch wenn er ihnen wiederholt Leichtfertigkeit vorwirft. Das Bild, das er in einem der Bücher über die Spanier von den Franzosen zeichnet, kann als ein Gegenentwurf zu dem der grausamen, arroganten, goldgierigen und abergläubischen Iberer verstanden werden:

»Man reise viel, und man wird kein so sanftes, so leutseliges, so freymüthiges, so feines, so geistvolles, so galantes Volk finden, als der Franzos ist. Er ist es bisweilen zu sehr, aber ist dann das ein so gar großer Fehler? Er nimmt lebhaften und schnellen Antheil und bisweilen an unbedeutenden Dingen, indessen ihn wichtige Gegenstände nicht bekümmern, oder nur seinen Scherz erregen. […] Er überspannt, allein er ist weder Fantast, noch unduldsam, noch Schwärmer. Er läßt dem Priesterthum Achtung widerfahren, ohne es zu schätzen, oder zu verehren. […] Diese Leichtsinnigkeit ist die Quelle einer Art von Gleichheit, von der sonst nirgends eine Spur vorhanden ist. Sie versetzt von Zeit zu Zeit den gemeinen Mann, der Kopf hat, auf den Standort eines großen Herrn. [Der Franzose] hat auserlesenes Gefühl, sehr feinen Geschmack, welches in ihm seine Anhänglichkeit, das Gefühl der Ehre, dessen Schattirung sich über alle Umstände und über alle Gegenstände verbreitet, hervorbringt. Er ist rechtschaffen. Er ist eher unbesonnen, als vertraut, eher ausgelassen, als wollüstig.«[31]

Noch mehr Lob erhalten die Quäker Nordamerikas. Der Aufbau einer Kolonie in Pennsylvania durch William Penn wird überaus warmherzig gelobt, ja zu einem der großartigsten Ereignisse der Weltgeschichte stilisiert. Von allen politischen Gebilden, die die Menschheit erschaffen habe, komme Pennsylvania dem Ideal »eines Reichs, das auf die Tugend gegründet wäre«, am nächsten.[32] Penn habe sich dieses Stücks Amerika aus »Leidenschaft [zur] Menschenliebe« angenommen.[33] Die Indianer hätten zu Penns Kolonie eine große »Neigung« entwickelt, so dass »zwischen beyden Völkern ein gegenseitiges Vertrauen [entstand], dessen Lieblichkeit nie verdorben ward, dessen glückliche Bande eine wechselseitige Redlichkeit immer fester und fester knüpfte«.[34] Doch »Penns Menschenliebe konnte sich nicht blos auf die Wilden einschränken«, sondern »erstreckte sich [auf] all diejenigen, die in sein Reich ziehen würden«.[35] So gründete er seine Kolonie »auf die zwey Angeln des Glanzes und der Glückseligkeit der Staaten: Eigenthum und Freyheit«.[36]

Idealisiert Raynal in der *Geschichte beider Indien* die Geschichte Pennsylvanias stark, so fällt die Bilanz Virginias durchwachsener aus. Doch auch hier ist von einer Fundamentalkritik der Kolonialexpansion nichts zu spüren. Nachdem die ersten Engländer in Virginia vor allem gierig nach Gold gewesen seien, habe Gouverneur Delaware, »ein über die Vorurtheile seiner Zeit erhabenes Genie«, mit der »Uneigennützigkeit« und der »Zärtlichkeit eines Vaters« die Kolonie auf feste Grundlagen gestellt: »Endlich wurden Gränzen gesetzt; Landstreicher wurden Bürger, und erhielten Schranken in ihren Pflanzungen. Dieses erste Gesetz der Gesellschaft veränderte die Gestalt aller Dinge. Der Anbau vermehrte sich von allen Seiten.«[37]

Leider hätten langfristig diverse Unterdrückungen, Kriege mit Indianern und nicht zuletzt der Hang zum Luxus die Entwicklung der Kolonie gehemmt und die öffentliche Tugend korrumpiert:

»Leute, welche die Ruhe des Landlebens dem rauschenden Aufenthalt der Städte vorziehen, sollten natürlicher Weise haushälterisch und arbeitsam seyn; in Virginien war es niemals so. Immer gaben sich dessen Einwohner viele Mühe, ihre Häuser kostbar auszuzieren. Immer hatten sie Vergnügen daran, ihre Nachbarn oft, und mit Pracht zu empfangen. […] Immer überließen sie sich jener Weichlichkeit, jener Sorglosigkeit, die in den Gegenden, wo die Sklaverei eingeführt ist, so gewöhnlich ist.«[38]

Statt einen antikolonialistischen Diskurs zu entwickeln, entfaltet Raynal also eine republikanische Luxuskritik.

Patrioten in Übersee

Die Erzählungen der europäischen Expansion in Asien kontrastieren ebenso mit der Art und Weise, wie Raynal und Diderot die Geschichte der Spanier in Amerika präsentieren. Hier prägen *Rise-and-Fall*-Schemata, die dem klassischen Republikanismus entlehnt sind, die Darstellung. Das Narrativ der Entdeckungen und Feldzüge der Portugiesen folgt vor allem einem epischen Muster, obwohl Raynal teilweise von der »Torheit der Eroberungen« spricht und die Skrupellosigkeit der Portugiesen zeigt. Es ist immer eine kluge und mutige männliche Figur, die die Expansion in fremde Gebiete betreibt. Raynal eröffnet seine Erzählung mit der Unwissenheit der Europäer des 15. Jahrhunderts über die fernen Gebiete des Atlantiks und Afrikas. Eine Ausnahme habe nur König Heinrich von Portugal gebildet,[39] dessen »Hof« die Entscheidung traf, Afrika zu erobern, was zu durchwachsenen Ergebnissen führte. Erst Johann II. habe in seiner Weisheit die Portugiesen zu einer Umschiffung Südafrikas bewogen.[40] In den restlichen Kapiteln inszeniert Raynal zwei Helden: die Seefahrer Vasco da Gama und Alfonso de Albuquerque. Die Geschehnisse werden aus ihrer Perspektive erzählt; man folgt ihren Gedanken, Taten und Worten, die teilweise in direkter Rede wiedergegeben werden. Der Erzähler identifiziert sich mit ihnen, wenn er zum Beispiel schreibt, dass Vasco da Gama »zum Glück« einen Pfadfinder gefunden habe oder »zum Glück« vom Mogul nicht festgenommen worden sei.[41]

Ungefähr in der Mitte des Buchs über die portugiesische Expansion in Asien fasst der Autor »die Ursachen der großen Macht der Portugiesen« zusammen. Diese Ausführungen verraten viel über die erzählerischen Vorbilder, an die Raynal anknüpft und die in der antiken Geschichtsschreibung zu suchen sind. Der französische Abt eröffnet dieses Kapitel mit einer Bekundung seiner Bewunderung für die heldenhaften Portugiesen, von der er die Frage nach nationalen Eigenschaften ableitet, die die erstaunlichen Siege erklären:

»Wenn man über die Anzahl [der] Siege [des Albuquerque] und die Geschwindigkeit seiner Eroberungen erstaunen muß, welch ein Recht haben nicht auf unsre Bewundrung die heldenmüthigen Männer, die er die Ehre hatte anzuführen! Hatte man bis dahin eine Nation mit so wenig Macht so große Dinge thun sehn? […] Was für Menschen mußten dann damals die Portugiesen sein, und welche besonderen Triebfedern hatten sie zu einem Volk von lauter Helden gemacht?«[42]

Raynal gibt gleich darauf die Antwort: Es war vor allem der Geist des Rittertums, »eine Mischung aus Heldenmuth, Galanterie und Frömmigkeit«, der sie zu den Eroberern Asiens machte.[43] Die Könige »erhoben auch noch den Geist der Nation durch die Art von Gleichheit, mit welcher sie dem Adel begegneten, und durch die Schranken, die sie selbst ihrer Macht setzten«.[44] Raynal zeichnet das Bild einer kleinen Nation von Gleichen und Gleichgesinnten, die um ihre Freiheit und ihren Ruhm gemeinschaftlich kämpfte. Selbst der Geist der Kreuzzüge, der sie animierte, selbst ihr religiöser »Fanaticismus« also, sei »glänzend« gewesen.[45]

Gleichzeitig leitet dieses Kapitel zum zweiten Teil der Erzählung über: der Geschichte des Verfalls des portugiesischen Reichs. Bereits in der Mitte des Werkes werden die Gründe für den Niedergang genannt. Diese waren laut Raynal moralischer Natur: »Nachher aber verdarben die Reichthümer, dieser Zweck und [die] Frucht ihrer Eroberungen, alles. Die edlen Leidenschaften verschwanden, so bald Ueppigkeit und Genuß eintraten; welche niemals ermangeln, die Kräfte des Leibes und die Tugenden der Seele zu vernichten.«[46] Nur zeitweilig konnte der glänzende João de Castro, der vierte Vizekönig von Indien, den heldenhaften Geist der Portugiesen wiederbeleben.[47] Durch den Reichtum verweichlicht, »arteten« die Portugiesen nach und nach in Asien »aus«.[48]

Die Struktur der Erzählung und die Topoi, auf die Raynal zurückgreift, sind der antik-klassischen zyklischen Geschichte der Imperien entlehnt. Zuerst blüht die *res publica* durch die männliche *virtus* – die Aufopferungsbereitschaft des freien Bürgers für ein Gemeinwesen von Gleichgestellten – auf, daraufhin wird sie jedoch durch den Luxus und die Wollust verdorben, die unvermeidbare Folgen der einstweiligen Heldentaten seien.[49] Raynal stellt ein moralisches Exempel dar. Es gilt noch in einem ganz traditionellen Sinne: *Historia magistra vitae* – die Geschichte ist die Lehrmeisterin des Lebens.

Diese republikanischen Erzählmuster prägen die *Geschichte beider Indien* so stark, dass Raynal, wenn die Empirie wenig Anhaltspunkte für eine

Untergangsgeschichte liefert, diese regelrecht prophezeit. Dies zeigt die Geschichte der Engländer in Indien. In dieser Erzählung bedient sich der Autor nur selten des epischen Tons. Die einzelnen Anführer treten meist hinter das Kollektiv »der Engländer« zurück. Diese werden als Händler verstanden, die sich lange Zeit friedlicher als die Portugiesen und Holländer verhielten, auch wenn sie teilweise deren gewaltsame Methoden übernahmen. Dank ihrer Klugheit expandierte ihr Handel.[50] Durch einen »bloße[n] Zufall« – und nicht durch »menschliche Klugheit« – kommt die *East India Company* im Siebenjährigen Krieg in den Besitz Bengalens.[51] Dieses Ereignis stellt den Wendepunkt der Erzählung dar: Nach der Eroberung tritt in Bengalen eine »methodische Tyrannei […] an die Stelle der willkürlichen Gewalt« früherer orientalischer Despoten.[52] Dass die Engländer so schnell ihre alten Grundsätze vergessen konnten, möge erstaunen, aber »diese Art von moralischer Aufgabe [lasse] sich leicht auflösen, wenn man die natürliche Würkung der Begebenheiten und der Umstände mit Aufmerksamkeit betrachtet«.[53] Der Grund für die neue Unterdrückung der Inder liege in der Verweichlichung und der damit einhergehenden Korrumpierung des englischen Charakters, die durch die Ausübung der uneingeschränkten Herrschaft ebenso wie durch die Natur und die Gebräuche des Landes hervorgerufen worden seien.[54] Dieser moralische Niedergang veranlasst den Erzähler dazu, Zweifel an der Fortdauer der britischen Herrschaft in Indien anzumelden.[55] Obwohl er zugeben muss, dass die *East India Company* finanziell hervorragend dasteht,[56] schließt er das dritte Buch mit einer flammenden Rede, die in plastischen Bildern die Händler vor ihrem baldigen Untergang warnt.[57]

Die Geschichte der Franzosen in Indien stellt eine dritte Variante der antiken republikanischen Erzählung dar. Die französische Expansion auf dem indischen Subkontinent in der ersten Hälfte des 18. Jahrhunderts wird noch sehr viel deutlicher als die der Portugiesen in einem ausgesprochen epischen Ton erzählt. Stärker als bisher verfasst Raynal eine Geschichte von Helden, die durch ihr Genie die Welt verändern. Die zwei Helden heißen Bertrand François Mahé de La Bourdonnais, der die Kolonie auf Mauritius gründete und glänzende Siege zu See erfocht, und Joseph François Dupleix, der eine gewagte Politik der territorialen Expansion in Südindien verfolgte. Die Triebfeder seiner Erzählung macht Raynal bei der Einführung der Figur von Dupleix explizit:

»Überall haben große Männer mehr gethan, als große Gesellschaften. Die Völker und die Gesellschaften sind nur die Werkzeuge der Männer von Genie; sie haben die Staaten und die Pflanzstädte angelegt. [...] Frankreich vorzüglich hat seinen Ruhm mehr einigen glücklichen Privatpersonen, als seiner Regierung zu verdanken. Einer von diesen seltnen Köpfen [La Bourdonnais] hatte vor kurzem die Macht der Franzosen auf zwey wichtigen Inseln von Afrika [La Réunion und Mauritius, D.T.] gegründet; ein anderer noch ausserordentlicherer gab ihr einen Glanz in Asien: das war Dupleix.«[58]

Passend zum Selbstbild der Aufklärer als Genies, die die Geschichte vorantreiben, schreibt Raynal eine patriotische Saga. Laut Raynal habe Dupleix als Erster erkannt, dass ein Eingreifen in innerindische Konflikte einen Machtgewinn bringen könne. Die Natur seiner Seele animierte ihn zu einem ungeheuren Mut.[59] Für die Niederlagen der Franzosen im Siebenjährigen Krieg macht der Autor nicht seinen Helden, sondern die Unentschlossenheit der französischen Regierung und der *Compagnie des Indes* verantwortlich, die er laut beklagt. Dieser »Fehler in der Staatsklugheit« habe dazu geführt, dass man Dupleix befohlen habe, die Statthalterschaft der Provinz Karnataka abzulehnen, und ihn daraufhin zurückberufen habe.[60]

Es ist bezeichnend, dass die Missbilligung der Eroberungspolitik aus dem Text verschwindet, wenn es um die Franzosen geht. Von einem antikolonialistischen Werk wäre eine Schilderung der gewaltsamen Expansion der Franzosen zu erwarten, die jener der Portugiesen und Engländer ähnelte. Hier dominiert jedoch ein patriotisches Epos, dessen Held »leider« durch den Leichtsinn der Mächtigen behindert werde. Für Raynal ist Frankreich nicht zu aggressiv, sondern im Gegenteil zu zaghaft in seiner Kolonialpolitik gewesen. Gleichzeitig stimmt diese Erzählung mit dem antik-republikanischen Grundmuster überein. So beklagt der Autor im folgenden Kapitel den Niedergang der guten Sitten auch in Bezug auf die Franzosen und erklärt ihn zur Ursache des Verfalls französischer Machtpositionen, was im übrigen im Widerspruch zu seiner These steht, Dupleix wäre Herrscher von Indien geworden, hätten ihn die französische Regierung und die Direktoren der Kompanie nicht zurückberufen.[61]

Ebenso im Gegensatz zu dem, was die Behauptung eines moralischen Niedergangs der Franzosen erwarten lässt, schließt das vierte Buch mit der optimistischen Einschätzung, die Franzosen würden bald ihre Autorität in Indien durchsetzen, weil die Eingeborenen in ihnen Befreier sähen. Den

Weg zum Ausbau der französischen Herrschaft beschreibt Diderot im letzten Kapitel, das die »Grundsätze« behandelt, »welche die Franzosen in Indien befolgen müssen, wenn sie ihr Ansehen und ihre Macht daselbst wieder empor bringen wollen«.[62] Hier wird erneut deutlich, dass die Franzosen eine Sonderbehandlung erfahren. Während die Portugiesen und Engländer aufgrund ihres Tugendverfalls laut Raynal zwangsläufig ihr Verderben fänden, prophezeit Diderot den baldigen Triumph seiner Mitbürger, die – daran zweifelt er nicht – schon die richtigen Schlüsse aus ihren Fehlern ziehen und die wahren Herren Indiens werden würden:

»Alsdann werden sich, die als die Befreyer Indiens betrachteten Franzosen aus dem Stand der Demüthigung, in den sie ihre schlechte Aufführung gestürzt hatte, erheben. Sie werden der Abgott der Fürsten und der Völker Indiens werden, wenn die durch sie alsdann hervorgebrachte Veränderung ihnen eine Lehre der Mäßigung wird.«[63]

In diesem abschließenden Kapitel spricht sich der Erzähler zwar wiederholt gegen jegliche gewalttätige Expansion aus, die in seinen Augen nicht zum Erwerb einer stabilen Machtposition führen könne:

»Erobern oder mit Gewalt berauben, ist gleich viel. Der Räuber und der gewaltthätige Mensch sind immer verhaßt. […] Es giebt nur ein Mittel, sich über seine Mitbewerber hinaufzuschwingen; und dieses ist, Sanftmuth in der Regierung; Treue in den Verbindungen; bessere Beschaffenheit der Waaren; und die Mäßigkeit im Gewinst.«[64]

Dennoch tritt der Autor nicht für einen lediglich auf Handel und *soft power* basierenden Neokolonialismus ein, wie von manchen Historikern gedeutet.[65] Das Ziel bleibt, in beiden Indien »Staaten« zu gründen und über den Subkontinent zu herrschen: »In welchem Winkel ihr euch niederlasset, werdet ihr, wenn ihr euch als Stifter von Staaten betrachtet und betraget, bald eine unwiderstehliche Macht besitzen.«[66] In der Tat wird die Perspektive gezeichnet, die französische Hoheit über Indien solle durch ein gegen England gerichtetes Bündnis mit indischen Fürsten etabliert werden.[67] Eine solche Politik wird im vierten Buch der *Geschichte beider Indien* nicht als gewaltvoller Imperialismus, sondern als sanfte Herstellung einer Eintracht mit den Indern dargestellt. Sie erinnert auch stark an die Strategie des von Raynal hochgelobten Dupleix. Weit entfernt vom vermeintlichen Antikolonialismus des Werks scheint also auch in diesem Kapitel eine Expansionspolitik das Vorbild zu sein.

Ein weiteres Plädoyer für die französische Kolonialexpansion findet sich im Abschnitt über die missglückten Versuche der Franzosen, im 17. Jahrhundert eine Kolonie auf Madagaskar zu errichten. Raynal schätzt, dass der Vorschlag, »auf dieser Insel eine dauerhafte Besitzung anzulegen«, »weise« gewesen sei, weil es hier im Gegensatz zu Amerika, Südafrika und den kleineren Inseln des Indischen Ozeans genügend Eingeborene gegeben habe, die auf den Plantagen und in den Werkstätten hätten arbeiten können:[68]

»Alle Colonien, welche die Europäer in Amerika, um Erzeugnisse davon zu erhalten, oder auf dem Vorgebirg der guten Hofnung, auf Isle de France und Bourbon, Sanct Helene wegen der Ausbreitung ihres Handels in beyden Indien angelegt [haben], haben fast unerschwingliche Kosten, eine lange Zeit und viele Arbeit erfordert. Verschiedene dieser Gegenden waren völlig verlassen, und in andern sahe man blos Einwohner, die man unmöglich nützlich machen konnte. Madagascar hingegen stellte einen von Natur fruchtbaren Erdboden und eine zahlreiche, gelehrige, verständige Völkerschaft dar, die nur Anleitung bedurfte, um die sich vorgesetzten Absichten zu unterstützen.«[69]

Von besonderem Vorteil sei auch gewesen, dass die Madagassen sich eine solche Kolonisierung gewünscht hätten, so dass man sie leicht für sich hätte arbeiten lassen und nach dem Vorbild der Franzosen umformen können:

»Die Inselbewohner waren des Zustands von Kriegen und Anarchie, in dem sie beständig lebten, müde. Sie seufzten nach einer Staatseinrichtung, die ihnen den Genuß des Friedens und der Freyheit verschafte. [...]
Nichts war also gelegener, sichs recht vortheilhaft zu machen. Mit fortgesetzten Bemühungen mußte Madagascar viele für beyde Indien, Persien, Arabien und das feste Land von Afrika taugliche Lebensbedürfnisse hervorbringen. [...] All diese Veränderungen würden eine Dauer gehabt haben, welche die Eroberungen der Europäer in Indien, wo die Landeseingebohrnen niemals unsre Gesetze, Sitten, Religion, noch auch folglich diese günstige Denkungsart, welche die Völker an eine neue Herrschaft gewöhnt, annehmen, niemals erreichen werden.«[70]

Zwar betont Raynal, dass eine solche Kolonialexpansion »nicht das Werk der Gewaltthätigkeit« sein und dass man die Gesetze diesem »Himmelsstrich« anpassen sollte,[71] doch stellt er hier ganz deutlich eine kolonialistische Utopie dar.

Von Ministern und *philosophes*: Die Erziehung zur patriotischen Tugend

Es ist daher offenkundig, dass keine der großen Erzählungen aus der *Geschichte beider Indien* als grundsätzlich antikolonialistisch bewertet werden kann und dass, wenn es um die Franzosen geht, der Erzähler sich sogar eine Kolonialexpansion herbeiwünscht. Was wollten die Autoren der *Geschichte beider Indien* also mit ihrem Werk erreichen? Um die Wirkungsabsichten Raynals und Diderots zu verstehen, ist es wichtig, ihr Werk in den politischen Kontext der Zeit nach der französischen Niederlage im Siebenjährigen Krieg und der Machtübernahme durch den Clan der Choiseuls zu stellen, die nach dem Krieg den Marine- und den Außenminister stellten und die außenpolitische Linie Frankreichs vorgaben. Ganz anders als die gewöhnliche Darstellung Raynals und Diderots als Widerstandskämpfer gegen das Ancien Régime es suggeriert,[72] war die *Geschichte beider Indien* ein offiziöses Auftragswerk des Ministeriums. Auch nach der Verurteilung des Werks durch das *Parlement de Paris* wurde Raynal für diese Arbeit vom König bezahlt.[73] Er veränderte sogar manche Kapitel, um den Wünschen des Ministers zuvorzukommen.[74]

Seit den 1740er Jahren verfasste Raynal für die Kriegs- und Außenminister, die Klienten der Madame de Pompadour waren, Auftragswerke gegen Großbritannien und zur patriotischen Erziehung der französischen Militärs. Insbesondere arbeitete er seit den frühen 1760er Jahren für Étienne-François de Choiseul, wofür er zum Herausgeber der Hofzeitung *Le Mercure de France* ernannt wurde,[75] und nahm wohl auf Anregung des Ministers das Projekt einer Geschichte der Kolonialexpansion in Angriff. Das Projekt der *Geschichte beider Indien* kann als Weiterentwicklung der großen Quellenausgabe zur kolonialen Expansion gelten, der *Histoire générale des voyages,* die Prévost im Auftrag des Ministeriums herausgab.[76] Etienne-François de

Choiseul und sein Cousin César Gabriel de Choiseul-Praslin, die Schütz-
linge der als Patronin der *philosophes* auftretenden Madame de Pompadour
waren, bekleideten in den 1760er Jahren abwechselnd die Ämter des Mari-
ne- und des Außenministers und hatten somit die beiden strategischen Stellen für die Kolonialpolitik inne. In dieser Funktion präsentierten sie sich
als reformfreudige Staatsmänner, die sich bemühten, sowohl die patriotische
Tugend wiederzubeleben als auch an der Aufklärung mitzuwirken.[77] Einer
der Höhepunkte der aufklärerischen Selbstinszenierung Choiseuls war die
Finanzierung der Expedition Bougainvilles in die Südsee und das Auftreten
des Tahitianers Aoturu in seinem Haus, den der Seefahrer von seiner Reise mitgebracht hatte. Wie Bougainville berichtet, versäumte es die Herzo-
gin von Choiseul nicht, »eine Menge von allerley benöthigten Werkzeugen,
Saamenkörnern, und Rindvieh« Aoturu zu schenken, die der Tahitianer in
seine Heimat mitbringen und damit das Glück seiner Landsleute machen
sollte.[78] Doch Choiseul und Choiseul-Praslin nahmen auch gewagtere Kolo-
nisierungsprojekte in Angriff. Unmittelbar nach dem Ende des Siebenjährigen Kriegs versuchten sie, in Guyana eine neue Kolonie weißer Siedler nach
physiokratischen Prinzipien zu errichten.[79] Auch willigten Sie in das Projekt
einer Kolonisierung und Zivilisierung Madagaskars ein, das der Graf von
Maudave vorgeschlagen hatte.[80]
   Genau dieses Projekt war es, das Raynal in der *Geschichte beider Indien*
darlegte.[81] Eine solche Übernahme von Konzepten der kolonialen Elite seines Landes kann als typisch für die *Geschichte beider Indien* gelten. In der Tat
hatten Raynal und Diderot Zugang zum Archiv des Ministers und gaben in
ihrem Werk die Inhalte unterschiedlicher Denkschriften und Briefe wieder.[82]
Auch bezog Raynal Informationen über die koloniale Welt durch den Brief-
austausch mit Diplomaten, Kolonialbeamten und Sklavenhändlern.[83] Er
stand insbesondere dem Genfer Bankier und späteren französischen Finanz-
minister Jacques Necker nahe, der in den 1760er Jahren die *Compagnie des
Indes orientales* mit Krediten versorgte und mit Choiseul daran arbeitete, die
kolonialen Verhältnisse im Indischen Ozean neu zu regeln. Ergebnis der Re-
formpolitik war die Übergabe der Herrschaftsrechte über die »ostindischen«
Kolonien (1764) an die Krone, die sowohl die Rolle des Staats als auch die fi-
nanzielle Gesundheit der nun rein kommerziellen *Compagnie* stärken sollte.
Die *Geschichte beider Indien* geht auf diese Zusammenarbeit zwischen Raynal
und Necker unter der Patronage Choiseuls zurück. Raynal unterstützte mit
seinem Werk die Politik seines Schweizer Freundes und Gönners und räson-

nierte über die Art und Weise, wie Frankreich ein neues Imperium in Indien gewinnen könnte.[84] Die *Geschichte beider Indien* als ein Propagandawerk zu bezeichnen wäre zwar übertrieben, doch war sie gewiss ein Ergebnis der Nähe dieser Aufklärer zu einem Teil der ministerialen Elite.[85] Außerdem war sie ein Spiegel der unterschiedlichen Überlegungen der französischen Eliten darüber, wie man zukünftig ein solides und ertragreiches Kolonialreich errichten könnte. Diese debattierten nicht über die Frage, ob Frankreich ein Kolonialreich haben, sondern darüber, welches es erwerben solle. Die *Geschichte beider Indien* diente dazu, aus der Geschichte zu lernen, Fehler – wie etwa die der Spanier – zu vermeiden und an Erfolge – die der Engländer – anzuknüpfen. Dieses Werk stand in der Kontinuität des frühen Werks Raynals:[86] Es war ein Unternehmen zur patriotischen Erziehung, das Abscheu gegen eigennütziges räuberisches Verhalten und Eifer für das Gemeinwohl wecken sollte. So erklärt sich, dass er nicht nur die Spanier verurteilte, sondern auch militärische Einsätze fürs Vaterland und kluge Gesetzgeber lobte. Auch standen die Perspektiven für eine Kolonialexpansion, die die *Geschichte beider Indien* zeichnete, im vollkommen Einklang mit den administrativen und politischen Bemühungen der Minister. Die Verfasser befürworteten ein größeres staatliches Engagement und die Errichtung von Siedlerkolonien nach dem Vorbild der britischen Besitzungen Nordamerikas. Zudem plädierten sie für eine Expansion durch die Zivilisierung von »wilden« und »barbarischen« Völkern. Im Falle von nicht mehr wilden, aber noch nicht aufgeklärten Völkern wie den Indern ging es Ihnen darum, »Staaten« zu stiften. Wenn es um »halbwilde« Nationen ging – wie die Madagassen –, befürwortete die *Geschichte beider Indien* ganz eindeutig die Errichtung einer Kolonie, die die Bewohner zu Franzosen machen würde – eine Politik, die ganz in der Tradition der französischen kolonialistischen Ideologie aus dem 17. Jahrhundert stand.[87] Raynal und Diderot begleiteten die Politik der Minister seiner Majestät.

Antikoloniale Passagen?

Dennoch kann man sich die Frage stellen, ob Diderot in dieses grundsätzlich kolonialistische Werk nicht einzelne antikolonialistische Textteile »eingeschmuggelt« hat. Einige Passagen scheinen in der Tat auf den ersten Blick eine Fundamentalkritik der Kolonialexpansion zu beinhalten und alle Europäer ausnahmslos anzuklagen. Im oft zitierten Einführungskapitel zum siebten Buch behauptet Diderot, er könne den Eroberern keinen Beifall spenden und schreibe ihre Geschichte »fast immer mit thränenden Augen«.[88] Am Anfang des Buches acht stellt Diderot die grundsätzliche Frage: »Hatten die Europäer das Recht, Kolonien in der neuen Welt zu errichten?«, und kommt zu dem Schluss, dass man sich nur unbebautes Land aneignen dürfe.[89] Zu Beginn der Bücher neun und zehn beklagt er schließlich, dass die Europäer zu Räubern und »Tigern« würden, sobald sie ihr Vaterland verlassen. Schreckliche Verwüstungen seien die Folge des Verlusts des »Nationalgeists« und der »Maske« der Zivilisation.[90]

Es sind diese vereinzelten Kapitel aus einem Werk von etwa 5.000 Seiten, die die Forscher zitieren, um auf die Radikalität der *Geschichte beider Indien* hinzuweisen. Eine isolierte Betrachtung der Textpassagen Diderots wird zumindest implizit durch die Art und Weise gerechtfertigt, wie gewöhnlich die Entstehung des Werkes erzählt wird: Raynal, ein fleißiger, aber literarisch wenig begabter Aufklärer,[91] habe den Grundstock des Werks geliefert, der kritisch, aber nicht revolutionär ausfiel. Er habe Diderot gebeten, seinen Stil zu verbessern. Dieser habe jedoch Raynals Werk benutzt, um daraus eine »Kriegsmaschine« gegen den Kolonialismus zu machen. Raynal seien diese Veränderungen zu radikal gewesen; er habe sie nur mit großem Unbehagen übernommen, weil sie zum kommerziellen Erfolg des Unternehmens führten.[92]

Jedoch kann man sich die Frage stellen, ob die scheinbare Radikalität, die üblicherweise aus diesen Textteilen herausgelesen wird, nicht ein Produkt einer Entkontextualisierung ist – im wörtlichen Sinne. Was passiert dagegen, wenn man das Buch so in die Hand nimmt, wie es sich den zeitgenössischen Lesern präsentierte, das heißt als eine Einheit? Soll man davon ausgehen, dass Raynal und Diderot ein widersprüchliches Werk hinterließen, oder kann man vielleicht doch die Hypothese aufstellen, dass sie sich bemüht haben, einen einzigen, wenn nicht einheitlichen, so doch kohärenten Text zu verfassen? Kehren wir zu den berühmten, vermeintlich antikolonialistischen Textpassagen zurück und fragen uns, wie diese in ihrem Kontext auf einen Leser des 18. Jahrhunderts wirken konnten.

Es ist auffällig, dass all die oben genannten Textteile als Einführungen in verschiedene Bücher der *Geschichte beider Indien* dienen. Um sie zu interpretieren, ist es also entscheidend zu berücksichtigen, in welche Abschnitte der kolonialen Geschichte sie jeweils einleiten sollen. Die Behauptung des Erzählers, die Geschichte der Eroberer »fast immer mit thränenden Augen« zu schreiben,[93] steht im Anfangskapitel eines Buchs über die Eroberung Amerikas durch die Spanier mit dem Titel »Kann man den Eroberungen der Spanier in der neuen Welt Beyfall schenken?« Es geht also hier nicht um die Expansion einer beliebigen europäischen Nation, sondern um die der Spanier, die Raynal und Diderot im Sinne einer Fortführung der Schwarzen Legende wiederholt angreifen. Die inszenierte Emotion kann als ein zusätzliches rhetorisches Mittel zum Angriff gegen die Iberer verstanden werden.

Auch die auf den ersten Blick grundsätzliche Diskussion über das Kolonisierungsrecht eröffnet ein Kapitel über die spanische Expansion in Amerika. Hier unterscheidet Diderot drei Fälle: Wenn das Land vor der Ankunft der Europäer »ganz bewohnt« ist, sei eine Eroberung illegal. Wenn das Land »öde« ist, sei eine Einnahme völlig legal.[94] Ist es nur zum Teil »öde«, dürften sich die Europäer in den Teilen niederlassen, die ungenutzt bleiben. Die Widerstand leistenden Eingeborenen dürfe man dann mit Gewalt traktieren:

»Wenn das Land zum Theil öde, zum Theil besetzt ist, so ist der öde Theil mein. Ich kann durch meinen Fleiß Besitz davon nehmen. Der alte Einwohner wäre Barbar, wenn er kommen und meine Hütte plötzlich einstürzen, meine Pflanzungen verheeren, und meine Felder plündern wollte. Ich könnte seinen Einbruch mit Gewalt vertreiben. Ich kann die Gränzen meiner Herrschaft bis an die seinigen ausbreiten. Die Wälder, die Flüße und die Meerufer gehören uns gemeinschaftlich, so ferne nicht ihr ausschlüßlicher Gebrauch zu ihrem Unterhalt nöthig ist.«[95]

Das entscheidende Kriterium des rechtmäßigen Besitzes ist somit dem Autor zufolge die landwirtschaftliche Nutzung des Landes. Dies reduziert den Rechtsanspruch der Nomaden und Halbnomadenvölker auf ein absolutes Minimum: das Recht der gemeinsamen Benutzung der Wälder, Flüsse und Meeresufer. Angewandt auf die amerikanische Geschichte – in die dieses Kapitel einführt – heißt eine solche Theorie, dass die Expansion der Franzosen und Engländer in Amerika im Gegensatz zu der der Spanier in Mexiko und Peru rechtens war. Diderot rekurriert hier auf ein ganz traditionelles Argument der französischen und englischen Propaganda gegen die Spanier, das dem römischen Recht entlehnt ist: das *Res-nullius*-Argument.[96]

Der berühmte Abschnitt über den Verlust des »Nationalgeists« trägt den Titel »Haben Europäer die Kunst, Kolonien anzulegen, wohl verstanden?« und führt in die Geschichte der Portugiesen in Brasilien ein. Der Autor stellt fest, dass der »Nationalgeist« im Einklang mit dem Klima stehen und politisch richtungweisend sein soll.[97] Leider leite er jedoch »fast niemals« die »Handlung der Privatleute«. Diese würden von ihren Leidenschaften verführt und verblendet und errichteten gewöhnlich ihren »Wohlstand auf den Trümmern des Staats«.[98] Wenn die Europäer ihr Vaterland verlassen, verlören sie die »Maske« des Nationalgeists und seien zu allen »Schandthaten« fähig, um sich zu bereichern.[99] Sie verwandelten sich in Tiger. Eine solche These, die Europäer fielen in die Barbarei zurück, sobald sie in Übersee sind, und die starken Worte, derer Diderot sich zur Verurteilung der europäischen Gewalttaten bedient, erwecken den Eindruck, er spreche sich dafür aus, dass Europäer ihr Vaterland nicht verlassen sollten. Doch gleich darauf schildert der Autor eine koloniale Utopie, die stark an die Zivilisierungspolitik der Choiseuls in den 1760er Jahren erinnert:

»Würde es nicht menschlicher, nützlicher und minder kostspielig gewesen seyn, in jede dieser fernen Gegenden einige hundert junge Manns- und Weibsleute geschickt zu haben? Die Männer würden die Weiber der Gegend, die Weiber die Männer der Gegend geheyratet haben. Die Verwandschaft […] würde aus den Fremdlingen und aus den Landeingebohrnen bald eine und die nemliche Familie gemacht haben.

In dieser innigsten Verbindung würde der wilde Bewohner bald eingesehen haben, daß die Künste und Kenntnisse, die man ihm zugebracht, der Verbesserung seines Schicksals sehr günstig wären. Von den bittenden und bescheidenen Lehrmeistern, die ihnen die Wellen zugeführt haben, würde er bald die höchste Meynung bekommen und ihnen sich ohne Zurückhaltung überlassen haben.«[100]

Statt das Bild der Verwandlung des Europäers in einen Tiger in einem antikolonialistischen Sinne zu verwenden, plädiert Diderot hier für ein Kolonisierungsprojekt, das große Ähnlichkeiten zu dem Maudaves auf Madagaskar aufweist. Implizit geht dies mit einer Kritik der portugiesischen Expansion in Amerika einher, deren Mängel im Band fünf vielfach hervorgehoben werden.[101]

Sichtbar werden im Abschnitt über den Verlust der »Maske« der Zivilisation Ängste vor einer unkontrollierten, gewalttätigen und letztendlich für beide Weltteile nachteiligen Expansion. Solche Ängste waren im klassischen

Republikanismus begründet, der die Unterordnung des Privatinteresses unter das Allgemeinwohl des Vaterlands forderte. Zugleich sehen aber die Autoren in der Globalisierung im Allgemeinen und der Kolonialexpansion im Besonderen eine Chance, die Menschheit glücklicher zu machen. Die *Geschichte beider Indien* ist somit geprägt von der Zusammenführung eines kolonialistischen Fortschrittsdiskurses mit dem klassischen Republikanismus, die die Autoren im Einklang mit der kolonialpolitischen Elite ihres Landes und im Kontext der französischen Suche nach einem neuen Kolonialreich zu einer kritischen Betrachtung von vielen Episoden der Kolonialexpansion, aber auch zur positiven Hervorhebung anderer Abschnitte der Kolonialgeschichte und zu einem patriotischen Erziehungsversuch animierte.

Zum Vorbild für die französischen Kolonisten wird ein in Kanada lebender Vierbeiner stilisiert: der Biber, »dieses sanftmüthige, rührende, klagende Thier, dessen Beyspiel und Schicksal dem empfindsamen Philosophen, der sein Leben und seine Sitten betrachtet, Thränen von Bewunderung und Rührung entlockt«.[102] Dieser friedliche und selbstlose »Republikaner« lasse sich am Wasser nieder, »um vor feindlichen Anfällen geschützt zu seyn«, und mache sich an die Arbeit.[103] In seinem Fleiß unübertroffen baue er Dämme, schlage Pfähle in die Höhe, mache Mörtel mit seinem Schwanz.[104] Erst »wenn dieses Werk gemeinschaftlich durch die ganze Republik vollendet« sei, »denk[e] jeder Bürger darauf, sich selbst eine Wohnung zu bauen«, deren »ganze[r] Zierrath des Inneren […] in einem mit grünen Zweigen bestreuten Boden, und mit Tannenzweigen ausgesetzten Wänden« bestehe.[105] Die Männchen und die Weibchen bildeten aus »wechselseitige[r] Neigung und Wahl« Paare, um die »strenge Wintersjahrzeit mit einander zuzubringen«, und so gebe ihnen der Winter wenigstens »Muße zu lieben«.[106] Doch die armen Biber seien Opfer der gierigen Europäer und korrumpierten Wilden, die sie um ihrer Felle willen jagten. Dabei würden die Wilden Kanadas gegenüber den »Sitten, [der] Polizey und [dem] Fleiß der Biber« schlecht abschneiden. Raynal stellt die Eingeborenen Amerikas eindeutig als diesen Tieren unterlegen dar: Man müsse zugeben, »daß der Biber in den Künsten der Geselligkeit viel weiter angekommen war, als der Jäger zu der Zeit, da der Europäer seine Kenntnisse in das nördliche Amerika brachte und erweiterte«.[107] Der Biber repräsentiert das natürliche Gesellschaftsideal einer tugendhaften, am Gemeinwohl orientierten Gemeinschaft und steht damit im Widerspruch zum räuberischen Verhalten all derjenigen, die kein Vaterland (mehr) kennen: derjenigen Europäer, die in Übersee zu Abenteurern werden, und der verdorbenen Wilden.

Die *Philosophische Geschichte beider Indien* könnte man in die *Patriotische Geschichte beider Indien* umtaufen. Die *philosophes* Raynal und Diderot nahmen im Einklang mit einem Teil der politischen Elite ihres Landes die Mission auf sich, bei ihren Mitbürgern Tugend und Aufopferungsbereitschaft für Frankreich zu wecken. Wie viele Intellektuelle des 18. Jahrhunderts erhoben sie damit den Anspruch, die Nation – und vielleicht sogar die Menschheit – moralisch anzuführen. Von ihrer Kanzel schauten die *philosophes* herunter, vergossen eine Träne über das Schicksal von angeblich selbstlosen Tieren, verdammten manche ihrer Mitmenschen und sprachen andere heilig, zufrieden mit ihrer eigenen Überlegenheit.

Und (nebenbei) schuf der Mann das Weib: Frauenbilder

Im Frankreich des Jahres 2440 sind Ehen ausnahmslos glücklich, da die Frauen ohne jegliches Eigentum und ohne Mitgift in den Stand der Ehe treten. Weil die Ehefrau »alles von der Hand ihres Gatten erhält, so wird sie ihm desto mehr Treue bewahren und Gehorsam leisten«.[1] So lautet zumindest die Wunschvorstellung von Sébastien Mercier. Damit postuliert dieser Aufklärer, die Frau solle ihrem Gatten stärker unterworfen werden, als dies ohnehin im Frankreich des 18. Jahrhunderts der Fall war. Ein solches Programm steht im krassen Kontrast zum Bild der Aufklärung – und auch zum Bild der radikalen Aufklärung, zu der Mercier gezählt wird – als Bewegung, die für die Rechte der Unterdrückten und die Gleichheit aller Menschen gekämpft habe. Dass es aber nicht als untypisch für die männliche intellektuelle Elite des 18. Jahrhunderts gelten darf, hat die Geschlechtergeschichte herausgearbeitet.

Die Frauenbilder der Aufklärungszeit werden in der Tat seit über 30 Jahren intensiv erforscht. Auch dieses historiographische Feld war und ist weitgehend von polemischen Kämpfen dominiert. Die erste Welle des Feminismus, die für die Gleichheit zwischen den Geschlechtern kämpfte, prallte in den 1970er und 1980er Jahren frontal gegen die heroische Erzählung einer emanzipatorischen Aufklärung. Der Befund war niederschmetternd: Sowohl die berühmten Ärzte als auch die großen Philosophen des 18. Jahrhunderts glaubten an eine natürliche Unterlegenheit des weiblichen Geschlechts. Sie sprachen den Frauen die Rationalität mindestens teilweise ab und relegierten sie ins Reich des Gefühls. Auch im öffentlichen Leben gab es für Frauen keinen Platz, stattdessen war ihre Welt der Haushalt. Voltaire wies die Idee zurück, Frauen könnten etwas zum Fortschritt des Geistes und der Literatur beitragen. Für Diderot war die Frau kaum imstande, sich über ihre schwache Natur erheben, denn ihre Gebärmutter »beherrscht sie und erweckt in ihrer Phantasie Phantome jeder Art«.[2] Ihm und Rousseau zufolge war die Mutterschaft die eigentliche Bestimmung dieses geschichtslosen Geschöpfes.[3] Rousseau verstand den Prozess der gesellschaftlichen Dekadenz durch die Verbreitung des Luxus, des Gekünstelten und der sozialen Ungleichheit als Verweichlichung, hervorgerufen durch den Verlust der männlichen Tugend. Frauen könnten keine Genies sein, da sie die »erhabenen Leidenschaften, die die Verzückung bis in die Tiefe des Herzens tragen«, nicht kannten. Die Ungleichheit zwischen den Geschlechtern in der Familie hielt er für natürlich.[4] Solche Deutungsmuster spielten eine große Rolle im ästhetischen Diskurs der Zeit: Im Frankreich des 18. Jahrhunderts wurde oft behauptet, Frauen trügen die Schuld an der »Dekadenz der französischen Kunst«. Schließlich schloss die *Société républicaine des Arts,* die revolutionäre Nachfolgeinstitution der königlichen Kunstakademie, Frauen aus ihren Reihen aus.[5]

Der Ausschluss der Frauen aus der Körperschaft der Bürger in der Französischen Revolution ist dieser historiographischen Strömung zufolge kein Archaismus gewesen, sondern das Ergebnis einer relativ neuen Berufung auf die Natur.[6] Wie Joan Landes dargelegt hat, ging die von Habermas beschriebene Etablierung einer politischen Öffentlichkeit im 18. Jahrhundert mit einer Verbannung der Frauen aus dem öffentlichen Leben einher. Während Frauen in den älteren Soziabilitätsformen zumindest der gesellschaftlichen Eliten wie den Salons ihren Platz hatten, war dies kaum der Fall in den neuen Cafés, Clubs, Lektürehäusern, Verlagen und Zeitschriften. Die Öffentlichkeit, die dem geschriebenen Wort eine zentrale Rolle zuwies, sei als männliche Sphäre konzipiert worden, wie Rousseaus Schriften es zeigten.[7]

Feministinnen suchten im 18. Jahrhundert auch nach geistigen Ahnen. Der Geschlechtergeschichte zufolge habe es seit dem Spätmittelalter und über mehrere Jahrhunderte einen Streit über die Frauen, die *querelle des femmes,* gegeben, in der ein frauenfeindliches einem frauenfreundlichen Lager gegenüberstand.[8] Was die Aufklärungszeit betrifft, wurde vor allem die Geburt einer Frauenbewegung während der Revolution in Reaktion auf die männliche Dominanz Gegenstand von Untersuchungen.[9] Auch entdeckten Feministinnen den Cartesianer François Poullain de la Barre wieder, der 1673 seine Abhandlung *Von der Gleichheit zwischen den Geschlechtern* veröffentlicht hat.[10] Daraufhin verbreitete sich die Ansicht, die Frühaufklärung sei im Gegensatz zur Spätaufklärung frauenfreundlich gewesen.[11] Die Suche nach den Ursprüngen der Frauenbewegung bewirkte zudem, dass der Befund einer Unterdrückung der Frauen in der Aufklärungszeit stark relativiert wurde. Wie Forschungen zeigten, spielten Frauen durchaus eine wichtige politische Rolle während der Französischen Revolution. Man solle also die Geschlechtertheorie nicht mit der Praxis des Umgangs zwischen den Geschlechtern verwechseln.[12]

Verkompliziert wurde das Bild einer unterdrückenden Aufklärung schließlich maßgeblich durch den Feminismus der zweiten Welle seit den frühen 1980er Jahren. Das Postulat, die Frauen sollten für sich die gleichen gesellschaftlichen Positionen wie die Männer reklamieren und sich dafür an ihre Eigenschaften anpassen, wurde nun zunehmend kritisiert. Stattdessen verteidigte diese Strömung die Idee einer weiblichen Andersartigkeit.[13] Diese Bewegung führte zu einer Infragestellung der These, dass die Spätaufklärung weniger frauenfreundlich gewesen sei als die Frühaufklärung. Zahlreiche Frauen hätten sich mit ihrer häuslichen Rolle identifiziert, die keineswegs nur eine Erfindung von ihren männlichen Unterdrückern gewesen sei. In manchen Lesarten wurde Rousseau gar zum »Frauenfreund«.[14]

Auch blieb in der Geschlechtergeschichte die Kritik an der Suche nach historischen Vorläufern des Feminismus nicht aus. Bereits Mitte der 1980er Jahre gab es eine Debatte, ob man für die Zeit vor dem 19. Jahrhundert überhaupt von »Feminismus« sprechen könne. Auf den Anachronismusvorwurf, den unter anderen Beatrice Gottlieb formulierte, antwortete Gerda Lerner, dass es eine objektiv lange Tradition des Feminismus gegeben habe, auch wenn sich die Frauen in den unterschiedlichen Epochen dessen nicht bewusst gewesen seien. Wenn »Feminismus« nicht schlicht als Synonym für die Frauenbewegung verwendet wurde wie bei Jane Rendall, ging diese Anwendung des Feminismusbegriffs in Bezug auf die Vormoderne – wie unter anderen bei Gerda Lerner, Karen Offen oder Nancy Cott – mit einer breiten Definition einher. Das Eingeständnis, dass die Ideen frühneuzeitlicher »Feministinnen« für die heutige Frauenbewegung geradezu empörend seien, ließ also die Suche nach »Vorläufern« nicht anhalten. Drei Merkmale des Feminismus werden im Sinne der breiten Feminismusdefinition genannt: erstens die Kritik an der Frauenfeindlichkeit und an der Behauptung einer männlichen Überlegenheit; zweitens der Glaube, dass die Lage der Frauen nicht natürlich sei; sowie drittens ein Sinn für Gruppenidentität.[15]

Trotz der Plädoyers von Geschlechterhistorikerinnen wie Claudia Opitz gegen ahistorische Urteilsbildungen und für eine stärkere Kontextualisierung der Schriften der Aufklärer[16] ist in der Forschung bis heute eine deutliche Tendenz zu beobachten, diese Schriften danach einzuordnen, inwiefern sie den jeweiligen Richtungen des feministischen Denkens der letzten

Jahrzehnte entsprechen oder widersprechen. Während manche Forscher und Forscherinnen die Tradition einer Aufklärungskritik nach dem Maßstab des »egalitaristischen Feminismus« fortführen,[17] gibt es in den letzten Jahren eine stärkere Bewegung hin zur Verteidigung der Aufklärung.

Im umfangreichen Sammelband *Women, Gender, and Enlightenment,* der von Barbara Taylor und Sarah Knott herausgegeben wurde, sowie in den Veröffentlichungen von Siep Stuurman wird eine Tendenz der jüngeren Forschung ersichtlich: Durch eine Erweiterung der Forschungsagenda auf weniger bekannte Autoren und auf nichtphilosophische Gattungen entsteht ein facettenreiches Bild der Aufklärung. Neben den patriarchalischen Philosophen werden andere, oft weniger prominente und weibliche Autoren identifiziert, die sich für die Frauensache engagierten. Diese Forschungsrichtung konstatiert eine Dialektik in der aufklärerischen *querelle des femmes,* in der sich die patriarchalische und die feministische Bewegung gegenseitig anstachelten. Auch wenn sie konzedieren, dass die feministischen Ideen eher wenig rezipiert wurden, behaupten Margaret Jacobs, Jonathan Israel oder Siep Stuurman, das radikale feministische Denken sei für die Aufklärung zentral gewesen, »insofern als die sozialen Konventionen, die das Verhalten von allen Männern und Frauen beherrschten, infrage gestellt wurden«. Das Verdienst der (radikalen) Aufklärung liege also darin, das Bild des »Natürlichen« destabilisiert und eine Diskussion in Gang gebracht zu haben.[18]

Auch auf dem Feld der Geschichte von Geschlechterbildern ist also die anachronistische Suche nach den Ursprüngen der Moderne immer noch aktuell. Auch hier sind Bemühungen ersichtlich, einen Teil der Aufklärung vor der postmodernen Kritik zu retten, indem eine radikale Aufklärung ausgemacht und ihre Bedeutung hervorgehoben wird. Zugleich operiert die Forschung mit der Methode der Relativierung durch Verwässerung: Durch die breiten Aufklärungs- und Feminismusdefinitionen verschwimmen die klaren Linien. In diesem Nebel erscheint die Aufklärung in einem günstigeren Licht.

Mit folgenden vier Thesen wollen wir diesen Nebel lichten helfen: Da es erstens wenig gewinnbringend ist, auf essentialistische Weise nach »der Aufklärung« zu suchen, ist es ebenso wenig zielführend, »die Aufklärung« als patriarchalisch oder egalitaristisch einschätzen zu wollen. Folglich rechtfertigt die neuere Betonung der egalitaristischen Publizistik ebenso wenig, ein helleres Portrait der Aufklärung zu malen, wie die frühere Hervorhebung des patriarchalischen Gedankenguts führender Philosophen zwangsweise auf ein düsteres Bild hinauslief. Zweitens kann die Tatsache, dass manche Publizisten und Publizistinnen für die Gleichheit zwischen den Geschlechtern plädiert haben, dennoch nicht über die offenkundige Tendenz ab der Mitte des 18. Jahrhunderts hin zu einem festeren Glauben an die natürliche Ungleichheit zwischen den Geschlechtern hinwegtäuschen. Drittens wurde in aller Regel nicht in erster Linie über die Frauen debattiert. Man kann nicht sagen, dass die (Früh-)Aufklärung eine breite öffentliche Debatte über das Geschlecht angestoßen hätte. Vielmehr waren die Geschlechterbilder in aller Regel anderen Diskursbeständen untergeordnet. Über die Frauen zu reden hieß fast immer, über etwas anderes zu reden. Dies erklärt, warum kaum Kontinuitätslinien in den Diskursen über die Geschlechter ausgemacht werden können. Viertens ist es sehr fraglich, ob es im 18. Jahrhundert einen modernen Diskurs über die Gleichheit zwischen den Geschlechtern gegeben hat. Selbst die wenigen, die für Frauenrechte eingetreten sind, scheinen die modernen Gleichheitsvorstellungen keineswegs vertreten zu haben.

Naturalisierung und klassischer Republikanismus

Auch auf dem Feld der Frauenbilder hat sich ein bedeutender Teil der Forschung in unfruchtbare Debatten über das Wesen der Aufklärung verstrickt. Zugleich hindert die Tatsache, dass man nicht »die Aufklärung« beurteilen sollte, einen nicht daran festzustellen, dass das Neue an der Geistesgeschichte des 18. Jahrhunderts auf einer zunehmenden Biologisierung von als weiblich gedachten Merkmalen beruhte. Diese Naturalisierung der Frauenbilder dominierte zumindest im Frankreich der zweiten Hälfte des 18. Jahrhunderts klar das diskursive Feld der *philosophes* und ging mit Naturalisierungen auch auf anderen Feldern des Diskurses über Unterschiede zwischen den Menschen einher.[19]

Warum war dies der Fall? Die Naturalisierung der Frauen war weniger eine Verteidigung von traditionellen Geschlechterrollen und kaum eine Reaktion auf eine vermeintliche Destabilisierung der »Konzepts des Natürlichen selber«[20] durch radikale Philosophen. Sie war einerseits Teil einer allgemeinen stärkeren Orientierung am Biologismus in den Wissenschaften, die bewirkte, dass die »mechanistischen Erklärungen von Gott, Welt und

Mensch« tendenziell durch die Idee einer »Selbstorganisation organischer Substanzen« ersetzt wurden.[21] Andererseits waren die Geschlechterbilder Teil eines Kampfs für die Etablierung einer klassisch-republikanischen Ordnung. Rousseau vertrat einen solchen klassischen Republikanismus. Um seine Frauenbilder zu verstehen, ist weniger die Frage entscheidend, warum er den Frauen das Bürgerrecht verwehrte, sondern vielmehr die, was er aus der politischen Sphäre ausschließen wollte, als er die Frauen dem Reich des Haushalts zuzählte.[22] Die Geschlechterbilder Rousseaus gingen mit einer republikanischen Grenzziehung zwischen Privatem und Öffentlichem einher: Rousseau trat für ein Gemeinwesen ein, das – als ein Zusammenschluss der Familien – auf der Tugend jedes Bürgers beruhen sollte. Gerade die Beschränkung der Frauen auf den Haushalt, den Oikos, sollte die bürgerliche Tugend erhalten und vermehren. Für Rousseau waren Frauen in der Öffentlichkeit mit der Künstlichkeit, dem Intrigengeist, dem Luxus und der Gefahr der Verführung assoziiert, die den Hof, das Stadtleben oder auch das Theater gleichermaßen beherrschten.

Doch schloss Rousseau die Frauen nicht nur aus dem öffentlichen Leben aus, sondern verlieh ihnen auch eine politische Rolle. Durch die Zugehörigkeit zum Haushalt sollten Frauen auf andere Weise zum Aufbau und Erhalt der Republik beitragen: Durch die Erziehung der künftigen Bürger wirkten sie mit an der Erneuerung des Gemeinschaftssinns.[23] Die Erziehung der Bürger war in den Augen von Aufklärern wie Rousseau und Mercier eine vornehme Aufgabe, der auch die *philosophes,* die Literaten und Künstler verpflichtet waren – und somit auch sie selbst. Mercier dokumentiert dies in seinem utopischen Roman auf seine Weise. So gibt es im Paris des Jahres 2440 keine belanglose Unterhaltung mehr. Im Theater werden nur noch Stücke gespielt, die die Bürger zur Tugend animieren.

Von einer ähnlichen Zukunftsvision beseelt, entwarf auch Boullée ein Theatergebäude, das eine Schule der Bürgertugenden sein sollte. Auch der von ihm konzipierte »Zirkus« (Abb. 8) sollte keineswegs dem Amüsement dienen, sondern zur Verleihung von Preisen an die verdienstvollen Bürger. In den 1770er Jahren gab Boullée seine erfolgreiche Karriere als Architekt von luxuriösen Stadtpalästen auf. Ab diesem Zeitpunkt suchte er nur noch nach einer Kunst, die die natürliche und patriotische Moral in jeden Bürger einpflanzen sollte. Er widmete sich deshalb der Erfindung von neuen Typen von öffentlichen Gebäuden und Denkmälern. In seinen Zeichnungen wirken diese meist wie von der Stadt isoliert, der Korruption und dem Luxus

Abb. 8: Étienne-Louis Boullée, Perspektivische Ansicht des »Zirkus«
(© Bibliothèque nationale de France, Paris)

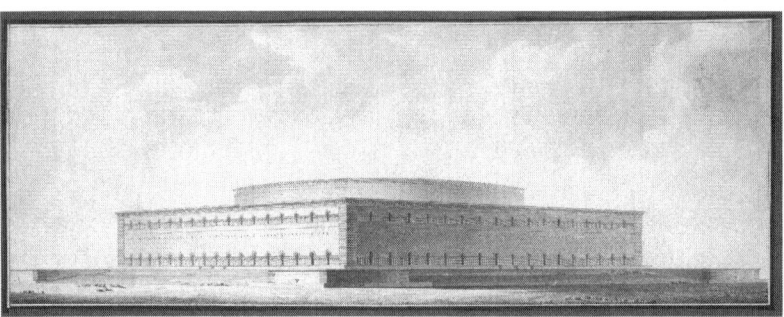

Abb. 9: Étienne-Louis Boullée, Ansicht des »Munizipalpalastes«
(© Bibliothèque nationale de France, Paris)

des neuen Babylons entrissen. Sein »Munizipalpalast« (Abb. 9) ist besonders bezeichnend: In einer kahlen Landschaft stehend, wirkt der Bau abweisend, beinahe wie eine Festung. Diese rustikale Architektur verkörperte die würdige und strenge Tugend der Republik, die der Prunksucht, dem Luxus, ja sogar den Freuden des Amüsements entsagen sollte.[24]

Der klare Ausschluss der Frauen aus der öffentlichen Politik ging also bei Rousseau mit der Behauptung einer anderen, nicht minder wichtigen politischen Rolle der Frauen einher, der Aufsicht über den Haushalt. Dort solle zwischen den Eheleuten Gleichheit herrschen und so das Glück der Ehepartner begründen.[25] Dieser scheinbare Widerspruch verwirrte manchen Aufklärungsforscher. Er besteht jedoch nur, solange man in Rousseau einen Denker sieht, der eine moderne Gesellschaftsordnung entwarf, oder man seine Schriften auf einer Skala der Frauenfreundlichkeit verortet. In der Tat ist Rousseau nicht unbedingt als Utopist zu lesen. Die Republik, die er beschrieb, war in seinen Augen diejenige Spartas und mindestens zum Teil diejenige seiner Heimatstadt Genf. Auch waren Rousseaus Republikvorstellungen alles andere als modern; sie standen vielmehr in der langen Tradition des republikanischen Diskurses über die Tugend.[26] So wird deutlich, weshalb das Frauenbild Rousseaus im Einklang mit der politischen Kultur der französischen Eliten am Ende des sogenannten Ancien Régime und während der Revolution stand: Der Ausländer aus der Schweiz lebte genauso wie der Nordfranzose Robespierre, der sich für einen neuen Cicero hielt, in der Gedankenwelt der Antike.[27]

Gab es eine »querelle des femmes«?

Auch die Geschlechterbilder anderer prominenter Philosophen des 18. Jahrhunderts folgten ihren jeweiligen, uns nicht mehr vertrauten Logiken. Das Beispiel Montesquieus mag dies erhellen. Claudia Opitz urteilt über Montesquieu, dass dieser sich im *Geist der Gesetze* weitgehend darauf beschränkte, die Lage der Frauen zu beschreiben und zu erklären.[28] Sicher ist ihr zuzustimmen, dass sich bei Montesquieu kein emanzipatorisches Programm finden lässt. Doch verband sich mit diesem Werk, wie wir gesehen haben, durchaus eine politische Agenda: Wenn Montesquieu die Idee verteidigte, dass in einer Monarchie die Frauen frei sein sollten, war es nicht sein Ziel, zur Befreiung der Frauen daheim oder im Ausland beizutragen. Er hieß die in seinen Augen althergebrachte freie Lage der Frauen in Frankreich gut, genauso wie er die Sklaverei der Frauen im heißen Orient für angebracht oder zumindest für unvermeidbar hielt. Entsprechend seiner Theorie korrelierte der Status der Frauen mit der Verfassung des jeweiligen Staates. Die Polygamie und der Harem interessierten ihn als Phänomene, weil sie in Europa abwesend waren: Sie zeigten das gemäßigte Wesen europäischer Staaten. Es ging Montesquieu nicht um ein universalistisches Reformprogramm, noch nicht einmal um die Lage der Frauen, sondern letztlich um die Behauptung, dass Frankreich eine Monarchie und keine Despotie sei.[29]

Eine vollkommen andere intellektuelle Agenda verfolgten die Zivilisationstheoretiker, die in Schottland und Frankreich die bessere oder schlechtere

Behandlung der Frauen durch die Männer als ein »Thermometer« der Verfeinerung der Sitten und somit der gesellschaftlichen Entwicklung verstanden. Hier ging es darum, der Vielfalt der menschlichen Gesellschaften Sinn zu verleihen, indem man die Völker auf einer Skala der Fortschrittlichkeit einordnete. So konnten Frauen Objekt eines wissenschaftlichen Diskurses werden, der die Bedeutung von Geschichte, Nationalcharakter und Rasse ausloten wollte.[30] Diese unterschiedlichen Diskursstücke sind nicht als Thesen und Antithesen einer öffentlichen Disputation über das Geschlecht zu verstehen. Vielmehr standen die Aussagen über die Rolle der Frau in der Gesellschaft in völlig unterschiedlichen Diskurszusammenhängen. Auch bilden die verschiedenen Äußerungen eines einzelnen Philosophen über Frauen oft kein System – sehr zum Leid mancher denksystemverliebter Ideenhistoriker. Dies mag das Beispiel Diderots verdeutlichen. Paul Hoffman versucht in seinem Klassiker *La Femme dans la pensée des Lumières,* Diderots Denksystem über das weibliche Geschlecht zu rekonstruieren und muss feststellen, dass es von »Widersprüchen« durchzogen sei.[31] Zu einem ähnlichen Ergebnis kommt ebenso Jenny Mander, wenn sie nach der Anthropologie der französischen Aufklärung in Diderots Schriften sucht.[32] Dass die konstatierten Widersprüche und Spannungen nur das Ergebnis der klassischen ideenhistorischen Methode sind, scheint den Forschern nicht immer bewusst zu sein. Kennzeichnend für diese Methode ist die Entkontextualisierung, vor allem durch eine ausbleibende Reflexion über die Textgattungen, die Kommunikationsmedien und die jeweiligen Adressatenkreise der Schriften.

Die zwei berühmtesten Schriften Diderots, die Frauenbilder vermitteln, *Über die Frauen* und der *Nachtrag zu Bougainvilles Reise,* sind Beiträge, die beide im Jahr 1772 für die *Correspondance littéraire* Grimms verfasst worden sind. Die *Correspondance littéraire* war keine Zeitschrift, sondern ein vollkommen apartes Medium, das nach einem ganz besonderen Typus von Texten verlangte. Grimm und seine Mitarbeiter lieferten Manuskripte, die nicht nur ungedruckt, sondern streng geheim bleiben sollten und ausschließlich durch die diplomatische Post an Fürsten geliefert wurden.[33] Diese Geheimhaltung war die Bedingung für eine freiere Entfaltung der Gedanken. Versprochen wurden radikal subjektive Äußerungen einer Gruppe von Genies, die nicht öffentlich gemacht werden könnten, weil sie gesellschaftliche Konventionen verletzten. Die Abonnenten sollten sich als eine exklusive Elite fühlen, die einen voyeuristischen Blick in den Kopf und das Herz der Genies werfen und die Entstehung der Philosophie *live* verfolgen konnte. Höchstes Gut waren die Originalität und politische Unkorrektheit der Beiträge.[34] Mit anderen Worten: *Über die Frauen* und der *Nachtrag zu Bougainvilles Reise* können nicht wie Traktate gelesen werden. Die klassische Ideengeschichtsmethode, der sich etwa Jonathan Israel bedient, verursacht zwangsläufig Missverständnisse.[35]

Über die Frauen wird in der feministischen Aufklärungskritik als eine Schrift verstanden, die die Biologisierung des Frauenbilds widerspiegelt. In diesem Sinne sei sie für ihre Zeit typisch.[36] Dies ist nicht falsch und geht doch am Wesentlichen vorbei. Denn *Über die Frauen* ist auf den ersten Blick vor allem eines: verwirrt und verwirrend. Zu Beginn seines Texts erklärt Diderot, die Frauen seien Wesen, die von extremen Gefühlen beherrscht würden. Er führt dies auf die Seltenheit des weiblichen Orgasmus zurück:

»Ich habe Liebe, Leidenschaft, Eifersucht, Aberglauben, Zorn in Frauen ins Maßlose gesteigert gesehen, wie es bei Männern nie möglich wäre. [...] Wir sind da weniger empfindlich. Manche Frau stirbt, ohne das Höchstmaß der Wollust empfunden zu haben. [...] Sie sind weniger Herr ihrer Sinne als wir. So ist auch die Befriedigung weniger unmittelbar und sicher für sie. Hundertmal wird ihre Erwartung enttäuscht. Ihr Organismus ist so völlig verschieden von dem unseren, der Trieb zur Wollust in ihnen so zart, seine Quelle so tief und fern, daß es nicht verwunderlich ist, wenn die Lust gar nicht kommt oder sich auf dem Wege verirrt.«[37]

Dieser mangelnden sexuellen Befriedigung entspringe ein Hang zur Mystik und zum Aberglauben. Die Vereinigung mit Gott erscheint unter der Feder Diderots als ein orgastisches Erlebnis: »Niemals hat sich ein Mann auf den heiligen Dreifuß von Delphi gesetzt, die Rolle der Pythia steht nur einer Frau an, nur ein Frauenhirn kann so weit außer sich geraten, dass es ernsthaft die Annäherung eines Gottes fühlt, sich erregt, die Haare rauft und schreit: ›Ich fühle ihn, ich fühle, da ist er, der Gott‹ [...].«[38] Dem Erzähler sind diese übersteigerten Gefühle ungeheuer und immer mehr macht sich im Text blanke Angst vor dem weiblichen Geschlecht bemerkbar. Frauen seien gefährlich, denn sie würden von Hass und Grausamkeit beherrscht. Sie bildeten eine Verschwörung gegen die männliche Herrschaft: »[Die Frauen] sind undurchdringlich, wenn sie sich verstellen, grausam in der Rache, unerschütterlich in ihren Plänen, skrupellos in ihren Mitteln, voll tiefen geheimen Hasses gegen die Herrschaft des Mannes. Es scheint unter ihnen eine selbstverständliche Verschwörung um die Macht zu bestehen, eine Art Geheimbund, wie er noch die Priester aller Völker verbindet.«[39] Auch seien Frauen besonders berechnende und täuschende Wesen.[40] Doch entgegen diesem Bild eines weiblichen Geschlechts, das einer Selbstkontrolle unterliege, kommt Diderot plötzlich auf die Hysterie zurück, die das ekstatische Verhalten der Frauen präge und ihre Frömmigkeit erkläre:

»Die Frau besitzt einen Sinn, der bis zu den fürchterlichsten Krämpfen reizbar ist, sie beherrscht und in ihrer Phantasie Phantome jeder Art erweckt. Im hysterischen Delirium kehrt sie in die Vergangenheit zurück, schwingt sich in die Zukunft, alle Zeiten sind ihr Gegenwart. All diese ausgefallenen Ideen entspringen ihrem Geschlecht. Ist die Frau in ihrer Jugend hysterisch, so wird sie im Alter fromm. Eine Frau, die sich bis ins Alter eine gewisse Energie erhalten hat, war in ihrer Jugend bestimmt hysterisch. [...] Es gibt nichts Verwandteres als Ekstase, Vision, Prophetentum, Offenbarung, trunkene Poesie und Hysterie.«[41]

Diderot bringt angesichts der Frauen, die »einer epidemischen Wildheit« erlägen,[42] vor allem Unbehagen zum Ausdruck. Er scheint – Religionskritik hin oder her – dem Bild eines für die Gleichheit zwischen den Geschlechtern kämpfenden Radikalaufklärers nicht zu entsprechen. Doch plötzlich und ganz unerwartet ändert sich der Ton und der Inhalt des Texts: Der Autor äußert nun gegenüber den Frauen Mitleid, weil sie unter der Herrschaft der Männer stünden und keine Möglichkeit zur Selbstentfaltung hätten:

»In fast allen Ländern hat sich die Grausamkeit des bürgerlichen Gesetzes mit der Grausamkeit der Natur gegen die Frau verbündet. Sie werden behandelt wie idiotische Kinder. Es gibt keine Art Quälerei, die der Mann bei den zivilisierten Völkern nicht straflos an der Frau begehen könnte. [...] Es gibt keine Art Quälerei, die der Wilde nicht gegen seine Frau anwendet. Die Frau ist unglücklich in den Städten, aber noch unglücklicher in der tiefen Wildnis.«[43]

War also Diderot doch ein Vorkämpfer des Feminismus? Hier ist Vorsicht geboten: Nach einem leidenschaftlichen Klagelied über die unmenschliche Lage der Frauen schreibt Diderot, es gebe »nur eine Entschädigung« für ihre Leiden. Worin diese besteht, bleibt der Fantasie des Lesers überlassen. Spielt Diderot auf den Orgasmus an? Er sagt nur: »Wäre [er] Gesetzgeber gewesen«, er hätte sie ihnen »vielleicht« gegeben.[44] Ein Kampf für die Rechte der

Frauen sieht jedenfalls anders aus. Vor allem aber kann man die These, Diderot sei Feminist gewesen, nur vertreten, wenn man die Widersprüchlichkeit des Texts, seine zahlreichen Brüche und ironischen Untertöne ignoriert. Diderot geht es in diesem Text nicht darum, eine Theorie aufzustellen. Er bemüht sich weder um Klarheit noch um Konsequenz. Sein Text ist verspielt und darauf hin gerichtet, verschiedene und gegensätzliche Gefühle beim Leser zu erwecken.

Worum geht es also Diderot? *Über die Frauen* zeigt, wie sehr das Konzept einer »radikalen Aufklärung«, welche für die Gleichheit zwischen den Menschen gekämpft habe, beim Forscher falsche Erwartungen weckt. Zugleich geht die feministische Aufklärungskritik genauso an der Substanz dieses Essays vorbei. Denn das Bild einer Kreatur, die nicht imstande sei, sich von ihrer Natur zu befreien, erfüllt hier eine vollkommen andere Funktion als bei Rousseau: Diderot benutzt es, um ein Bravourstück zur Demonstration seiner Wirkungsästhetik zu liefern und sich dabei als Genie in Abgrenzung zu den fleißigen, aber trockenen Philosophen zu profilieren. Damit entspricht Diderot genau dem Programm der *Correspondance littéraire*.

Diderots *Über die Frauen* ist eine Reaktion auf den *Essai sur le caractère, les mœurs et l'esprit des femmes dans les différents siècles* von Antoine Léonard Thomas (1772), der die Ursachen für die unterschiedlichen Sitten der Frauen in Raum und Zeit erforschen wollte. Diderot geht allerdings auf Thomas' Thesen gar nicht ein. Er eröffnet seinen Text mit einer betont subjektiven Respektbezeugung gegenüber dem Philosophen, deren ironischer Unterton durch den emphatischen Wortschatz, den ruckartigen Satzrhythmus und die Wiederholungen unterstrichen wird: »Ich mag Thomas; ich respektiere seine stolze Seele und seinen edelmütigen Charakter: er ist ein geistreicher Mann; er ist ein guter Mann; er ist also kein gewöhnlicher Mann.« Das Problem liege jedoch darin, dass Thomas sein Thema nicht genug »gefühlt« habe. Er habe gewollt, dass sein Buch asexuell bleibt, und habe sich dadurch als »Hermaphrodit« gezeigt. Daraufhin zeigt sich Diderot als Mann und zwar als einer, dessen Gefühle in Anbetracht der weiblichen Wunderlichkeit und Wildheit zwischen Mitleid, Erstaunen und Furcht wechseln. Der Leser wird erschlagen durch eine Flut von kurzen Sätzen, von Ausrufe- und Fragezeichen, die den ungestümen Charakter und die Skurrilität des weiblichen Geschlechts zum Ausdruck bringen sollen. Dieser Stil erfüllt ein philosophisches Programm, das die Kritik an Thomas' Vorgehen erkennen lässt: Ein guter Philosoph sei einer, der sich nicht von seinen eigenen Gefühlen trennt;

er sei einer, der imstande ist, durch seinen Stil den Leser das Thema nachfühlen zu lassen; er sei schließlich einer, der das Objekt nicht nur durch seine Vernunft, sondern auch durch sein Herz erfassen könne. Implizit erhebt Diderot den Anspruch, etwas anderes zu sein als die Masse derer, die er ironisch als außergewöhnliche Autoren kennzeichnet; etwas, was man nicht durch Gelehrsamkeit allein werden könne: ein Genie. Er serviert damit den Lesern der *Correspondance littéraire* – neben pikanten Bemerkungen über den Orgasmus und der Kritik an Kirche und Frömmigkeit – genau die Unterhaltung und Exklusivität, die sich die Abonnenten erhofften.

Der *Nachtrag zu Bougainvilles Reise oder Gespräch zwischen A. und B. über die Unsitte, moralische Ideen an gewisse physische Handlungen zu knüpfen, zu denen sie nicht passen* (1772) ist völlig anderer Natur, aber genauso innovativ wie *Über die Frauen*. Wie der Titel ankündigt, ist das Thema dieses fiktiven Dialogs zwischen zwei Figuren, die »A.« und »B.« heißen, nicht das weibliche Geschlecht, sondern die Sexualmoral – ein heikles Thema, das sich für die *Correspondance littéraire* sehr gut eignete. Hier tritt Diderot nicht explizit auf. Kernstück der Schrift ist vielmehr ein Dialog im Dialog, ein Gespräch zwischen einem Schiffskaplan und einem Eingeborenen Tahitis. In diesem wird der Priester, der sein Zölibatsgelöbnis nicht brechen möchte und doch dem Charme der jungen tahitianischen Frauen erliegt, lächerlich gemacht – und mit ihm die als unnatürlich angeprangerte Sexualmoral der katholischen Kirche. Ferner wird das von Diderot selbst als fiktiv präsentierte Bild einer tahitianischen Gesellschaft gezeichnet, deren Institutionen der Erreichung eines einzigen Ziels dienen: der Bevölkerungsvermehrung durch eine erhöhte und freiere sexuelle Aktivität. Die Europäer werden von den Tahitianern *volens* oder *nolens* als ein eugenischer Faktor in diesen Plan eingebunden: Sie sollen ihre vermeintliche natürliche intellektuelle Überlegenheit den ihrerseits physisch überlegenen Tahitianern »vererben«.[45]

Daraufhin unterhalten sich A. und B. über das Gespräch zwischen dem Schiffskaplan und dem Indigenen. A. formuliert kaum eigene Ideen, sondern befragt den intellektuell führenden B., der seine Schlussfolgerungen aus dem Fall Tahiti liefert. Seiner Meinung nach zeige Tahiti, dass die Staats- und Religionsgesetze im Einklang mit den Naturgesetzen stehen sollten. Nicht weil die Natur eine harmonische Ordnung darstelle, sondern weil »[ihre] Herrschaft [...] nicht aufgehoben werden« könne.[46] B. kritisiert somit die Institution der Ehe sowie die Gefühle der Schamhaftigkeit und der Eifersucht. Das Unglück der Zivilisierten komme von Gesetzen, die die Frau zum Besitz des Mannes machen und einen unnatürlichen Menschen in den natürlichen einpflanzten, was einen Kampf zwischen Natur und Künstlichkeit innerhalb des Individuums hervorrufe.

Der *Nachtrag zu Bougainvilles Reise* beinhaltet somit eine radikale Kritik der religiösen Gebote, die – sieht man von den rassistischen Annahmen, die der angeblichen Eugenik der Tahitianer zugrunde liegen, ab – an das Porträt der radikalen Aufklärung aus der Feder Jonathan Israels erinnert. Im Gegensatz zu der Leitidee, die Diderot in *Über die Frauen* entwickelte, wird von B. ausdrücklich gesagt, dass Männer und Frauen gleichermaßen von ihren sexuellen Trieben beherrscht werden.[47] Haben wir es hier also mit einem egalitären Frauenbild zu tun, das einem freiheitlichen emanzipatorischen Programm Diderots entspricht? Eine solche Schlussfolgerung wäre aus drei Gründen naiv. Erstens würde dies B. und Diderot gleichsetzen. Eine solche wäre umso problematischer, da Diderot im selben Jahr in *Über die Frauen* vollkommen andere Geschlechterbilder entwarf.

Zweitens würde eine solche These die Textgattung missachten: Der *Nachtrag zu Bougainvilles Reise* präsentiert sich nicht als Traktat, sondern als fiktiver Dialog. Die darin beschriebene tahitianische Gesellschaft ist ausdrücklich eine Utopie. Dieser Text stellt ein Gedankenexperiment dar: Wie könnte man sich eine Gesellschaft vorstellen, die im physiokratischen Sinne dem natürlichen Gesetz der Bevölkerungsvermehrung absoluten Vorrang vor der Rücksichtnahme auf Besitz und Ehre einräumte? Diderot schlägt nicht vor, die europäischen Gesellschaften so zu gestalten wie die tahitianische, die er erfunden hat. Es wäre verfehlt, diese als Abbild von Diderots Vorstellung einer Idealgesellschaft zu betrachten.

Drittens kann man hier nicht von einer radikalen Aufklärung im Sinne Jonathan Israels sprechen, weil in diesem Text die Behandlung der Geschlechterordnung sich ausschließlich aus dem Programm ergibt, sich eine physiokratische Gesellschaft vorzustellen. Das Ziel ist nicht, die Gleichheit und die Freiheit des weiblichen Geschlechts zu verteidigen. Die Ordnung, die der Tahitianer beschreibt, geht nicht von der (sexuellen) Freiheit der Individuen aus, sondern von einem populationistischen Imperativ. So dürfen auf Tahiti kranke, ältere und unfruchtbare Frauen keinen Geschlechtsverkehr haben.

Ein näherer Blick auf diese beiden Texte von Diderot zeigt also, dass sie nicht mehr als *De l'Esprit des lois* und die schottischen Zivilisationstheorien als Beiträge zu einer *querelle des femmes* interpretiert werden sollten.

Die These, die Aufklärungszeit zeichne sich durch eine Kritik der früher als natürlich verstandenen Geschlechterordnung aus, erscheint vor diesem Hintergrund fragwürdig. Von einem diskursiven Schlagabtausch kann kaum die Rede sein. Es ist irreführend zu schreiben, dass die Geschlechterfrage »von vorneherein ein fester Bestandteil der Aufklärung« war.[48]

Bürger zweiter Klasse

Doch kann man nicht – auch wenn es keine breite Debatte gegeben hat – vereinzelte Philosophen finden, die sich für die Gleichheit zwischen den Geschlechtern engagiert haben? Auch hier ist Skepsis geboten. Zwar gab es vor dem 19. Jahrhundert durchaus einige Autoren, die manche Aspekte der Geschlechterordnung in Frage stellten. Jedoch scheint diesen keine umfassende Gleichheit zwischen den Geschlechtern vor Augen geschwebt zu haben, die den Frauen gleiche Rechte und die gleiche Freiheit gesichert hätte.

Unter den französischen Stimmen des 18. Jahrhunderts, die für die Gleichheit zwischen den Geschlechtern eintraten, ist vor allem die Condorcets von Bedeutung. Dieser wird für einen der Hauptvertreter der »radikalen Aufklärung« gehalten und war wohl der einzige Intellektuelle, der sich im Frankreich des 18. Jahrhunderts signifikant für einen größeren Platz der Frauen in der Politik engagierte.[49] Seit Elisabeth und Robert Badinter gilt Condorcet deshalb als der wichtigste Vorkämpfer für die Gleichheit zwischen Frauen und Männern.[50] Auch wird er als geistiger Vater sowohl der modernen liberalen Demokratie als auch der modernen republikanischen Schule verstanden.[51]

In der Tat äußerte sich Condorcet als einer von wenigen 1790 zur Staatsbürgerschaft der Frauen. Am 3. Juli 1790 veröffentlichte er in der Zeitschrift der von ihm gegründeten *Société de 1789* einen Text über dieses Thema, *Über die Zulassung der Frauen zum Bürgerrecht*.[52] Die Quellengattung ist hier für die klassische Ideengeschichte unproblematisch: Wir haben es mit einem politischen Traktat zu tun. Und doch wirft eine genaue Lektüre dieses Aufsatzes Fragen auf: Was meinte Condorcet mit dem »Bürgerrecht« (»droit de cité«)? Zwar kam nach 1789 allen erwachsenen, männlichen und weißen Franzosen der Bürgerstatus zu, doch wurde zwischen Aktiv- und Passivbürgern unterschieden. Nur Ersteren war es gestattet zu wählen. Auch wurde zwischen Passiv- und Aktivwahlrecht unterschieden. War *Über die Zulassung der Frauen zum Bürgerrecht* ein Plädoyer dafür, dass Frauen Aktivbürgerinnen sein sollten? Dass sie wählen und sogar gewählt werden konnten? Die Schrift ist in diesen entscheidenden Punkten alles andere als klar. Um sie zu interpretieren soll deshalb gefragt werden: Zu welcher Diskussion leistete sie einen Beitrag? Wollte Condorcet damit die politische Gleichheit zwischen den Geschlechtern verteidigen und konnte sein Aufsatz in diesem Sinn von den Zeitgenossen aufgefasst werden?

Condorcet argumentiert in *Über die Zulassung der Frauen zum Bürgerrecht* gegen die damals dominante These einer natürlichen geistigen Unterlegenheit des weiblichen Geschlechts. Wie der Fall prominenter Herrscherinnen zeige, könnten aus Frauen gute Politikerinnen werden. Condorcet behauptet, Frauen seien zwar im aktuellen Zustand weniger vernünftig als die Männer. Er denkt aber, dass dieser Missstand durch eine bessere Bildung aufgehoben werden könnte. Vor allem betont er, dass dies keinen Grund darstellen kann, um dem weiblichen Geschlecht das Bürgerrecht abzusprechen. Denn sonst müsste man auch die Mehrheit der Männer, die keineswegs aufgeklärt sei, von der Liste der Bürger streichen. Daraufhin führt Condorcet zwei praktische Argumente an, die gegen eine Staatsbürgerschaft der Frauen sprechen könnten, und verwirft sie. Ihre Menstruation, die sie einige Tage im Monat unpässlich mache oder das Stillen der kleinen Kinder könnten keinen Ausschluss der Frauen rechtfertigen – auch wenn Letzteres ein guter Grund sein könne, nicht für sie zu stimmen. Auch sei die Angst unbegründet, wonach die Frauen als Bürgerinnen ihre häuslichen Pflichten vernachlässigen würden. Das Bürgerrecht werde das weibliche Geschlecht nicht mehr von der Familie fernhalten, als es den Bauer seiner Feldarbeit entreißt.

Ein Leser aus dem Jahr 1790 dürfte diesen Text kaum als Plädoyer für eine aktive Bürgerschaft von Frauen gelesen haben. Obwohl Condorcet das Argument, dass Frauen ganze Staaten nicht schlechter regieren als Männer, für das Bürgerrecht des weiblichen Geschlechts einsetzt und obwohl er betont, dass die Menstruation und das Stillen keine Argumente sein könnten, um die Frauen prinzipiell für unwählbar zu halten, erklärt er Frauen für genauso politisch unreif wie das unaufgeklärte Volk. Sein zentrales Argument lautet: Man sollte den Frauen das Bürgerrecht zuerkennen, wenn man es schon den ungebildeten Männern zubillige. Dies scheint zu implizieren, Frauen sollten genauso wie die Männer aus den unteren Schichten nur pas-

sive Bürgerinnen sein. Auch macht Condorcet am Ende des Texts klar, dass
er sich eine Regierung mit Frauen nicht vorstellen könne. Wiederum werden
hier die Frauen mit den Bauern verglichen.

Über die Zulassung der Frauen zum Bürgerrecht war also keine Streitschrift
für eine politische Gleichheit zwischen den Geschlechtern. Hier muss man
festhalten: Selbst unter Radikalen stand diese Gleichheitsvorstellung 1790
nicht auf der Tagesordnung. Niemals wurde in der Nationalversammlung
das Bürgerrecht – das passive und das aktive – der Frauen diskutiert. Auch
Condorcet beschäftigte sich im Parlament letztlich mit anderen Projekten,
die nicht immer mit einer aktiven Bürgerschaft der Frauen kompatibel waren. So setzte er sich bis 1791 vor allem gegen den Gesetzesvorschlag ein,
wonach Abgeordnete der Nationalversammlung eine Silbermark hätten
zahlen sollen; hier war seine Sorge, dass aufgeklärte freie Schriftsteller nicht
mehr gewählt werden könnten. Condorcet opponierte auch gegen den hohen Zensus, der 1791 in der Verfassung verankert wurde und den Kreis der
Aktivbürger sehr stark einengte. Allerdings hielt er vor August 1791 an der
Idee fest, dass nur Bodenbesitzer Aktivbürger sein sollten: Damit waren in
seiner Idealvorstellung die verheirateten Frauen sowieso von der aktiven Bürgerschaft ausgeschlossen.[53]

Dass Condorcet grundsätzlich nicht erwog, die Frauen könnten in Frankreich politische Ämter übernehmen, machen seine 1792 verfassten *Fünf
Denkschriften über das Bildungswesen* klar. Condorcet verteidigte in *Über die
Zulassung der Frauen zum Bürgerecht* die Idee, Frauen hätten die gleichen
intellektuellen Fähigkeiten wie die Männer. Dies hieß jedoch nicht, dass er
eine Gleichheit in der Bildung beider Geschlechter forderte. Frauen sollten
ihm zufolge nur elementare Bildung genießen. Tatsächlich sah Condorcet sie
nicht in politischen und gesellschaftlichen Führungsrollen. Vielmehr war es
in seinen Augen nicht einmal notwendig, dass sie genug gebildet seien, um
ihre Bürgerrechte wahrzunehmen und ihre Bürgerpflichten zu erfüllen:

»Da das ganze System der allgemeinen Bildung – diejenige, die zum Ziele hat, den
Individuen der menschlichen Spezies das zu unterrichten, was sie brauchen, um ihre
Rechte zu genießen und ihre Pflichten zu erfüllen – für die Frauen zu weit zu gehen
scheint, weil sie doch zu keinerlei öffentlichen Ämtern aufgerufen werden, kann man
sich darauf beschränken, sie die ersten Stufen durchlaufen zu lassen, ohne jedoch die
anderen [Stufen] denjenigen [Frauen] zu verbieten, die eine glücklichere Veranlagung haben, die ihre Familie in ihnen entwickeln möchte.«[54]

Worum ging es also Condorcet, wenn er das Bürgerrecht für die Frauen forderte? Sein Ziel war, dass das konstitutive Element der Bürgergemeinschaft die öffentliche Ausübung der Vernunft sein sollte. Es sollte niemand von dem politischen Körper *prinzipiell* ausgeschlossen werden, der es lernen könnte, sich seiner Vernunft zu bedienen, weil die politische Gemeinschaft ausschließlich durch die Fähigkeit zur *ratio* definiert werden sollte. Oberstes Ziel war für ihn – wie sein Verfassungsprojekt aus dem Jahr 1793 zeigt –, die Etablierung einer rationalen Ordnung mit der Einheit des politischen Körpers und der freiwilligen Unterwerfung des Individuums unter den allgemeinen Willen zu vereinbaren. Dies sollte durch eine kontinuierliche öffentliche Diskussion über die Gesetze erfolgen. Dabei war in Condorcets Augen nicht das Wahlrecht das Entscheidende. Dieses behielt er bis zum Sommer 1791 denjenigen vor, die durch Bodenbesitz ein Interesse an den Geschicken des Staates hätten.

Die wirklichen aktiven Bürger waren ihm zufolge vielmehr diejenigen, die durch ihre Diskussionsbeiträge der Vernunft zum Durchbruch verhalfen. Diese Vorstellung ging mit seinem Anspruch einher, zu einer geistigen Elite zu gehören, die die entscheidende Rolle in der Etablierung der rationalen Ordnung spielen sollte. Deshalb gründete Condorcet die *Société de 1789,* einen geschlossenen Klub, in dessen Rahmen sich nur die aufgeklärtesten Männer trafen.[55] Durch ihr Engagement werde sich nach und nach die Vernunft auch in der Nationalversammlung durchsetzen, so die Leitidee des Klubs. Condorcet dachte nicht daran, dass die unteren Schichten andere Interessen als die oberen oder Frauen andere Interessen als Männer haben könnten. Folglich erwog er nicht, dass die besonderen Standpunkte dieser Gruppen politisch vertreten sein sollten. In seiner Wahrnehmung gab es nur die eine Vernunft, die letztlich siegen und Meinungsunterschiede verschwinden lassen würde. Man mag Condorcets Reformvorstellungen im Vergleich zu denen vieler seiner Zeitgenossen bewundern; von der Idee der modernen liberalen Demokratie war er aber weit entfernt.

Es wäre also problematisch, *Über die Zulassung der Frauen zum Bürgerrecht* als eine Kampfschrift für die politische Gleichheit zwischen Männern und Frauen zu verstehen. Auch lud Condorcet die Frauen nicht dazu ein, sich in der Politik zu engagieren oder gar politische Karriere zu machen. Condorcet war kein Kämpfer für die Rechte und Interessen von gesellschaftlichen Teilgruppen. Einen weiblichen Eigensinn erkannte er nicht. Wie die anderen Intellektuellen des 18. Jahrhunderts definierte er die Frauenfrage in einem Rahmen, der uns weitgehend fremd geworden ist: Er folgte seinem Fortschrittsglauben, wonach sich die eine, nicht verhandelbare Vernunft in der Gemeinschaft der Bürger graduell durchsetzen werde. Condorcet kämpfte als einer von wenigen gegen die Konstruktion einer natürlichen Unterlegenheit der Frauen, die bei Aufklärern so beliebt war. Doch eine moderne Auffassung der gleichberechtigten Teilhabe von Frauen und Männern am Gemeinwesen vertrat auch er nicht. Selbst für Condorcet war die Lage der Frauen ein Thema von eher zweitrangigem Interesse. Bei den meisten seiner Zeitgenossen erschienen Frauenbilder, wenn überhaupt, dann lediglich am Rande anderer Streitfragen. Sofern sie sich gleichwohl über das weibliche Geschlecht verbreiteten, so taten sie dies aus unterschiedlichen Beweggründen, kaum aber als Beitrag zu einer Geschlechterdebatte. Poullain de la Barre hat mit seinem Vorstoß *Von der Gleichheit zwischen den Geschlechtern* keinen Publikumserfolg erzielen können. Er hatte nur wenige Mitstreiter und schaffte es nicht, eine wahrhaftige Debatte über die Geschlechterordnung anzustoßen. Nach einer breit ausgetragenen *querelle des femmes* in der Aufklärung zu suchen, verfälscht unser Bild des 18. Jahrhunderts.

Wenn ein Thema für die Schaffung von Frauenbildern im Frankreich des 18. Jahrhunderts von zentraler Bedeutung war, dann war es der Kampf um die öffentliche Tugend. Diese Auseinandersetzung war für die gesellschaftliche Rolle, die die selbsternannten Aufklärer anstrebten, konstitutiv: Sie identifizierten sich mit den großen Rednern der Antike und trachteten danach, an Stelle der Priester das Amt der Moralwächter zu übernehmen. In diesem Zusammenhang wollten die klassischen Republikaner Rousseau und Mercier die verderblichen weiblichen Verführungskünste aus der Öffentlichkeit verbannt und tugendhafte Mütter im Haushalt bei der Erziehung der nächsten Bürgergeneration sehen. Diderot kämpfte anhand von Frauenbildern vor allem gegen den sittlichen Führungsanspruch der katholischen Kirche. Er identifizierte die Religion als ein Nebenprodukt der weiblichen sexuellen Unbefriedigung. Auch stellte er durch sein experimentelles Bild der tahitianischen Gesellschaft die Institution der Ehe in Frage: Auf spielerische Weise versuchte er, die Konsequenzen der physiokratischen Ideale zu prüfen, und erfand eine Gesellschaftsordnung, in der die jungen Frauen dem Impetus einer Bevölkerungsmaximierung unterliegen – und Schiffskaplane verführen.

Diderots Bild eines Priesters, der dem Ruf der Natur folgt, war für den moralischen Führungsanspruch der Kirche vernichtend – und doch wirkt der naive Schiffskaplan, der selbst während des Geschlechtsakts »Aber meine Religion, aber mein Stand!«[56] schreit, noch sympathisch. Andere Autoren inszenierten auf obszönere Weise Kleriker, die sehr erfinderisch waren, wenn es darum ging, hübsche unschuldige Frauen zum Geschlechtsakt zu verführen. Im Bestseller *Thérèse philosophe* geht ein junges Mädchen namens Eradice zur Beichte bei einem Jesuiten, der ihr eine sehr eigenartige Variante der Geistlichen Exerzitien Ignatius von Loyolas beibringt: Sie solle ihren Geist von ihrem Körper loslösen und sich spirituell penetrieren lassen. Praktisch sieht es so aus, dass sie sich auf den Boden niederwirft und der Pater in sie von hinten eindringt.[57] So merkwürdig es uns heute vorkommt: Solche pornographischen Veröffentlichungen wurden im 18. Jahrhundert als »philosophische Schriften« bezeichnet. Sexdarstellungen waren – ganz in der Tradition des spätmittelalterlichen Antiklerikalismus – bei einem Teil der französischen *philosophes* eine Waffe.[58] Frauengestalten dienten sowohl der Befriedigung männlicher Fantasie als auch der Durchsetzung aufklärerischer Geltungsansprüche. Die Interessen der Frauen selbst waren dabei für die allermeisten *philosophes* ohne besondere Relevanz.

Epilog:
Die Cacouacs am Versailler Hof
oder Was war Aufklärung?

Im Jahre 1757 wurde am 48. Breitengrad ein neues Volk entdeckt: die Cacouacs. Bald diskutierte man in Paris über die Frage, ob man die Cacouacs den »Wilden« zurechnen könne. Jacob-Nicolas Moreau gab vor, eine Weile unter ihnen gelebt zu haben, und verteidigte diese in Freiheit lebende Nation gegen den anonym verbliebenen Autor eines Artikels der Zeitung *Le Mercure de France,* der sie als grausame Barbaren darstellte, die jegliche Tugend und Religion hassten.[1] Moreau zufolge seien die Cacouacs keine Wilden. Sie hätten viel Geist, Wissen und Kenntnisse der Künste.[2] Überdies liebten sie die Tugend und die Wahrheit so sehr, dass sie ständig davon sprächen:

»Was mich sehr überrascht hat, ist, dass dieses Volk die Wörter Wahrheit und Tugend unaufhörlich im Munde führt. Sie prahlen mit der Wahrheit und versprühen überall Tugend. Es scheint, sie haben soviel davon, dass Sie den Rest verkaufen. Ich habe einmal Cacouacs gesehen, die auf Böcke gestiegen waren und allen Passanten zuschrien, bis sie heiser waren: ›Tugend aus China! Tugend aus Indien! Tugend aus Spanien! Wahrheiten aus Mexiko! Wahrheiten aus dem Land der Tataren!‹«[3]

Die Cacouacs hatten laut Moreau den Enthusiasmus zum Prinzip der öffentlichen Ansprachen erhoben, gerade weil es für sie keine gesicherte Wahrheit gab.[4] Sie studierten stets die Natur und richteten ihr Verhalten nach ihr. Gründeten sie beispielsweise eine Kolonie, betrachteten ihre Häuptlinge zuerst die Qualität der Luft, des Bodens und der Gewässer und machten es vom Ergebnis dieser Klimauntersuchungen abhängig, ob sie dort eine moderate oder aber eine despotische Regierung einsetzten.[5]

Moreau schreibt den Cacouacs einen missionarischen Eifer zu, alle Völker der Erde zu ihresgleichen zu machen. Dieses Ziel versuchten sie mit Schmeicheleien zu erreichen. Wer dafür unempfänglich war und ihnen abweisend begegnete, an dem rächten sie sich grausam.[6] Mit einer solch »sanftmütigen« Einstellung sei es nicht verwunderlich, dass die Cacouacs des Öfteren Krieg führten. Sie liebten den Lärm der Pauken und Trompeten und seien mit diesen Instrumenten tapfere, unerschrockene Krieger. Bis vor kurzem verzweifelten ihre Feinde, da sie nicht wussten, wie man dieses Volk besiegen könnte. Doch nun hätten sie ein unfehlbares Mittel gefunden: Sie pfeifen auf dem Schlachtfeld. Die Trompete sporne die Cacouacs an; das Pfeifen treibe sie auseinander.[7]

Hinter dem vermeintlich wohlwollenden und zugleich vollkommen unglaubwürdigen Bild des neu entdeckten Volks der Cacouacs, das am selben Breitengrad wie die Pariser lebt, erkennt man unschwer ein sarkastisches Porträt der selbsternannten Aufklärer. Moreau nimmt gegen diese *philosophes* den Kampf auf und pfeift mit seinem Traktat auf deren Schriften. Er übernimmt die Waffen Voltaires und Diderots, die Ironie und die Parodie: Anstatt sich mit deren Lehre auseinanderzusetzen, karikiert er sie und zieht sie ins Lächerliche. Er verspottet die Cacouac-Häuptlinge, die mit Montesquieu in der Tasche im heißen Klima eine Despotie errichten und damit den Prinzipien der Natur gemäß zu handeln meinen. Er macht sich lustig über die Stilisierung der Chinesen und Inder zu Tugendlehrern. Die Suche nach ausländischen Wahrheiten und Tugenden wird ins Absurde getrieben, wenn er die Cacouacs Lehren aus dem Land der Tataren verkünden lässt. Mit dieser beißenden Ironie kritisiert er die Geltungsansprüche der *philosophes:* ihre Maßgabe, nach der Natur zu handeln, die Tugend zu verkörpern und die Menschheit anzuführen. Er greift ihr Bestreben an, ihre Zeitgenossen nach ihrem Bild umzuerziehen, und ihren Drang nach einer universellen Anerkennung ihres Genies.

Mit diesen Attacken initiierte Moreau eine neue Phase in der Polemik gegen diejenigen, die sich als Aufklärer in der Öffentlichkeit profilierten. Im Zentrum der Kritik stand nun ihre Selbstinszenierung und ihr damit verbundener Geltungsanspruch. Im selben Jahr, 1757, veröffentlichte Charles Palissot de Montenoy seine *Petites lettres sur de grands philosophes,* in denen er nicht die Ideen der Aufklärer angriff, sondern ihre diskursive Praxis des Aufklärens. Palissot störte der apodiktische und emphatische Stil der *philosophes,* der weder Widerrede noch Zweifel duldete. Für ihn verkörperten die Enzyklopädisten eine neue Spielart des Fanatismus, nicht unähnlich dem, den man bislang von Predigern kannte:

»All diese Herren [, die an Diderots Enzyklopädie schreiben,] sagen von sich selbst, sie seien *philosophes*, und einige darunter sind es tatsächlich. Doch muss man zugeben, dass es selbst unter denen, denen man am meisten Talent zubilligt, welche gibt, die durch ihre Schriften das Verdienst und die Vernunft hassenswert gemacht haben. Sie haben die Wahrheit, oder das, was sie für die Wahrheit gehalten haben, mit einem größeren Gepränge als je zuvor verkündigt. Ihre philosophischen Texte sind in einem autoritären und entschiedenen Ton geschrieben, wie man ihn bislang nur von der Kanzel kannte. Sie benutzen in ihren Traktaten über die Moral oder die Metaphysik eine Sprache, die man überall sonst als fanatisch verurteilen würde. [...] Dieser Ton, der bei den einen enthusiastisch und bei den anderen emphatisch ausfällt, ist so sehr von der zweifelnden Vernunft oder von der überzeugenden Wahrheit entfernt, dass er einige verständige Menschen empörte.«[8]

Auch die Selbstinszenierung dieser Literaten als Weise, die weltlichen Dingen wie Ruhm und Ehre abgeneigt seien, oder auch als Opfer einer Verschwörung der reaktionären Kräfte, brachte Palissot auf. Denn die *philosophes* suchten nichts als den Ruhm, duldeten keinen Widerspruch und benutzten ihre guten Beziehungen zu führenden Kreisen am Königshof, um ihre Widersacher zum Schweigen zu bringen. Sie schrien so lange, sie würden verfolgt, bis sie selbst verfolgen konnten:

»Man zeigte sich gegenüber dieser prächtigen Chimäre, die man Ruhm nennt, vollkommen gleichgültig; und währenddessen schrieb man, intrigierte man, versuchte man, sich interessant zu machen, indem man so tat, als ob man erwartete, verfolgt zu werden, obwohl die Verfolgung ausblieb. Wie angenehm ist es, den verdienstvollen Verfolgten vorzuspielen oder den, der dazu bereit ist, verfolgt zu werden! [...] Man gab an, den Ruhm zu verachten, und doch bildete man Parteien [...]. Und während man angab, auf die Kritik zu pfeifen, ersuchte man Befehle, um die erfolgreichsten Kritiker zum Schweigen zu bringen.«[9]

Vor allem zeichneten sich die *philosophes* durch ihre Eigenliebe aus. Sie strebten danach, für sich selbst »eine Art literarischen Thron« zu errichten.[10] Die Öffentlichkeit sollte dazu gebracht werden, sich vor diesem Thron zu verneigen und den *philosophes* angemessen zu huldigen.[11]

Mit dieser Kritik der Aufklärer legte Palissot den Finger in die Wunde. Es gehörte zur Rolle des *philosophes*, angegriffen zu werden. Jeder Aufenthalt in der Bastille war unter diesen Vorzeichen ein Qualitätsnachweis und ein hilfreicher Baustein zur Erlangung von Prominenz und öffentlicher Anerkennung. Doch der Lächerlichkeit preisgegeben zu werden war eine andere Sache. Genauso wie die Pornographie den moralischen Anspruch des Klerus unterminierte, so sollte die Darstellung der Aufklärer als größenwahnsinnige Fanatiker, die sich selbst auf enthusiastische Art Monumente errichteten, die Verlogenheit dieser selbsternannten geistigen Elite offenlegen. Als Palissot sie 1761 in seiner Komödie *Les philosophes modernes* als selbstverliebte, zynische, schmeichelnde und intrigierende Pedanten verspottete,[12] war ihre Empörung groß. Morellet und Diderot entgegneten Palissot mit aggressiven Pamphleten und sorgten für den Ausschluss des Dramaturgen aus vielen Salons. Diese Kampagne kostete ihn vorerst die Karriere und zwang ihn, Paris zu verlassen.[13]

In unseren Augen geben Moreau und vor allem Palissot bei aller Polemik den Kern dessen, was wir in diesem Buch unter »Aufklärung« verstanden haben, gut wieder. Denn eines haben die »philosophischen« Texte des 18. Jahrhunderts jenseits aller Vielfalt gemeinsam: Sie gehen mit einer Selbststilisierung der Autoren zu einer öffentlichen Moralinstanz einher. Dieser gesellschaftliche Deutungsanspruch wird abgeleitet von bestimmten seherischen Qualitäten – Diderot spricht in seinem Essay *Über das Genie* vom »esprit observateur« und dem »esprit prophétique«[14] –, gepaart mit dem eigenen Wissen um den zu erzielenden Fortschritt in allen Belangen der Menschheit, den eigenen Einsichten über die Botschaften der Natur und der Geschichte. Der Aufklärer nimmt für sich in Anspruch, als Richtinstanz für alle Ewigkeit Denkmäler aufzustellen und Ideen festzusetzen, und die Menschheit notfalls auch gegen ihren Willen ins Licht seiner Vernunft zu führen.

Die prominenten *philosophes* des 18. Jahrhunderts verstanden sich als Hohepriester der Philosophie, die laut Raynal den Platz Gottes im Geiste der Menschen einnehmen sollte.[15] Mit Sätzen wie »Jeder Schriftsteller von Genie ist eine gebohrne Obrigkeit seines Vaterlandes«[16] und »Philosophen aus allen Völkern, euch kommt es allein zu, Gesetze zu machen«[17] behaupteten sie, sie selbst und niemand anderes sollten über Politik und Recht bestimmen. Mehr als jede inhaltliche Kohärenz und Übereinstimmung ist es dieser unerhörte Geltungs- und Gestaltungsanspruch, der die unterschiedlichen Akteure im öffentlichen Meinungskampf als Aufklärer ausweist. Und es macht die Besonderheit zumal der zweiten Hälfte des 18. Jahrhunderts aus, dass dieser Geltungsanspruch zunehmend prominente politische Unterstützung erfuhr.

Die Ressourcen der Öffentlichkeit – Aufmerksamkeit, Sichtbarkeit, Anerkennung und Autorität – waren jedoch stets begrenzt und daher heiß umkämpft: nicht nur zwischen Aufklärern und ihren Feinden, sondern auch zwischen den Aufklärern untereinander. Es führt in die Irre, wenn man die polemischen Angriffe von Palissot als Angriffe der Gegenaufklärung auf die hehren Ziele der Aufklärung zu deuten sucht. Es geht auch nicht um einen Kampf zwischen Fürsprechern und Kritikern des Ancien Régime. Die Auseinandersetzung lässt sich vielmehr verstehen als polemischer Ausdruck von Konkurrenzkämpfen zwischen unterschiedlichen Hoffraktionen oder sogar innerhalb solcher Gruppierungen. Die prominentesten *philosophes* griffen nicht das politische System von außerhalb an, sondern nahmen als Klienten von Hochadligen gegen andere Akteure am Hof Stellung, wie Palissot zu Recht feststellte.[18] Entgegen ihrer Selbstinszenierung als isolierte Avantgarde der Wahrheit waren viele *philosophes* integraler Bestandteil der Hofpolitik und agierten teilweise als Propagandisten von Aristokraten. Voltaire, Raynal, Diderot, d'Alembert, Malesherbes, Mirabeau senior, Morellet, Quesnay: All diese berühmten Aufklärer standen der herrschenden Hofpartei um Madame de Pompadour und dem zukünftigen Außen- bzw. dem Marineminister Choiseul nahe, als Moreau und Palissot 1757 ihre Texte veröffentlichten. Sie anzugreifen hieß für Moreau indirekt, am Image der Favoritin und des Herzogs zu kratzen. Wiederum war für die selbsternannten Aufklärer eine Attacke auf die Jesuiten auch mit einem Angriff gegen die konkurrierende Hofpartei um den Dauphin gleichbedeutend.[19]

Palissots Lebenslauf macht zudem deutlich, dass die Geschichte der Polemiken, in die *philosophes* involviert waren, nicht nur Auseinandersetzungen zwischen verschiedenen Hofparteien waren, sondern auch innerhalb dieser Gruppen geführt wurden. Moreau war ein Klient der Königin Maria Leszczyńska – und damit, selbst wenn die traditionelle These einer »frommen Partei« um die Königin übertrieben sein mag,[20] einer Konkurrentin der Madame de Pompadour – und er bediente sich teilweise der Rhetorik des »parti dévot« um den Thronfolger. Palissot hingegen genoss die Protektion Voltaires und Choiseuls. Sein Ziel war es keineswegs, alle *philosophes* – und durch sie die königliche Mätresse – anzugreifen, sondern allein Diderot. Palissot lobte Voltaire öffentlich und blieb mit ihm im Briefkontakt, sogar nachdem sein Stück *Les philosophes modernes* in der *Comédie française* gespielt wurde. Voltaire versuchte seinerseits, die Wogen des Konflikts zwischen Palissot und Diderot zu glätten, und stellte Letzterem einen Sitz in der Akademie in Aussicht, sollte er trotz der Anfeindungen durch Palissot Choiseul gegenüber loyal bleiben. Diese Vermittlertätigkeit nahm Voltaire in einer Zeit auf sich, als er für Choiseul im Jahr 1761 als inoffizieller Diplomat bei den Friedensverhandlungen mit Friedrich II. von Preußen mitwirkte und danach strebte, weitere diplomatische Missionen zu übernehmen. Palissot wiederum antwortete in Choiseuls Auftrag auf die Spottgedichte des »philosophe de Sans-souci« gegen Ludwig XV. und die Pompadour.[21] Wenn Palissot Diderot so heftig angriff, so zeigte er sich nicht als »Gegenaufklärer« – jedenfalls nicht in dem Sinne, den man gewöhnlich mit diesem Begriff verbindet.[22] Auch kann man den Konflikt zwischen Diderot und Palissot nicht als einen Kampf zwischen der moderaten und der radikalen Aufklärung deuten.[23] Palissot versuchte vielmehr, sich bei seinem Patron Choiseul, dem Patron der *philosophes,* beliebt zu machen. Denn die Mätresse Choiseuls, die Fürstin von Robecq, war in einem anonym verbliebenen Pamphlet attackiert worden, das man Diderot zuschrieb. Palissots Schriften sollten wohl dafür eine Vergeltung sein.

Die Geschichte des Hofs ist eine von wechselvollen Beziehungen zwischen hochrangigen Persönlichkeiten – Ministern ebenso wie Aufklärern –, die komplexer ist, als die Story eines Kampfs zwischen der Aufklärung und der Gegenaufklärung oder zwischen einer radikalen und einer moderaten Aufklärung es suggeriert. Nicht ohne Grund stammen die Bilder und die Statuen, die von den *philosophes* zu Lebzeiten angefertigt wurden und es uns heute ermöglichen, uns ein Bild von ihrem Äußeren zu machen, fast ausnahmslos aus der Hand der prominentesten Hofkünstler ihrer Zeit: dem Maler Louis-Michel van Loo, der Diderot und den Marquis de Sade porträtierte, dem Hofbildhauer Jean-Baptiste Pigalle, der eine Ehrenstatue für Voltaire schuf, oder dem Bildhauer Jean-Antoine Houdon, der Büsten von Diderot, Rousseau und Voltaire anfertigte. Auch Palissot hat Houdon mit einer Büste verewigt. Für die *philosophes* waren die Mitglieder des Hofes und der Regierung potentielle Adressaten und Auftraggeber zugleich; für zumindest manche Minister und Höflinge waren die Aufklärer eine wirksame Waffe im öffentlichen Meinungskampf.

Jenseits der Einflusskämpfe am Versailler Hof ist Palissots kritische Haltung gegenüber Diderot eine Auseinandersetzung darüber, wer auf den Pariser Theaterbühnen den Ton angab. Nicht zuletzt durch seine Kritik an der hochtrabenden Rhetorik der Aufklärer suchte sich Palissot als Autor der *Comédie française* zu profilieren. Er wollte sich in die Tradition des Grand Siècle stellen und berief sich in seinen vernichtenden Kommentaren über das in seinen Augen pedantische und ermüdend-moralisierende Theater Diderots auf Racine, Corneille und Molière, die die menschlichen Leidenschaften wahrheitsgetreu wiedergegeben hätten. Seine Komödie *Les philosophes modernes* (1761) knüpfte an Molières *Der eingebildete Kranke*, an *Die gelehrten Frauen* und an *Tartuffe* an, die sich über die Pedanterie und die Eigenliebe der Ärzte und der sich literarisch betätigenden Frauen sowie über die Heuchelei der Devoten lustig gemacht hatten.

Solche Kämpfe zwischen Mitgliedern der politischen und geistigen Eliten sind keine Nebensache in der Geschichte der Aufklärung. Vielmehr wurde die Idee der »Aufklärung« in und durch Machtkämpfe erfunden und weiterentwickelt: durch Rivalitäten am Hof, zwischen Herrschern sowie zwischen Intellektuellen diversen Zuschnitts. In Frankreich versuchten die Akteure des geistigen Lebens, ihre normativen Ansprüche meist im Wechselspiel mit den Bestrebungen von hochrangigen politischen Amtsträgern am Hof durchzusetzen und auf diese Weise Ruhm zu erlangen, Protektion zu gewinnen und Konkurrenten auszuschalten. In anderen Ländern mochte die Stellung des Fürstenhofes von untergeordneter Bedeutung gewesen sein, aber auch dort meldeten sich Aufklärer mit ihren Ideen zu Wort, um damit Positionsgewinne im öffentlichen Raum zu erzielen und Geltungsansprüche durchzusetzen.

Zahlreiche Schriften Kants lassen sich auch als Versuch deuten, den Philosophen im Allgemeinen und sich selbst im Besonderen eine Rolle als Erzieher und als kritische Aufsichtsgewalt zuzuschreiben. Diesen Anspruch stellte er in seiner Schrift *Was ist Aufklärung?* für die allgemeine politische Öffentlichkeit. In seinem Traktat *Der Streit der Fakultäten* sah er die Philosophen an der Universität als diejenigen an, die eine Art kritische Aufsichtsfunktion über alle anderen Fakultäten haben müssten, um zu untersuchen, ob deren Lehrinhalte mit den Prinzipien der Vernunft übereinstimmten oder nicht. Hier dokumentiert sich das Aufbegehren eines Professors gegen eine Statushierarchie an der Universität, die der Theologie auch noch im 18. Jahrhundert den höchsten, der philosophischen Fakultät aber den niedrigsten Platz zuwies.[24] Kant kämpfte zeitlebens darum, dieses Verhältnis umzudrehen, und ironisierte die Rede von der Philosophie als »Magd« der Theologie mit der Sentenz, es bleibe dabei die Frage offen, »ob diese ihrer gnädigen Frau die Fackel vorträgt oder die Schleppe nachträgt«.[25] Die inhaltlichen Ideen der Aufklärer lassen sich von ihren sozialen Positionskämpfen nicht trennen.

Immanuel Kants Artikel *Was ist Aufklärung?* ist seit langem fester Bestandteil im Kanon prominenter Aufklärungsschriften. Dies gilt auch für zahlreiche andere Texte, deren Deutung uns in diesem Essay beschäftigt hat: für Voltaires *Essai sur les mœurs,* für Raynals *Geschichte beider Indien,* für Condorcets *Darstellung der Fortschritte des menschlichen Geistes,* für Diderots und d'Alemberts *Enzyklopädie,* für Holbachs *System der Natur* etc. Die Kanonisierung prominenter Aufklärungsschriften hat aber ihren Preis: Während die Texte dadurch Prominenz und Verbreitung erlangen, sind die unterschiedlichen sozialen und historischen Kontexte, in denen diese Schriften entstanden, ja die für ihre Entstehung ursächlich waren, nicht Teil des Kanonisierungsprozesses. Träumten die Aufklärer davon, mit ihren Werken dauerhafte Denkmäler für die Nachwelt zu errichten, geht dieser Wunsch in der Aufklärungsforschung zumindest für diejenigen in Erfüllung, deren Schriften angeblich die Moderne geprägt haben sollen. Erst die Zusammenstellung eines solchen Kanons ermöglicht es, Aufklärung im Singular zu denken, sich auf die Suche nach dem Programm der Aufklärung zu begeben, von der Vielzahl der Autoren und der Pluralität der Entstehungskontexte abzusehen und stattdessen Aufklärung als »rationale Operation«, als »emanzipative Aktion« und als »geschichtliche Bewegung« zu definieren[26] – wohlgemerkt stets im Singular!

Kanonisierung und Kanonpflege sind jedoch keine Instrumente der Geschichtswissenschaft, sondern Mittel der Traditionserfindung und -pflege. Sie sind notwendige Elemente einer gesellschaftlichen Erinnerungspraxis, doch für die Analyse von Entstehungskontexten und Entstehungsursachen, von Wirkungsabsichten und Geltungsansprüchen eher hinderlich. Ein Schaden erwächst für die Wissenschaft und die historische Erkenntnis jedenfalls dann, wenn in der Aufklärungsforschung und der Ideengeschichte nicht mehr darüber reflektiert wird, welche Fragen dazu dienen, die Entstehung und die Rezeption der untersuchten Schriften offenzulegen, und welche dazu dienen, deren soziale, politische oder moralische Relevanz für die Gegenwart zu bestimmen. Letzteres ist unverzichtbarer Bestandteil einer lebendigen Erinnerungspolitik, liefert aber keinen Beitrag für das Verständnis der Aufklärer als historische Akteure. Jonathan Israel beispielsweise hat mit seinen dickleibigen Bänden zur Aufklärung keine Mühen gescheut, um die Schriften der Aufklärer in enzyklopädischer Breite zu kartographieren – sein Deutungsangebot, die Unterscheidung von moderater und radikaler Aufklärung, ist jedoch so sehr der Traditions- und Kanonpflege verpflichtet, dass es für das Verständnis der untersuchten Autoren letztlich wertlos ist. Wenn man deren Motiven und Intentionen auf den Grund einschlagen möchte, so muss man als Aufklärungshistoriker den umgekehrten Weg einschlagen: Statt eine Monumentalisierung einzelner Schriften und Autoren zu betreiben, muss man den sozialen und politischen Ort des jeweiligen Autors, seine Einbindung in Netzwerke und Verpflichtungen, seine Konflikte, seine Gönner und Rivalen, seine Inszenierungsstrategien und die von ihm eingenommenen Rollen nachvollziehen.

In diesem Buch haben wir uns bemüht, einige Einblicke in die wechselvolle Geschichte der Formulierung von Geltungsansprüchen in den Macht- und Deutungskämpfen im 18. Jahrhundert zu geben. Es ging uns dabei nicht darum, die Aufklärer für ihre intoleranten Parolen, ihre aggressiven Geltungsansprüche und ihr politisches Spiel zu kritisieren. Es zeigt sich aber, dass die modernisierende, zukunftsweisende Agenda der Aufklärer ihre vermeintliche Modernität einbüßt, wenn man sie im Kontext ihrer Entstehungszeit verortet und die formulierten Inhalte nicht loslöst von den zeitgenössischen Debatten, den dabei formulierten Ansprüchen und den mit den Texten verfolgten Strategien der Autoren. Wir wollten darauf hinweisen, dass das Weltbild der Aufklärer in vielerlei Hinsicht nicht unseren heutigen Normvorstellungen entspricht. Unser Anliegen war es, die Aufklärung zugleich zu normalisieren und auf Distanz zu setzen: sie als eine Epoche wahrzunehmen, die wie jede andere auch durch spezifische politische und soziale Kämpfe und vielfach durch ältere Vorstellungen geprägt war – nicht als ein Zeitalter, das unsere heutige Welt hervorgebracht hat. Als Historiker begegnen wir den »Cacouacs« mit kritischer Sympathie. An Denkmalbauten zu ihren Ehren beteiligen wir uns nicht – hierzu haben die Cacouacs zu ihren Lebzeiten bereits mehr als genug beigetragen.

Anmerkungen

Einleitung:
Propheten der Moderne?

1 Mercier, *Das Jahr 2440*, Kap. 30.

2 Ebd., Kap. 31.

3 Ebd., S. 154.

4 Garrard, *Rousseau; Israel, Democratic Enlightenment*, S. 93–109. Zwar ist Rousseau für Israel ein Antiaufklärer, der Rousseauverehrer Mercier bekommt jedoch den Ehrentitel eines Radikalaufklärers verliehen (S. 527, 645f., 787); Blom, *Böse Philosophen*, S. 151–174, 247–262, 272–292.

5 Unter »Historisierung« verstehen wir eine Entaktualisierung, die aus zwei synchron laufenden Vorgängen besteht: eine Defamiliarisierung und eine Rekontextualisierung: Baumstark (Hg.), *Historisierung; Most, Preface*. Die Historisierung scheint uns eine der Grundlagen der Geschichtswissenschaft zu sein.

6 Vgl. nur Reed, *Mehr Licht in Deutschland; Geier, Aufklärung. Das europäische Projekt; Burns, Fire and Light*.

7 Jean Mondot fasst die Errungenschaften der Aufklärung wie folgt zusammen: »Kritik. Toleranz. Meinungsfreiheit. Pressefreiheit. Öffentlichkeit. Menschenrechte. Menschenwürde. Rechtsgleichheit. Chancengleichheit. Glück. Republik. Kosmopolitismus. Weltbürgertum. Universalismus. Brüderlichkeit.« Mondot, Aufklärung, hier S. 160.

8 Vgl. Porter, *Enlightenment; Pagden, The Enlightenment*. Bei diesem Buch verkündet der Klappentext: »The story how the modern, Western view of the world was born«.

9 Lottes, Die Geburt, hier S. 20.

10 Schmidt, *Wandel*, S. 15.

11 Schmale, *Das 18. Jahrhundert*, S. 290.

12 Nicht grundsätzlich anders: Meyer, *Epoche;* eher vorsichtig: Vierhaus, *Was war Aufklärung?*, S. 15 und 23; McMahon, *Enemies of the Enlightenment,* vor allem S. 14.

13 Vgl. hierzu nur exemplarisch: Schmidt, *Wandel,* S. 394.

14 Diese populäre Sichtweise wird vertreten u. a. von Meyer, *Epoche,* S. 12f.; Fulda, Gab es »die Aufklärung«?

15 Venturino, L'historiographie révolutionnaire; erst die Revolution verlieh den Texten der Aufklärer einen »programmatischen Sinn«: Chartier, *Les Origines,* S. 112–113.

16 Vgl. Schmidt, *Inventing the Enlightenments;* Lough, *Reflections;* Rosso, *Inventing »illuminismo«.*

17 Vgl. hierzu nur exemplarisch Mann, *Betrachtungen eines Unpolitischen,* S. 48: »aus dem Frankreich der Revolution empfängt der Literat seine großen Überlieferungen, dort liegt sein Paradies, sein goldenes Zeitalter, Frankreich ist sein Land, die Revolution seine große Zeit, es ging ihm gut damals, als er noch ›Philosoph‹ hieß und in der Tat die neue Philosophie, nämlich die der Humanität, Freiheit, Vernunft vermittelte, verbreitete, politisch zubereitete ...«. Ferner Elias, *Prozeß der Zivilisation,* hier Bd. 1, S. 36–42.

18 Schandeler, *Les Interprétations de Condorcet,* S. 224.

19 Cassirer, *Die Philosophie,* S. VI.

20 Ebd., S. V–X.

21 Israel, *A Revolution of Mind,* S. IX.

22 Ebd., S. XII.

23 Zur Menschenrechtsbewegung: Moyn, *The Last Utopia.*

24 Hazard, *La Crise.* Israel beruft sich auf Hazard, um seine Epocheneinteilung zu verteidigen: Israel, *Enlightenment contested,* S. 19.

25 Gay, *The Enlightenment;* Bianchi, Peter Gay.

26 Schneiders, *Lexikon der Aufklärung,* S. 10–12; Schneiders, *Zeitalter,* S. 7–12; Berti, Die Aufklärung überdenken; klassisch: Habermas, *Der philosophische Diskurs.*

27 »The German Aufklärer were isolated, impotent, and almost wholly unpolitical.« Gay, *The Elightenment,* Bd. 1, S. 4.

28 Porter, *Enlightenment.*

29 Ebd., S. 481: »If Enlightenment had a ›father‹, Locke's paternity claim is better than any other, and Bentham was the most innovative exponent of a utilitari-

anism destined to exert a worldwide appeal; there was no freer free-thinker than Anthony Collins, no more ornery liberal individualist than Joseph Priestley while, for his part, William Godwin, the author of anarchism, undertook an astonishing root and branch rational rethink of politico-moral life from first principles.«

30 Ebd., S. 482f. Ähnlich auch Himmelfarb, *The Roads to Modernity.*

31 Chisick, Interpreting the Enlightenment; ferner die Rezensionen über je eines der Werke von Israels Trilogie von Helmut Reinalter (recensio.net, http://www.recensio.net/rezensionen/zeitschriften/francia-recensio/2012-3/frueheneuzeit-revolution-empire-1500 –1815/democratic-enlightenment/@@generate-pdf-recension?language=de; zuletzt eingesehen am 19.02.2015); Daniel Gordon (European History Quarterly 39/4, 2009, S. 700–702); Gerrit Walther (Historische Zeitschrift 287, 2008, S. 456–460); Thomas Munck (English Historical Review 123 (500), 2008, S. 221–225); Anne Deneys-Tunney (Dix-huitième Siècle 38/1, 2006, S. 653–655); Charles Porset (Dix-huitième siècle 36, 2004, S. 642–643); Margaret C. Jacob (Journal of Modern History 75/2, 2003, S. 387–389); Thomas Hipple (Historische Literatur. Rezensionszeitschrift von h-soz-u-kult, 2003); John Christian Laursen (American Political Science Review 95/4, 2001, S. 980–981); Dorinda Outram (The British Journal for the History of Science 34, 2001, S. 464–466); John B. Roney (History. Reviews of new books 30/2, 2002, S. 68); Antoine Lilti (Annales 64/1, 2009, S. 171–206). Lilti konstatiert »eine sehr positive und sogar begeisterte Rezeption« der Werke Israels (ebd., S. 172).

32 Moyn, Mind the Enlightenment; Lilti, Comment écrit-on l'histoire.

33 Vgl. nur Israel/Mulsow (Hg.), *Radikalaufklärung,* S. 8.

34 Eine Variante dieser Erzählung hat jüngst Michael Mack geliefert. Ihm zufolge liegen im Denken Spinozas die Wurzeln einer Akzeptanz von kultureller Diversität: Mack, *Spinoza.*

35 Israel, *A Revolution of Mind,* S. VII. (Übersetzung D. T.).

36 Lilti, Comment écrit-on l'histoire, hier S. 200–204. Die Kritik einer mangelnden globalen Perspektive lässt sich auf den letzten Band in Israels Trilogie aber nicht mehr umstandslos übertragen. Hier kommt auch die außereuropäische Aufklärung zu ihrem Recht.

37 Vgl. hierzu Darnton, *The Forbidden Bestsellers;* Mason (Hg.), *The Darnton Debate;* Moureau, *La Plume et le Plomb;* Jacob, *The Radical Enlightenment;* dies.,

Living the Enlightenment; Chartier, *Les Origines;* ders., *Pratiques de la lecture;* Chartier/Martin (Hg.), *Histoire,* Bd. 2: *Le livre triomphant;* Chartier (Hg.), *Histoires de la lecture;* Habermas, *Strukturwandel;* Neugebauer-Wölk, *Esoterische Bünde;* Zaunstöck, *Gelehrte Gesellschaften;* Zaunstöck/Meumann (Hg.), *Sozietäten;* Roche, *Les Circulations;* ders., *La France des Lumières;* ders., *Le Siècle des Lumières.*

38 Äußerst kritisch zur postulierten Wirkungsgeschichte Spinozas: Mason, *God,* S. 248; Schröder, *Spinozismus,* S. 134–138.

39 Lilti, Comment écrit-on l'histoire, S. 176–180.

40 Moyn, Mind the Enlightenment:»The trouble is […] that [Israel] claims its principles are not themselves part of the history he is supposed to narrate. Israel treats his necessarily linked values as eternal truths rather than historical inventions. […] Scholarship and sermonizing merge into a church history of secularism. Israel self-consciously revives an old claim – books made a revolution. […] As a result, Israel ends up with no explanation for why his package of emancipatory values succeeded, except that they are true. They were what society needed, and always needs, and they caused a revolution. But this is no explanation at all – or at least not a historical one. Perhaps not by coincidence, it is much like saying Christianity succeeded because Jesus was the savior.«

41 Darnton, *Washingtons falsche Zähne,* insbesondere S. 4, 21–26.

42 Ähnlich auch Schneiders, *Zeitalter der Aufklärung,* S. 20:»Aber natürlich sind auch die Aufklärer des 18. Jahrhunderts nie nur Aufklärer gewesen«.

43 La Vopa, A new intellectual history?, insbesondere S. 723; Moyn, Mind the Enlightenment; Lilti, Comment écrit-on l'histoire, hier S. 194.

44 Zur Esoterik: Edelstein (Hg.), *The Super-Enlightenment;* Neugebauer-Wölk, *Esoterische Bünde;* dies. (Hg.), *Aufklärung und Esoterik.*

45 Damit baut er Traditionslinien auf, ohne zu beachten, dass Rezeptionsvorgänge immer mit Aneignungen einhergehen. So wurde Spinoza ständig neu erfunden: Lilti, Comment écrit-on l'histoire, hier S. 187–193.

46 Darnton, *Washingtons falsche Zähne,* S. 12–21.

47 Darnton, *Literaten im Untergrund;* ders., *Glänzende Geschäfte;* ders., *The Forbidden Bestseller;* ders., *Poesie und Polizei.*

48 Schama, *The Embarrassment,* S. 117.

49 Zum republikanischen Denken: Pocock, *Machiavellian Moment;* Miller, *De-*

fining the Common Good; zu Modrevius: Ptaszyński, *Zwischen Gemeinwohl und Staatsräson.*

50 Boulainvillers, *Lettres.*

51 Israel, *Radical Enlightenment,* Kap. 30.

52 Israel, *A Revolution of Mind,* S. 2: »On Spinoza's principles, society would become more resistant to being manipulated by religious authority, autocracy, powerful oligarchies and dictatorship, and more democratic, libertarian and egalitarian.«

53 Boulainvillers, *Lettres.*

54 Bömelburg, *Frühneuzeitliche Nationen;* Bömelburg, Sarmatismus.

55 Darnton, *Washingtons falsche Zähne,* insbesondere S. 4, 21–26.

56 Becker, *Gottesstaat.*

57 Ähnlich auch Karl Löwith, der die Geschichtsphilosophie des 18. bis 20. Jahrhunderts auf theologische Bestandteile absuchte: Löwith, *Weltgeschichte und Heilsgeschehen.*

58 Ebd., S. 21.

59 Becker, *Gottesstaat,* S. 42.

60 Ebd., S. 68f.

61 Ebd., S. 100.

62 Berlin, Giambattista Vico; ders., Der angebliche Relativismus. Dabei gilt es jedoch zu bedenken, dass Berlin die Begriffe »Aufklärung« und »Romantik« kaum verwendet und ihnen kritisch gegenübersteht.

63 Galipeau, *Isaiah Berlin,* S. VII–VIII.

64 Gay, Carl Becker; ferner Emerson, Peter Gay.

65 Wright, *The Pre-Postmodernism.*

66 Eine Zusammenfassung dieser Denkansätze findet man bei: Wilson, Postmodernism. Jonathan Israel wertet diese Kritik als Modeerscheinung, wird den Kritikern und ihren Aussagen damit aber nicht gerecht: Vorwort von: Israel, *Enlightenment contested.*

67 Bernasconi, *Kant as an Unfamiliar Source.*

68 Viennot, Revisiter la »Querelle des Femmes«, hier S. 17.

69 Schechter, Rationalizing the Enlightenment, hier S. 94f.; Hertzberg, *The French Enlightenment,* S. 7, 313, 367f.; Bernardini/Lucci, *The Jews,* S. 9–12.

70 Lyotard, *Das postmoderne Wissen.* Durchaus ähnlich die Beschreibung bei Luhmann, *Beobachtungen der Moderne,* S. 7: Die Postmoderne »hat bekannt

gemacht, dass die moderne Gesellschaft das Vertrauen in die Richtigkeit ihrer eigenen Selbstbeschreibungen verloren hat«.

71 Dirks, Colonialism and Culture, hier S. 7.

72 Condorcet als Antiimperialist: Muthu, *Enlightenment*, S. 2; Pitts, *A Turn to Empire*, S. 1; Condorcet als Imperialist: Carey/Festa, Introduction, hier S. 1.

73 Ghachem, Montesquieu in the Caribbean, hier S. 7.

74 Gray, After the new Liberalism, hier S. 123.

75 Ebd., hier S. 120–124.

76 Gray, Enlightenment's wake, hier S. 145f.; Wokler, Projecting the Enlightenment, hier S. 108.

77 Darnton, *Washingtons falsche Zähne*, insbesondere S. 12–21.

78 Muthu, *Enlightenment Against Empire;* Ehrard, *Lumières*, S. 15–19, Zitat S. 16. Auch ist die Monographie Jennifer Pitts' zu erwähnen, die betont, dass die liberalen Denker des 18. Jahrhunderts im Gegensatz zu ihren Epigonen aus dem frühen 19. Jahrhundert antikolonialistisch eingestellt gewesen seien: Pitts, *A Turn to Empire*.

79 Bock, Querelle du féminisme, insbesondere S. 343; Einleitung von: Taylor/Knott (Hg.), *Women*, S. XV–XXI.

80 Ghachem, Montesquieu, hier S. 7–10; Wokler, Projecting the Enlightenment, hier S. 115f. Harvey betont die Diversität aufklärerischer Schriften: Harvey, *The French Enlightenment*.

81 Mortier, »Lumière«, hier S. 15–27; Schippan, *Aufklärung*, S. 15f.; detaillierter: Edelstein, *The Enlightenment*.

82 Vgl. Blänkner, »*Absolutismus*«; zum Begriff der Aufklärung in Russland: Schippan, *Aufklärung*, S. 15.

83 Rosso, Inventing »illuminismo«; Fulda, Gab es »die Aufklärung«?

84 Lehner, *Enlightened Monks;* Wallnig, What »Monastic Enlightenment?«; Glassner u. a. (Hg.), *Melk*.

85 Dieser Anspruch des Aufklärers lebt in verwandelter Gestalt in der Rolle des Intellektuellen weiter; vgl. hierzu Pečar, Der Intellektuelle. Aktuelle Beispiele der Inanspruchnahme der Aufklärerrolle sind Louden, *The World We Want;* Postman, *Die zweite Aufklärung*.

86 Beaurepaire (Hg.), *La communication;* Doering-Manteuffel u. a. (Hg.), *Pressewesen*.

87 Mortier, »Lumière«, hier S. 37–50.

88 In letzter Zeit verteidigten mehrere Forscher die Idee einer Einheit der Aufklärung gegen diejenigen, die den Unterschied zwischen nationalen Aufklärungen, moderater und radikaler Aufklärung oder diverse diskursive Traditionen betonen. Zu dieser Debatte: Robertson, *The Case;* Pocock, *Historiography and Enlightenment.* Dorinda Outram versteht unter »Aufklärung« kein einheitliches Programm, sondern eine Reihe von Debatten, die sich teilweise überschneiden. Nichtsdestotrotz behandelt sie in ihrer Darstellung »die Aufklärung« wie ein denkendes und agierendes Subjekt. Dies sieht man an Sätzen wie »The Enlightenment […] saw the economic integration of the world«. Outram, *The Enlightenment* (Zitat S. 65).

89 Edelstein, *The Enlightenment.*

90 Schippan, *Die Aufklärung,* S. 22.

91 Diese Tendenz hat Johann Georg Hamann bei Kant erkannt und kritisiert: Brief an Christian Jacob Kraus vom 18. Dezember 1784, in: Hamann, *Briefwechsel,* S. 289–291.

92 Kant, Was ist Aufklärung? S. 57–59.

93 Kant, Der Streit.

94 Vgl. hierzu Schmidt, *Wandel,* S. 9–18; kritisch hierzu Pečar, Laboratorium der Moderne? Eine kritische Diskussion findet statt in Stollberg-Rilinger, *Europa,* S. 15–18.

95 Zuletzt Clark, The Enlightenment.

96 Dies betont Daniel Fulda gegen Clark: Fulda: Gab es »die Aufklärung«? hier S. 15–17.

97 Delon, Les Lumières, hier S. 528f.

98 Im Frankreich des 18. Jahrhunderts wurde der Begriff »lumières« nur sporadisch kritisiert. Mortier, »Lumière«, hier S. 44f.; Baruch, *Linguet.*

99 Dies entspricht auch dem methodischen Programm der Cambridge School of Political Thought; vgl. hierzu nur Tully, *Meaning and Context;* Mulsow/Mahler (Hg.), *Cambridge School.*

Der Blick zurück nach vorn: Fortschritt und Aufklärung

1 Madec, *Boullée*, S. 60–63.

2 Zitiert nach ebd., S. 132.

3 Israel, *Democratic Enlightenment*, S. 7.

4 Dirks, Colonialism and Culture, hier S. 7; Carey/Festa, Introduction, S. 1–33; Spivak, *Critique;* Mehta, Liberal Strategies of Exclusion.

5 Weber, Wissenschaft als Beruf, S. 592.

6 Diderot, »Enzyklopädie«, S. 137.

7 Ebd., S. 138.

8 Ebd., S. 150.

9 Mercier, *Das Jahr 2440,* S. 60.

10 Madec, *Boullée*, S. 69–73.

11 Becker, *Gottesstaat*, S. 99–100 (Zitat S. 100).

12 Edelstein, *The Enlightenment*, S. 49f.

13 Zedelmaier, *Der Anfang*, S. 245f.; Sole, Voltaire.

14 Grell, *L'Histoire*, S. 99–105.

15 Ebd., S. 105–111.

16 Koselleck, *Vergangene Zukunft*, S. 34.

17 Dieser klassisch gewordenen Deutung folgt beispielsweise Meyer, *Epoche,* S. 15.

18 Stollberg-Rilinger, *Europa*, S. 253; Fulda, Wann begann die offene Zukunft?

19 Becker, *Gottesstaat*, S. 68–79.

20 Koselleck, *Kritik und Krise,* S. 108–111, Zitate S. 111.

21 Ebd., S. 111.

22 Badinter, *Condorcet*. Zum Bild Condorcets im späten 20. Jahrhundert vgl. Schandeler, *Les Interprétations de Condorcet*, S. 2f., 290; Magrin, *Condorcet*, S. 10f.

23 Israel, *Democratic Enlightenment*, S. 18f., 538, 921.

24 Condorcet, *Entwurf,* S. 345f.

25 Ebd., S. 293f.

26 Vgl. hierzu Kondylis, *Die Aufklärung,* S. 464f.; ferner allg. Bury, *The Idea of Progress.*

27 So auch Löwith, *Weltgeschichte und Heilsgeschehen*, S. 88–91.

28 Carey/Festa, *Some Answers*, S. 1.

29 Vgl. hierzu Muhlack, *Geschichtswissenschaft*, S. 258f.

30 Vgl. Löwith, *Weltgeschichte und Heilsgeschehen*, S. 100f.

31 Vgl. hierzu Kondylis, *Die Aufklärung*, S. 444–451.

32 So die These von Osterhammel, *Die Entzauberung Asiens*.

33 Edelstein, *The Enlightenment*, S. 37–41.

34 Ebd.; Norman, *Shock of the Ancient*.

35 Voltaire, *Geschichte Karls XII.*, S. 44–49.

36 Wolff, *Inventing Eastern Europe*, S. 91.

37 Ebd., S. 17–49.

38 *Encyclopédie*, Bd. XII., S. 925–933. Vgl. hierzu auch Wolff, *Inventing Eastern Europe*, S. 184–189.

39 *Encyclopédie*, Bd. XII, S. 934.

40 Ebd., S. 930f.

41 Wolff, *Inventing Eastern Europe*, S. 189.

42 Behrisch, *Berechnung der Glückseligkeit;* ders., *Vermessen, Zählen, Berechnen;* Sandl, *Ökonomie des Raums*.

43 Diderot, Art. »Enzyklopädie«, S. 135.

44 Holste, Konkurencyjne koncepcje przestrzeni.

45 Friedrich II./Voltaire, *Briefwechsel*, S. 429 (Brief von Friedrich II. an Voltaire, 8. Januar 1766).

46 Raumer, *Friedensrufe*.

47 Friedrich II./Voltaire, *Briefwechsel*, S. 440 (Brief vom Oktober 1769).

48 Vgl. hierzu auch Wolff, *Inventing Eastern Europe*, S. 211–215.

49 Katharina die Große/Voltaire, *Briefwechsel*, S. 75 (Brief vom 27. Mai 1769).

50 Bömelburg, *Friedrich II. zwischen Deutschland und Polen*, Kap. 4.

51 Dietrich, *Die politischen Testamente*, S. 647f.

52 Friedrich II., Krieg der Konföderierten.

53 Bömelburg, *Friedrich II. zwischen Deutschland und Polen*, S. 91.

54 Wolff, *Inventing Eastern Europe*, S. 260–266.

55 Zu Burke vgl. Bömelburg, *Friedrich II. zwischen Deutschland und Polen*, S. 72–74.

56 *Encyclopédie*, Bd. V, S. 953f.

57 Vgl. Gerstenberger, *Iberien*.

58 Vgl. nur Montesquieu, *Perserbriefe*, S. 141–144 (78. Brief); Hinterhäuser, *Spanien und Europa*.

59 Vgl. Gerstenberger, *Iberien*, S. 12.

60 Hinterhäuser, *Spanien und Europa*, S. 67.

61 Sarrailh, *L'Espagne éclairée*; Paquette, *Enlightenment*. Skeptisch gegenüber der Idee einer spanischen Aufklärung von oben: Sánchez-Blanco, *El absolutismo*.

62 Vgl. Wolff, *Inventing Eastern Europe*, S. 86–88.

63 Voltaire, *Geschichte Karls XII.*, S. 19.

64 Dies war indes keine rein westliche Zuschreibung, sondern gibt letztlich nur die russische Panegyrik für Peter den Großen wieder. So hat Gavriil Ivanovič Golovkin Peter anlässlich der Verleihung des Imperatorentitels mit dem Satz umschrieben: »Du hast uns aus dem Nichtsein ins Sein geführt«; vgl. hierzu Wittram, *Peter I.*, Bd. 2, S. 463.

65 Hsia, *A Jesuit in the Forbidden City*.

66 Israel, *Enlightenment contested*, Kap. 25 und 26.

67 Poivre, *Voyages d'un philosophe*, S. 106–127.

68 Israel, *Democratic Enlightenment*, S. 558.

69 Dies geben selbst diejenigen Forscher zu, die wie Harvey die These einer Delegitimierung der kulturellen Pluralität in der Aufklärungszeit ablehnen: Harvey, *The French Enlightenment*, S. 34–40, 60–68, 81–96. Obwohl er Edward Said kritisiert, sieht Harvey genauso wie dieser palästinensisch-amerikanische Autor das Aufkommen eines orientalistischen Diskurses im späten 18. Jahrhundert. Im Endeffekt kommt Harvey genauso wie die postkolonialen Aufklärungskritiker – denen er eigentlich widersprechen möchte – zur Einschätzung, dass die Fortschrittsidee den Kolonialismus begründete: ebd., S. 203–210.

70 Diderot, *Chinois*, in: *Encyclopédie*, Bd. III, S. 341–348.

71 Israel, *Democratic Enlightenment*, S. 563–572.

72 Ebd., S. 564–566.

73 Raynal, *Philosophische und politische Geschichte*, Bd. 1, S. 189.

74 Ebd., S. 190.

75 Ebd., S. 190–193.

76 Mercier, *Das Jahr 2440*, S. 272.

77 Ebd., S. 273.

78 Ebd., S. 273f.

Für eine dritte Reformation:
Die Religions- und Toleranzdebatte

1 Mercier, *Das Jahr 2440*, S. 110f.

2 Ebd., S. 116.

3 Ebd., S. 117–119.

4 Wehler, Verblendetes Harakiri; Winkler, Ehehindernisse; Tibi, *Mit dem Kopftuch nach Europa?*

5 Israel, *Democratic Enlightenment*, S. 143.

6 Becker, *Gottesstaat*, S. 21: »Tapfer verteidigten sie den Toleranzgedanken, aber sie wandten diese Gesinnung nur sehr schwer auch auf die Priester an«.

7 Forst (Hg.), *Toleranz;* ders., *Toleranz im Konflikt*, S. 45–48.

8 Kant, Was ist Aufklärung?

9 Schlüter, Toleranz, S. 498; Höffe, Ursprung der Toleranz, S. 13.

10 Kant, *Kritik der reinen Vernunft*, S. 676–687.

11 Kant, Der Streit der Fakultäten, S. 300–303.

12 Kant, Frieden, S. 225f.

13 Kant, Religion, S. 762–787.

14 Ebd., S. 852f.: »Das Pfaffentum ist also die Verfassung einer Kirche, sofern in ihr ein Fetischdienst regiert, welches allemal da anzutreffen ist, wo nicht Prinzipien der Sittlichkeit, sondern statuarische Gebote, Glaubensregeln und Observanzen die Grundlage und das Wesentliche desselben ausmachen.«

15 Vgl. hierzu Forst, *Toleranz*, S. 312–351, dem wir in unserer Interpretation folgen.

16 Kreimendahl, Das Theodizeeproblem.

17 Bayle, Art. »Manichäer«, S. 166.

18 Mason, *Pierre Bayle and Voltaire;* Lorenz, Friedrich der Große; Israel: *Democratic Enlightenment*, S. 143 (über Holbach und Diderot als Erben von Bayles Toleranzkonzept); hierzu s. u. S. 70–72.

19 Zum Skeptizismus von Bayle vgl. Popkin, Pierre Bayle's Place.

20 Schlögl, *Alter Glaube und moderne Welt*, S. 379.

21 Voltaire, *Philosophische Briefe*, S. 24. Voltaire, Über die Toleranz.

22 Voltaire, *Aus dem Philosophischen Wörterbuch*, S. 67 (Art. »Fanatismus«).

23 Voltaire, Glaubensbekenntnis des Theisten, S. 467.

24 Ebd.

25 Voltaire, *Aus dem Philosophischen Wörterbuch*, S. 57f. (Art. »Atheismus«).
26 Israel, *Radical Enlightenment*, Kap. 18; Robertson, *The Case for the Enlightenment*, Kap. 3.
27 Hsia, *A Jesuit in the Forbidden City*, S. 287–308; Flichy, *Stratégies chinoises*.
28 Israel, *Radical Enlightenment*, Kap. 18; Robertson, *The Case for the Enlightenment*, Kap. 3; Merkel, *Leibniz und China;* Perkins, *Leibniz and China;* Ching/ Oxtoby, *Moral Enlightenment*.
29 Motsch, La Chine et la Nouvelle-France.
30 Motsch, *Lafitau*.
31 Vidal, *The Sciences of the Soul*, S. 197.
32 Grell, *L'Histoire entre érudition et philosophie*, S. 99–105.
33 Motsch, La Chine et la Nouvelle-France, S. 223.
34 Voltaire, Über die Toleranz, S. 127.
35 Forst, *Toleranz im Konflikt*, S. 384f.
36 Voltaire, *Essai sur les mœurs*, Kap. 9 (De la théocratie), S. 40f.; vgl. ferner Lang, Theokratie; Trampedach/Pečar (Hg.), *Theokratie*.
37 Voltaire, *Aus dem Philosophischen Wörterbuch*, S. 57f., Art. »Atheisten«: »Merkwürdig, daß der Judaismus, der den Gipfel des Aberglaubens darstellt, von den Völkern verabscheut und von den Weisen verachtet wird, doch überall für Geld geduldet wird, während der Theismus, der das Gegenteil des Aberglaubens darstellt, dem Volke unbekannt ist und nur von den Philosophen vertreten wird, einzig in China öffentliche Anerkennung genießt.«
38 Gay, *Party of Humanity*, S. 107.
39 Löwith, *Weltgeschichte und Heilsgeschehen*, S. 100f. und 104–106.
40 Hertzberg, *The French Enlightenment and the Jews*, S. 254f.
41 Gay, *Party of Humanity*, S. 108.
42 Sutcliffe, *Judaism and Enlightenment*, S. 247–255.
43 Jaucourt, Art. »Jude«, S. 246f.
44 Vgl. hierzu Cyranka, Natürlich – positiv – vernünftig.
45 Lessing, Die Erziehung des Menschengeschlechts, S. 492 (§ 16).
46 Ebd., S. 501.
47 Mendelssohn, Jerusalem, S. 456f.
48 Dohm, *Über die bürgerliche Verbesserung der Juden*, S. 120.
49 Ebd., S. 122.
50 Ebd., S. 177–186. Vgl. auch Bernardini/Lucci, *The Jews*, S. 128.

51 Vgl. hierzu nur exemplarisch Burschel/Marx, *Reinheit*.

52 Assmann, *Die mosaische Unterscheidung*, S. 12f.

53 Israel, *Democratic Enlightenment*, S. 20 und 143.

54 Voltaire, Glaubensbekenntnis des Theisten, S. 477.

55 Holbach, *System der Natur*, S. 448.

56 Ebd., S. 465.

57 Ebd., S. 461.

58 Ebd., S. 499.

59 Ebd., S. 492.

60 Ebd., S. 470.

61 Vgl. hierzu Becker, *Gottesstaat*, S. 21.

62 Vgl. nur Schama, *Der zaudernde Citoyen*, S. 762–768.

63 Ebd., S. 815–822.

64 Kant, *Streit der Fakultäten*, S. 285f.

»Ad maiorem Dei gloriam«: Rassentheorien der Aufklärer

1 In der deutschen Fassung: Moravia, *Beobachtende Vernunft*, S. 12.

2 Ebd., S. 19.

3 Ebd., S. 22f.

4 Krauss, *Zur Anthropologie*, S. 11.

5 Mosse, *Toward the Final Solution*, S. 1–34.

6 Popkin, The Philosophical Basis. George M. Fredrickson sieht die Aufklärer als Wegbereiter des modernen »wissenschaftlichen« Rassismus: Fredrickson, *Rassismus*, S. 53–67.

7 Benot, *La Démence coloniale*.

8 Boulle, In Defense of Slavery.

9 Bernasconi, Kant as an Unfamiliar Source; Valls (Hg.), *Race and Racism;* Eigen/Larrimore (Hg.), *The German Invention of Race;* Sebastiani, *The Scottish Enlightenment;* Oehler-Klein, »Rasse«.

10 Curran, *The Anatomy*, S. 8–11, 24f., 117–214.

11 Eze, *Race and the Enlightenment*, S. 4f.

12 Guillaumin, *L'Idéologie raciste;* Dorlin, *La Matrice de la race.*

13 Jordan, *White over Black;* Vaughan, *Roots of American Racism;* Biondi, *Mon frère;* Boulle, In Defense of Slavery; ders., *Race et Esclavage,* S. 66–80; Belmessous, Assimilation and Racialism; Dorlin, *La Matrice.*

14 Wheeler, *The Complexion,* Zitat S. 6f.; Kidd, *The Forging of Races,* S. 54.

15 Stiening, »[E]s gibt gar keine verschiedenen Arten von Menschen«, hier S. 37.

16 Israel, *Democratic Enlightenment,* S. 737.

17 Geulen, *Rassismus,* S. 59.

18 Ebd., S. 48–60.

19 Kidd, *The Forging of Races,* S. 25.

20 Brace, »*Race*«, S. 43.

21 Curran, Rethinking race history, hier S. 152; Kidd, *The Forging of Races,* S. 54–120. Für Daniel Harvey gehen die meisten Rassentheorien des 18. Jahrhunderts trotz ihres rassistischen Charakters gar nicht von einer Erblichkeit physischer Merkmale aus, sondern betonen die Einflüsse des Klimas: Harvey, *The French Enlightenment,* S. 146–152.

22 Thomson, Issues at Stake, hier S. 11; Livingstone, *Adam's Ancestors,* S. 68–70; Brace, »*Race*«, S. 40; Chaplin, Race, hier S. 166; Sebastiani, *The Scottish Enlightenment,* S. 13.

23 Shoemaker, How the Indians, hier S. 631; Garrigus, *Before Haiti;* Belmessous, Assimilation and Racialism.

24 Long, *The History of Jamaica.*

25 Petit, *Traité;* Moreau de Saint-Méry, *Loix et constitutions;* ders., *Fragment sur les mœurs;* Taffin (Hg.), *Moreau de Saint-Méry;* Ghachem, Montesquieu in the Caribbean; ders., The Age of Code noir.

26 Die Autoren, die die Sklaverei verteidigten, rekurrierten jedoch insgesamt wenig auf rassistische Argumente. Ihr Rassismus war in ihren Schriften vielmehr unterschwellig: Biondi, *Mon frère,* S. 16–103.

27 Long, *The History of Jamaica,* Bd. 1, S. 3f.

28 Ebd., Bd. 1, S. 3f.

29 Ebd., Bd. 1, S. 5f.

30 Ebd., Bd. 2, S. 260–265.

31 Ebd., Bd. 2, S. 351–380.

32 Ebd., Bd. 2, S. 371f. (Übersetzung D. T.).

33 Bernier gilt in der Forschung als der erste Autor, der vier Rassen unterschieden

hat: Boulle, Bernier; auch: Dorlin, *La Matrice de la race,* S. 210–215. Ferner: Shoemaker, How the Indians.

34 Jouanna, *L'Idée de race;* Devyver, *Le sang épuré.*

35 Boulainvilliers, *Lettre;* Devyver, *Le sang épuré,* S. 388; Foucault, *»Il faut défendre la société«;* Venturino, Race et Histoire, hier S. 24f.

36 Venturino, Race et Histoire, hier S. 29.

37 Jouanna, *L'Idée de race.*

38 Moureaux, Race et Altérité, hier S. 42f.

39 Broberg, Homo sapiens; Nutz, *»Varietäten des Menschengeschlechts«,* S. 97–126.

40 Siehe unten die Kommentare von Kames.

41 Nutz, *»Varietäten des Menschengeschlechts«,* S. 97–126.

42 Bernasconi, Kant as an Unfamiliar Source of Racism.

43 Moureaux, Race et Altérité, hier S. 42f.

44 Braude, The Sons of Noah, hier S. 109; Bethencourt, *Racisms,* S. 63–158, 252f.

45 Nutz, *»Varietäten des Menschengeschlechts«,* S. 127; Shoemaker, How the Indians, hier S. 626.

46 Wheeler, *The Complexion of Race;* Dorlin, *La Matrice de la race;* Blumenbach, *Beyträge zur Naturgeschichte.*

47 Bindman, *Ape to Apollo.*

48 Braude, The Sons of Noah; Kidd, *The Forging of Races,* S. 1–75.

49 Kidd, *The Forging of Races.*

50 Ein typisches Beispiel: Brace, *»Race«,* S. 37–56.

51 Israel, *Democratic Enlightenment,* S. 737.

52 Stiening, »[E]s gibt gar keine verschiedenen Arten von Menschen«, hier S. 39. Mit diesen Worten ergriff Forster für seinen Freund Soemmering Partei, dessen polygenistische Theorie Blumenbach damals heftig angriff.

53 Ebd., S. 39f.

54 Voltaire, *Die Philosophie der Geschichte.*

55 Ebd., S. 7.

56 Ebd.

57 Nutz, *»Varietäten des Menschengeschlechts«,* S. 99.

58 Voltaire, *Die Philosophie der Geschichte,* S. 9.

59 Popkin, The philosophical basis, hier S. 253.

60 La Peyrère, *A Theological System,* insbesondere das Vorwort an die Juden; Popkin, *Isaac La Peyrère;* Livingston, *Adam's Ancestors,* S. 26–51.

61 Moureaux, Race et Altérité, hier S. 50.

62 Livingstone, *Adam's Ancestors,* S. 61f.

63 Augstein, *Race,* S. XIV; Brace, *»Race«,* S. 40; Carey/Trakulhun, Universalism, hier S. 250; Israel, *Democratic Enlightenment,* S. 251; Kidd, *The Forging of Races,* S. 95–100; Nutz, *»Varietäten des Menschengeschlechts«,* S. 146; Thomson, Issues at Stake, hier S. 1.

64 Kames, *Sketches;* Sebastiani, *The Scottish Enlightenment,* S. 77f.

65 Kames, *Sketches,* S. 1.

66 Ebd., S. 2–4.

67 Ebd., S. 5.

68 Ebd., S. 7.

69 Ebd., S. 9.

70 Ebd., S. 10.

71 Ebd., S. 14.

72 Ebd., S. 31–33.

73 Ebd., S. 12–14.

74 Ebd., S. 15–26.

75 Ebd., S. 38–43; siehe auch Sebastiani, *The Scottish Enlightenment,* S. 80f.

76 Kames, *Sketches,* S. 43 (Übersetzung D. T.).

77 Blumenbach, *Beyträge;* Kant, *Von den verschiedenen Racen;* Zammito, Policying Polygeneticism.

78 Maupertuis, *Dissertation;* Curran, Rethinking race history.

79 Bernasconi, Kant as an Unfamiliar Source; Shell, Kant's Concept of Race; Curran, Rethinking; Zammito, Policying Polygeneticism; Bernasconi, Kant and Blumenbach's Polyps.

80 Foucault, *Die Ordnung der Dinge,* S. 78–268.

81 Kames, *Sketches,* S. 1f.; Voltaire, *Die Philosophie der Geschichte,* S. 7.

82 Bernasconi, True Colors.

83 Lovejoy, *Die große Kette,* S. 7–249; Lindroth, The Two Faces, hier S. 20–37.

84 Lovejoy, *Die große Kette,* S. 279–283.

85 Ebd., S. 277–279.

86 Ebd., S. 304, 322.

87 Ebd., S. 176–213, 324–328.

88 Ebd., S. 232–234.

89 Lindroth, The Two Faces, hier S. 3–51; Broberg, Homo sapiens; Larson, *Reason and Experience.*

90 Diese fehlende Trennung wird in der neueren Literatur betont: Trepp, *Von der Glückseligkeit,* S. 7–17.

91 Kant, Gebrauch teleologischer Prinzipien, S. 163.

92 Becker, *Der Gottesstaat,* S. 1–46. Auch Steven Shapin zeigt, dass die Naturgeschichte stark von teleologischen Erklärungen geprägt blieb: Shapin, *The Scientific Revolution,* S. 142–165.

Die Befreiung der Weißen: Der Abolitionismus

1 James, *Toussaint Louverture;* ders., *Pan-African revolt,* S. 38; Iliffe, *Geschichte Afrikas,* S. 177; Rodrigez, *Encyclopedia,* S. XLVI.

2 Popkin, Dessalines; Dubois, Avenging America.

3 Mercier, *Das Jahr 2440,* S. 119f.

4 Benot, *Les lumières,* S. 114f.; Ehrard, *Lumières et esclavage,* S. 193–196; Duchet, *Anthropologie,* S. 175.

5 White, Jefferson, hier S. 31 (Übersetzung D. T.).

6 Ebd.

7 Davis, *The Problem of Slavery in the Age of Revolution,* S. 173–182.

8 Ebd., S. 165.

9 Ebd., S. 166f.

10 Sala-Molins, *Les Misères des Lumières,* S. 15, 17 (Übersetzung D. T.).

11 Ebd., S. 96f.

12 Ebd., S. 26f.

13 Ehrard, *Lumières,* S. 16f., 21–32. Dass Voltaire über 50 Jahre lang Aktien der sklavenhandeltreibenden *Compagnie des Indes* besaß, steht jedoch außer Zweifel: Davidson, *Voltaire,* S. 31; Miller, *The French Atlantic Triangle,* S. 428f.

14 So sieht David Williams in Condorcets abolitionistischer Schrift vor allem ein Plädoyer für Menschenrechte: Williams, Condorcet.

15 Israel, *Enlightenment contested*, S. 608f.; ders., *Democratic Enlightenment*, S. 413–442.

16 Clarkson, *The History of Abolition*.

17 Brown, *Moral Capital*; Drescher, *Abolition*; Flaig, *Weltgeschichte der Sklaverei*, S. 199–201.

18 Williams, *Capitalism and Slavery*.

19 Anstey, *The Atlantic Trade*; Drescher, *Econocide*; Eltis, *Economic growth*; Engerman, Slavery; Drescher, Paradigms tossed; ders., *Capitalism and Antislavery*; Brown, *Moral Capital*, S. 12–21.

20 Benot, *Les lumières*, S. 107.

21 Moyn, *The Last Utopia*, S. 11–43.

22 Ehrard, *Lumières*, S. 135.

23 Pocock, *Machiavellian Moment*; Pocock, *Vertu*.

24 Jefferson, Notes, hier S. 96 (Übersetzung D. T.).

25 Pocock, *Machiavellian Moment*; Wood, *The Creation*.

26 Davis, *The Problem of Slavery in the Age of Revolution*, S. 257–260.

27 Jefferson, Notes, hier S. 97–103.

28 Garrigus, *Before Haiti*.

29 Benot, *Les lumières*, S. 263.

30 Popkin, *You are all free*.

31 Brown, *Moral Capital*, S. 160.

32 Vgl. nur Pečar, *Macht der Schrift*.

33 Sharp, *The Law of Retribution*, S. 1 (Übersetzung D. T.).

34 Huzzey, The Moral Geography.

35 Osterhammel, *Sklaverei*, S. 57.

36 Davis, *The Problem of Slavery in the Age of Revolution*, S. 287–295.

37 Brown, *Moral Capital*, S. 335–449.

38 Goldstein Sepinwall, Eliminating Race. Siehe auch Lüsebrink, Grégoire.

39 Goldstein Sepinwall, Exporting the Revolution.

40 Ehrard, *Lumières et esclavage*, S. 141 (Übersetzung D. T.).

41 Ebd., S. 154f., Zitat S. 154 (Übersetzung D. T.).

42 Ebd., S. 157f.

43 Dobie, *Trading places*, S. 41.

44 Ebd., S. 42.

45 Fetscher, Politisches Denken, hier S. 441.

46 Günther Lottes sieht in Montesquieus Schrift ein »Handbuch der Weltgesellschaften unter dem Aspekt ihrer Rechtsordnungen«; Lottes, Geburt der europäischen Moderne, S. 24f.

47 Montesquieu, *Vom Geist der Gesetze*, Bd. 1, S. 329.

48 Ebd., Bd. 1, S. 330–332.

49 Ebd., Bd. 1, S. 334.

50 Ebd., Bd. 1, S. 335f.

51 Ebd., Bd. 1, S. 336.

52 Ebd., Bd. 1, S. 337f.

53 Ebd., Bd. 1, S. 310–314 (Buch XIV, Kap. 2).

54 Ebd., Bd. 1, S. 374 (Buch XVII, Kap. 3).

55 Ebd., Bd. 1, S. 28 (Buch II, Kap. 4).

56 Ebd., Bd. 1, S. 30f. (Buch II, Kap. 4).

57 Condorcet, Überlegungen zur Negersklaverei, S. 53f.

58 Ebd., S. 55.

59 Ebd., S. 58.

60 Israel, *Democratic Enlightenment*, S. 413–442.

61 Condorcet, Überlegungen zur Negersklaverei, S. 59–60.

62 Ebd., S. 60.

63 Ebd., S. 69–74.

64 Ebd., S. 75f.

65 Ebd., S. 61.

66 Ebd., S. 62.

67 Ebd., S. 63f.

68 Du Pont de Nemours, Observations.

69 Drescher, *Mighty Experiment;* Bender u. a. (Hg.), *The Antislavery Debate;* Brown, Empire without slaves; ders., *Moral Capital;* Swaminathan, *Debating the Slave Trade;* Zum französischen Abolitionismus: Dobie, *Trading places,* S. 200–251.

70 [Baudeau], Des colonies françaises.

71 Ebd., S. 66.

72 Ebd., S. 74f. (Übersetzung D. T.). Vielleicht spielt Baudeau hier auch auf den Ratschlag Jethros, des Schwiegervaters Moses, an: Metzger, Jethros Rat.

73 Brown, Empire without slaves, hier S. 276–279.

74 [Morgann], *A Plan,* S. 1.

75 Ebd., S. 9.

76 Ebd., S. 10–28.

77 Brown, *Moral Capital*, S. 209–329; Swaminathan, *Debating the Slave Trade*.

Die patriotische Geschichte beider Indien: Auf der Suche nach neuen Kolonien

1 Geffrath, Matthias, Natur oder Tod. Von allen Genies der europäischen Aufklärung ist er das kühnste, uns nächste: Denis Diderot, in: Die Zeit, 03.10.2013, http://www.zeit.de/2013/41/diderot-300-geburtstag (zuletzt eingesehen am 03.12.2013).

2 Israel, *Democratic Enlightenment*, S. 413–442.

3 Das, *Myths and Realities*, S. 25; Bancarel u. a. (Hg.), *La Bible des révolutions*.

4 Wolpe, *Raynal et sa machine de guerre;* Duchet, *Diderot*, S. 10f.

5 Agnani, *Hating empire properly.* Agnani spricht von »Grenzen des Antikolonialismus«. Harvey geht als einziger uns bekannter Autor weiter, wenn er in der *Geschichte beider Indien* eher eine antimerkantilistische denn eine antikolonialistische Schrift sehen möchte. Leider setzt er sich nicht detailliert mit dem Text und seinen radikalen Passagen auseinander: Harvey, *The French Enlightenment*, S. 203f.

6 So trägt eine Ausgabe von Auszügen aus diesem Werk den Titel »L'Anticolonialisme au XVIIIe siècle«: Esquer (Hg.), *L'Anticolonialisme;* Bruhat, *Les origines de l'anticolonialisme;* Caron, *L'Anticolonialisme;* Muthu, *Enlightenment Against Empire*, S. 72–121; Osterhammel, *Die Entzauberung Asiens*, S. 66; Benot, *Diderot;* Stenger, *Diderot*.

7 Benot, *La Révolution française*, S. 7–20; Osterhammel, *Die Entzauberung Asiens*, S. 66f., 75.

8 Ahmed, *The Stillbirth of Capital;* Pitts, *A Turn to Empire;* Stuchtey, *Die europäische Expansion*.

9 Muthu, *Enlightenment*, Kapitel 2.

10 Ebd., Kap. 3.

11 Muthu, *Conquest*, hier S. 211.

12 Diderot, *Nachtrag;* Garraway, Of speaking Natives, hier S. 220–233. Mehr dazu in Kapitel 6.

13 In diesem Kapitel besprechen wir nur die dritte Ausgabe der *Geschichte beider Indien,* die 1780 auf Französisch erschien und als die radikalste gilt. Wir gehen auf die Veränderungen des Werks zwischen 1770 und 1780 nur sporadisch ein.

14 Raynal, *Geschichte,* Bd. I, S. 336. Bei der Identifizierung der Autoren von Kapiteln aus der *Geschichte beider Indien* (Raynal oder Diderot) folgen wir der akribischen Studie von: Duchet, *Diderot,* S. 64–105.

15 Raynal, *Geschichte,* Bd. I, S. 337.

16 Harvey, *The French Enlightenment,* S. 81–95.

17 Rousseau, *Discours sur l'origine de l'inégalité.*

18 Lahontan, *Nouveaux Voyages.* Diese Schriften beeinflussten deutlich die Beschreibung der Wilden Kanadas in der *Geschichte beider Indien:* Raynal, *Geschichte,* Bd. VIII, S. 15–62.

19 Raynal, *Geschichte,* Bd. VIII, S. 290–298.

20 Ebd., Bd. I, S. 339.

21 Ebd., Bd. I, S. 341.

22 Ebd., Bd. I, S. 337.

23 Ebd., Bd. I, S. 340.

24 Ebd., Bd. III, S. 289–456 und Bd. IV.

25 Ebd., Bd. III, S. 314.

26 Ebd., Bd. III, S. 350.

27 Ebd., Bd. IV, S. 4f.

28 Zu Las Casas: Castro, *Another Face;* Clayton, *Bartolomé de Las Casas.* Zur Schwarzen Legende: Greer u. a. (Hg.), *Rereading the Black Legend;* Pérez, *La Légende noire;* Maltby, *The Black Legend.* Zum Spanienbild prominenter französischer Aufklärer siehe auch das Kapitel 2 in diesem Band.

29 Raynal, *Geschichte,* Bd. VIII, S. 1f.

30 Ebd., Bd. VIII, S. 63–72.

31 Ebd., Bd. III, S. 99–101.

32 Ebd., Bd. IX, S. 1–3.

33 Ebd., Bd. IX, S. 12.

34 Ebd., Bd. IX, S. 13f.

35 Ebd., Bd. IX, S. 14.

36 Ebd., Bd. IX, S. 14.

37 Ebd., Bd. IX, S. 55.

38 Ebd., Bd. IX, S. 69.

39 Ebd., Bd. I, S. 33.

40 Ebd., Bd. I, S. 41.

41 Ebd., Bd. I, S. 105f.

42 Ebd., Bd. I, S. 153.

43 Ebd., Bd. I, S. 153f.

44 Ebd., Bd. I, S. 154.

45 Ebd., Bd. I, S. 154f.

46 Ebd., Bd. I, S. 156.

47 Ebd., Bd. I, S. 225–228.

48 Ebd., Bd. I, S. 156.

49 Pocock, *Machiavellian Moment;* ders., *Barbarism and Religion,* Bd. 3.

50 Raynal, *Geschichte,* Bd. II, S. 11–185.

51 Ebd., S. 186.

52 Ebd., S. 204.

53 Ebd., S. 217.

54 Ebd.

55 Ebd., S. 201–204.

56 Ebd., S. 230–233.

57 Ebd., S. 233–236.

58 Ebd., S. 369.

59 Ebd., S. 393f.

60 Ebd., S. 407.

61 Ebd., S. 412–415.

62 Ebd., S. 474–480.

63 Ebd., S. 474f.

64 Ebd., S. 475f.

65 Eine solche Deutung findet sich bei: Duchet, *Anthropologie et Histoire,* S. 160; Sebastiani, *The Scottish Enlightenment,* S. 13.

66 Raynal, *Geschichte,* Bd. II, S. 477.

67 Dazu siehe auch: Ohji, Raynal, hier S. 146f.

68 Raynal, *Geschichte,* Bd. II, S. 262.

69 Ebd., S. 262f.

70 Ebd., S. 263.

71 Ebd., S. 263f.

72 Muthu, *Enlightenment*, S. 72.

73 Duchet, *Anthropologie et Histoire*, S. 129.

74 Ebd., S. 129f.

75 Bancarel, *Raynal*, S. 106–144.

76 Duchet, *Anthropologie et Histoire*, S. 129.

77 Ebd., S. 131f.; Chaussinand-Nogaret, *Choiseul*, S. 123–129.

78 Bougainville, *Reise um die Welt*, S. 191.

79 Godfroy, *Kourou;* Michel, *La Guyane.*

80 Foury, Maudave; Pouget de Saint-André, *La colonisation.*

81 Duchet, *Anthropologie et Histoire*, S. 129.

82 Ebd., S. 125–126.

83 Bancarel, Introduction; Roman, Un informateur.

84 Ohji, Raynal.

85 Über die Nähe zwischen zahlreichen Aufklärern und der königlichen Regierung: Edelstein, *The Enlightenment*, S. 89f.; Duchet, *Anthropologie et Histoire*, S. 125–135.

86 Bancarel, *Raynal*, S. 122f.

87 Belmessous, Assimilation; Melzer, *Colonizer.*

88 Raynal, *Geschichte*, Bd. IV, S. 1.

89 Ebd., S. 201–205.

90 Ebd., Bd. V, S. 1–4, 181–186.

91 Gegen diese geringe Wertschätzung Raynals kämpft Bancarel, *Raynal.*

92 Duchet, *Diderot*, S. 159–176.

93 Raynal, *Geschichte*, Bd. IV, S. 1.

94 Ebd., Bd. IV, S. 202.

95 Ebd., Bd. IV, S. 202f.

96 Elliott, *Empires*, S. 12.

97 Raynal, *Geschichte*, Bd. V, S. 1f.

98 Ebd., Bd. V, S. 2.

99 Ebd., Bd. V, S. 2f.

100 Ebd., Bd. V, S. 3.

101 Ebd., Bd. V.

102 Ebd., Bd. VIII, S. 88.

103 Ebd., Bd. VIII, S. 90.

104 Ebd., Bd. VIII, S. 91.

105 Ebd., Bd. VIII, S. 92f.

106 Ebd., Bd. VIII, S. 93.

107 Ebd., Bd. VIII, S. 98.

Und (nebenbei) schuf der Mann das Weib: Frauenbilder

1 Mercier, *Das Jahr 2440*, S. 239.

2 Godineau, Die Frau, S. 326.

3 Ebd., S. 327f.; Rendall, *The Origins*, S. 31f.; Baxmann, Von der Egalité, hier S. 123–126; Fues, Das Geschlecht; Cöppicus-Wex, Der Verlust.

4 Krief, Le génie féminin, hier S. 63f.; Morvan, Théories, hier S. 150–152.

5 Lely, La massue d'Hercule.

6 Herzog, Wo liegt der Unterschied?, hier S. 82.

7 Landes, *Women*, S. 1–4, 39–83.

8 Viennot, Revisiter la »querelle des Femmes«.

9 Landes, *Women*.

10 Baxmann, Von der Égalité, hier S. 112–116.

11 Ebd.

12 Hufton, *Women;* Baxmann, Von der Égalité, hier S. 132; Hunt, Introduction, hier S. 566.

13 Baxmann, Von der Égalité, hier S. 109.

14 Opitz, Mutterschaft; dies., *Aufklärung*, S. 109f., 122–129.

15 Bock, *Querelle du féminisme*, hier S. 342–351; Stuurman, *Poulain*, S. 8.

16 Opitz, *Aufklärung*, S. 108f.

17 Siehe die Beiträge in: Viennot (Hg.), *Revisiter la »querelle des femmes«*.

18 Stuurman, *Poulain*, Zitat S. 17; Ähnliche Thesen: Taylor u. a. (Hg.), *Women*, insbesondere die Einleitung, S. XV; Robertson, Women; Outram, *The Enlightenment*, S. 81.

19 Zusätzlich zu den oben genannten Artikeln aus dem Band *Revisiter la »querelle*

des femmes«: Laqueur, *Auf den Leib geschrieben,* Kap. 5 und 6; Honegger, *Die Ordnung;* Vila, *»*Ambiguous Beings«; Moran, Between the Savage.

20 Stuurman, *Poulain,* S. 20.

21 Kondylis, *Die Aufklärung,* siehe insbesondere das Vorwort; vgl. ferner Reill, *Vitalizing Nature.*

22 Opitz, *Aufklärung,* S. 110.

23 Landes, *Women,* S. 67–80; Rendall, *The Origins,* S. 31.

24 Madec, *Boullée,* S. 45–122.

25 Hoffmann, *La Femme,* S. XIIIf.

26 Landes, *Women,* S. 68f.; Opitz, *Aufklärung,* S. 199f.; Pocock, *Machiavellian Moment.*

27 Schmidt, *Robespierre;* allg. Baker, Transformations, S. 32f.

28 Opitz, *Aufklärung,* S. 117.

29 Montesquieu, *Vom Geist der Gesetze,* insbesondere die Bücher XVI und XIX.

30 Moran, Between the Savage; Sebastiani, Women.

31 Hoffmann, *La Femme,* S. 488–538.

32 Mander, No Woman. Ein ähnliches Problem sehen wir bei Dorinda Outram. Weil sie nach den Positionen *»*der Aufklärung« sucht, kommt Outram auch zum Ergebnis, die Stellungnahmen *»*der Aufklärung« zur Geschlechter- und Sklavereifrage seien zwiespältig und wenig konsistent: Outram, *The Enlightenment,* S. 47–92.

33 Vgl. hierzu Abrosimov, *Aufklärung,* S. 69–198.

34 Abrosimov, Wissensordnungen, hier S. 110–126.

35 Israel, *Democratic Enlightenment,* S. 93–95.

36 Mander, No Woman, hier S. 99–101.

37 Diderot, *Über die Frauen,* S. 10, 15.

38 Ebd., S. 15.

39 Ebd.

40 Ebd., S. 16–22.

41 Ebd., S. 22.

42 Ebd., S. 27f.

43 Ebd., S. 33.

44 Ebd., S. 39.

45 Diderot, *Nachtrag,* S. 51.

46 Ebd., S. 63.

47 Ebd., S. 61.

48 Campbell Orr, Einleitung, hier S. 351.

49 Godineau, Die Frau, hier S. 324.

50 Badinter, *Condorcet*, S. 296–298.

51 Magrin, *Condorcet;* Coutel, *Condorcet*.

52 Condorcet, Sur l'admission des femmes.

53 Badinter, *Condorcet*, S. 271–279; Lüchinger, *Das politische Denken*, S. 112.

54 Condorcet, Cinq mémoires (Übersetzung D. T.).

55 Badinter, *Condorcet*, S. 286–289.

56 Diderot, *Nachtrag*, S. 53.

57 Argens, *Die weise Thérèse*, S. 30.

58 Darnton, »Philosophical Sex«.

Epilog:
Die Cacouacs am Versailler Hof
oder Was war Aufklärung?

1 Premier Mémoire sur les Cacouacs; Stellungnahme Moreaus zu diesem Artikel: Moreau, *Nouveau mémoire*, S. 1f.

2 Moreau, *Nouveau mémoire*, S. 2f.

3 Ebd., S. 9f. (Übersetzung: D. T.).

4 Ebd., S. 17.

5 Ebd., S. 13.

6 Ebd., S. 19.

7 Ebd., S. 20f.

8 [Palissot de Montenoy], *Petites lettres*, S. 2f. (Übersetzung D. T.).

9 Ebd., S. 5f. (Übersetzung D. T.).

10 Ebd., S. 7f.

11 Ebd., S. 7–14.

12 Palissot, *Les philosophes modernes*.

13 Chaussinand-Nogaret, *Choiseul*, S. 124–128; Rex, Two Scenes, hier S. 260; Brown, *A Field of honor*, S. 168.

14 Diderot, Sur le génie, S. 20. Wir möchten uns ganz herzlich bei Robert Fajen

für diesen Hinweis sowie für die Möglichkeit bedanken, seinen noch unpublizierten Beitrag über *Adresse et intuition. Diderot ou génie du joueur* einsehen zu dürfen.

15 Raynal formuliert diese Idee im Zusammenhang mit einer Lobeshymne auf die Encyclopédie, die er als die Krönung der Menschheitsgeschichte darstellt: Raynal, *Geschichte*, Bd. X, S. 364.

16 Ebd., Bd. X, S. 126.

17 Ebd., Bd. I, S. 101.

18 [Palissot], *Petites lettres*, S. 6.

19 Chaussinand-Nogaret, *Choiseul*, S. 103–122.

20 Horowski, *Die Belagerung des Trones*, S. 320f.

21 Chaussinand-Nogaret, *Choiseul*, S. 128.

22 Guénot, Palissot de Montenoy.

23 Israel, *Democratic Enlightenment*, S. 88–92.

24 Vgl. hierzu allg. Füssel, *Gelehrtenkultur*.

25 Kant, Streit der Fakultäten, S. 291.

26 Schneiders, *Zeitalter der Aufklärung*, S. 7.

Quellen- und Literaturverzeichnis

Quellen

Argens, Jean Baptiste de Boyer, marquis d', *Die weise Thérèse. Eine erotische Beichte*, aus dem Französischen übersetzt von Heinrich Conrad, Berlin 2001.

[Baudeau, Nicolas, genannt abbé], Des colonies françaises aux Indes occidentales, *Éphémérides du citoyen ou Chroniques de l'esprit national*, H. 5 (1766), S. 36–40, 58, 60–62.

Bayle, Pierre, Art. »Manichäer«, in: ders., *Historisches und kritisches Wörterbuch. Eine Auswahl*, hg. v. Günter Gawlick und Lothar Kreimendahl, Hamburg 2003, S. 157–167.

Blumenbach, Johann Friedrich, *Beyträge zur Naturgeschichte*, Göttingen 1790–1811.

Bougainville, Louis-Antoine de, *Reise um die Welt, welche mit der Fregatte La Boudeuse in den Jahren 1766, 1767, 1768 und 1769 gemacht worden. Aus dem Französischen*, Leipzig 1772.

Boulainvilliers, *Lettres sur les Anciens parlements de France que l'on nomme États-généraux*, 3 Bde., Londres 1753.

Clarkson, Thomas, *The History of The Rise, Progress and Accomplishment of The Abolition of The Slave-Trade by the British Parliament*, Philadelphia 1808.

Condorcet, Marie Jean Antoine Caritat, marquis de, Überlegungen zur Negersklaverei (1781), in: ders., *Freiheit, Revolution, Verfassung. Kleine politische Schriften*, hg. v. Daniel Schulz, Berlin 2010, S. 53–92.

Ders., Sur l'admission des femmes au droit de cité, *Journal de la Société de 1789*, 5 (3. Juli 1790), S. 1–13.

Ders., Cinq mémoires sur l'instruction publique (1792), URL: http://classiques.uqac.ca/classiques/condorcet/cinq_memoires_instruction/Cinq_memoires_instr_pub.pdf (zuletzt eingesehen am 24.04.2013).

Ders., *Entwurf einer historischen Darstellung der Fortschritte des menschlichen Geistes*, hg. v. Wilhelm Alff, Frankfurt am Main 1963.

Diderot, Denis, Art. »Enzyklopädie«, in: *Diderots Enzyklopädie, mit Kupferstichen aus den Tafelbänden*, hg. v. Christian Döring, Berlin 2013, S. 143–153.

Ders., Art. »Chinois«, in: *Encyclopédie ou Dictionnaire raisonné des sciences, des arts et des métiers*, hg. v. Denis Diderot und Jean-Baptiste le Rond d'Alembert, Bd. 3, Paris 1753, S. 341–348.

Ders., *Nachtrag zu »Bougainvilles Reise« oder Gespräch zwischen A. und B. über die Unsitte, moralische Ideen an gewisse physische Handlungen zu knüpfen, zu denen sie nicht passen,* Frankfurt am Main 1965.

Ders., *Über die Frauen,* Leipzig 1968.

Ders., Sur le génie, in: ders., *Œuvres esthétiques,* hg. v. Paul Vernière, Paris 1968, S. 20.

Dietrich, Richard (Hg.), *Die politischen Testamente der Hohenzollern,* Köln/Wien 1986.

Dohm, Christian Wilhelm von, *Über die bürgerliche Verbesserung der Juden. Zwei Teile in einem Band,* Berlin/Stettin 1781/83, Neudruck Hildesheim 1973.

Du Pont de Nemours, Pierre Samuel, Observations sur l'esclavage des nègres, *Éphémérides du citoyen,* Bd. 6 des Jahres 1771, S. 162–246.

Friedrich II. von Preußen, Der Krieg der Konföderierten, in: ders., *Friedrichs des Zweiten Königs von Preussen bei seinen Lebzeiten gedruckte Werke. Aus dem Französischen übersetzt,* 5 Bde., Berlin 1790–94, hier Bd. 5 (1794), S. 127–180.

Ders./Voltaire, *Aus dem Briefwechsel Voltaire – Friedrich der Große,* hg. v. Hans Pleschinski, Zürich 1992.

Hamann, Johann Georg, *Briefwechsel,* Bd. 5: 1783–1785, hg. v. Walther Ziesemer und Arthur Henkel, Frankfurt am Main 1965.

Holbach, Paul Henri Thiry, baron d', *System der Natur, oder von den Gesetzen der physischen und der moralischen Welt,* aus dem Französischen übersetzt von Fritz-Georg Voigt, Frankfurt am Main 1978.

Jaucourt, Louis chevalier de, Art. »Jude«, in: *Diderots Enzyklopädie, mit Kupferstichen aus den Tafelbänden,* hg. v. Christian Döring, Berlin 2013, S. 246–247.

Jefferson, Thomas, Notes on the State of Virginia, in: Emmanuel Chukwudi Eze (Hg.), *Race and Enlightenment. A Reader,* Cambridge 1997, S. 95–103.

Kames, Henry Homes Lord, *Sketches of the History of Man,* Edinburgh 1774.

Kant, Immanuel, *Kritik der reinen Vernunft* (Immanuel Kant. Werke in sechs Bänden, hg. v. Wilhelm Weischedel, Bd. 2), Wiesbaden 1956.

Ders., Die Religion innerhalb der Grenzen der bloßen Vernunft, in: ders., *Schriften zur Ethik und Religionsphilosophie* (Immanuel Kant. Werke in sechs Bänden, hg. v. Wilhelm Weischedel, Bd. 4), Wiesbaden 1956, S. 649–879.

Ders., Von den verschiedenen Rassen der Menschen, in: ders., *Schriften zur Anthropologie, Geschichtsphilosophie, Politik und Pädagogik* (Immanuel Kant. Werke in sechs Bänden, hg. v. Wilhelm Weischedel, Bd. 6), Wiesbaden 1964, S. 11–30.

Ders., Beantwortung der Frage: Was ist Aufklärung?, in: ders., *Schriften zur Anthropologie, Geschichtsphilosophie, Politik und Pädagogik* (Immanuel Kant. Werke in sechs Bänden, hg. v. Wilhelm Weischedel, Bd. 6), Wiesbaden 1964, S. 53–61.

Ders., Der Streit der Fakultäten, in: ders., *Schriften zur Anthropologie, Geschichtsphilosophie, Politik und Pädagogik* (Immanuel Kant. Werke in sechs Bänden, hg. v. Wilhelm Weischedel, Bd. 6), Wiesbaden 1964, S. 265–393.

Ders., Zum ewigen Frieden. Ein philosphischer Entwurf, in: ders., *Schriften zur Anthropologie, Geschichtsphilosophie, Politik und Pädagogik* (Immanuel Kant.

Werke in sechs Bänden, hg. v. Wilhelm Weischedel, Bd. 6), Wiesbaden 1964, S. 191–251.

Ders., Über den Gebrauch teleologischer Prinzipien in der Philosophie, in: ders., *Kritik der Urteilskraft und Schriften zur Naturphilosophie* (Immanuel Kant. Werke in sechs Bänden, hg. v. Wilhelm Weischedel, Bd. 5), Wiesbaden 1987, S. 139–170.

Katharina II. von Russland/Voltaire, *Monsieur – Madame. Der Briefwechsel zwischen der Zarin und dem Philosophen.* Übersetzt, hg. und mit einer Einführung von Hans Schumann, Zürich 1991.

Lahontan, Louis Armand de Lom d'Arce, baron de, *Nouveaux Voyages dans l'Amérique septentrionale,* La Haye 1707.

La Peyrère, Isaac de, *A Theological System Upon the Presupposition, that Men were before Adam,* London 1655.

Lessing, Gotthold Ephraim, Die Erziehung des Menschengeschlechts, in: ders., *Werke,* hg. v. Herbert G. Göpfert, 8 Bde., München 1970–79, hier Bd. 8, S. 489–510.

Long, Edward, *The History of Jamaica or General Survey of the Antient and Modern State of that Island with Reflections on its Situation, Settlements, Inhabitants, Climate, Products, Commerce, Laws, and Government. In Three Volumes,* 3 Bde., London 1774.

Maupertuis, Pierre Louis Moreau de, *Dissertation physique à l'occasion du Nègre blanc,* Leyde 1744.

Mendelssohn, Moses, Jerusalem oder über religiöse Macht und Judentum, in: ders., *Moses Mendelssohn. Schriften über Religion und Aufklärung,* hg. v. Martina Thom, Berlin 1989, S. 353–458.

Mercier, Louis Sébastien, *Das Jahr 2440. Ein Traum aller Träume,* hg. v. Hermann Jaumann, Frankfurt am Main 1989.

Montesquieu, Charles de Secondat, baron de, *Vom Geist der Gesetze,* hg. v. Ernst Forsthoff, 2 Bde., 2. Aufl., Tübingen 1992.

Moreau, Jacob-Nicolas, *Nouveau mémoire sur les Cacouacs,* Amsterdam 1757.

Moreau de Saint-Méry, Louis-Ély, *Loix et constitutions des colonies françoises de l'Amérique sous le Vent [...],* Paris 1784–85.

Ders., *Fragment sur les mœurs de Saint-Domingue,* ohne Ort und Datum.

[Morgann, Maurice], *A Plan for the Abolition of Slavery in the West Indies,* London 1772.

[Palissot de Montenoy, Charles], *Petites lettres sur de grands philosophes,* Paris 1757.

Ders., *Les philosophes. Comédie en trois actes, en vers, présentée pour la première fois par les Comédiens français [...] le 2 mai 1760,* Paris 1760.

Petit, Émilien, *Traité sur le Gouvernement des esclaves,* Paris 1777.

Poivre, Pierre, *Voyages d'un philosophe ou Observations sur les mœurs et les arts des peuples de l'Afrique, de l'Asie et de l'Amérique,* Yverdon 1768.

Premier Mémoire sur les Cacouacs, inséré dans le Mercure de France, Ier Volume du mois d'octobre, p. 15, sous le titre d'*Avis utile,* in: Moreau, Jacob-Nicolas, *Nouveau mémoire sur les Cacouacs,* Amsterdam 1757, S. 103–108.

Raynal, Guillaume Thomas François, *Histoire philosophique et politique des établissements et du commerce des Européens dans les deux Indes*, 10 Bde., Genève 1781.

Ders., *Philosophische und politische Geschichte der Besitzungen und Handlung der Europäer in beyden Indien. Nach der neuesten Ausgabe übersetzt und mit Anmerkungen versehen*, 10 Bde., Kempten 1783–1788.

Rousseau, Jean-Jacques, *Discours sur l'origine et les fondements de l'inégalité parmi les hommes*, Londres 1782.

Sharp, Granville, *The Law of Retribution; or a Serious Warning to Great Britain and Her Colonies, founded on unquestionable Examples of God's Temporal Vengeance against Tyrants, Slave-holders, and Oppressors*, London 1776.

Voltaire (eigtl. François-Marie Arouet), *Die Philosophie der Geschichte des verstorbenen Herrn Abtes Bazin, übersetzt und mit Anmerkungen begleitet von Johann Jakob Harder*, Leipzig 1768.

Ders., *Geschichte Karls XII.*, aus dem Französischen von Theodora von der Mühll, Frankfurt am Main 1963.

Ders., Über die Toleranz, in: ders., *Voltaire. Recht und Politik*, hg. v. Günther Mensching, 2 Bde., Frankfurt am Main 1986, hier Bd. 1, S. 84–256.

Ders., *Aus dem Philosophischen Wörterbuch*, hg. v. Karlheinz Stierle, Frankfurt am Main 1967.

Ders., Glaubensbekenntnis des Theisten, in: ders., *Kritische und Satirische Schriften*, hg. v. Karl August Horst, München 1984, S. 466–490.

Ders., *Philosophische Briefe*. Kommentiert und mit einem Nachwort von Jochen Köhler, Frankfurt am Main 1992.

Ders., *Essai sur les mœurs et l'esprit des nations*, in: ders., *Œuvres de Voltaire*, Bd. 15, hg. v. M. Beuchot, Paris 1829.

Forschungsliteratur

Abrosimov, Kirill, *Aufklärung jenseits der Öffentlichkeit. Friedrich Melchior Grimms »Correspondance littéraire« (1753–1773) zwischen der »republique des lettres« und europäischen Fürstenhöfen*, Ostfildern 2014.

Ders., Wissensordnungen der Aufklärung. Diderots Kommunikationsstrategien zwischen der »Encyclopédie« und der »Correspondance littéraire« von Friedrich Melchior Grimm, *Francia*, 38 (2011), S. 93–126.

Agnani, Sunil M., *Hating Empire Properly: the Two Indies and the Limits of Enlightenment Anticolonialism*, New York 2013.

Ahmed, Siraj, *The Stillbirth of Capital. Enlightenment Writing and Colonial India*, Stanford 2012.

Anstey, Roger, *The Atlantic Trade and British Abolition, 1760–1810*, London 1975.

Assmann, Jan, *Die mosaische Unterscheidung und der Preis des Monotheismus*, München 2003.

Augstein, Hannah Franziska, *Race: The Origin of an Idea, 1760–1850*, Bristol 1996.

Badinter, Elisabeth/Badinter, Robert, *Condorcet (1743–1794). Un intellectuel en politique*, Paris 1988.

Baker, Keith Michael, Transformations of Classical Republicanism in Eighteenth-Century France, *Journal of Modern History*, 73 (2001), S. 32–53.

Bancarel, Gilles, *Raynal ou le Devoir de vérité*, Paris 2004.

Ders., Introduction, in: ders. (Hg.), *Raynal et ses réseaux*, Paris 2011, S. 11–29.

Bancarel, Gilles/Rossi, François Paul (Hg.), *La Bible des révolutions : textes et citations extraits de l'Histoire philosophique et politique des établissements et du commerce des européens dans les deux Indes, de Guillaume-Thomas Raynal*, Millau 2013.

Baruch, Daniel, *Simon Nicolas Henri Linguet ou l'Irrécupérable*, Paris 1991.

Baumstark, Moritz (Hg.), *Historisierung. Begriff – Methode – Praxis. Hg. unter Zusammenarbeit von Robert Forkel, Stefan Kühnen und Marc Weiland* (erscheint demnächst).

Baxmann, Inge, Von der Égalité im Salon zur Citoyenne. Einige Aspekte der Genese des bürgerlichen Frauenbildes, in: Kuhn, Anette/Rüsen, Jörn (Hg.), *Frauen in der Geschichte*, Bd. 3, Düsseldorf 1982, S. 109–137.

Beaurepaire, Pierre-Yves (Hg.), *La Communication en Europe de l'âge classique au siècle des Lumières*, Paris 2013.

Becker, Carl L., *Der Gottesstaat der Philosophen*, Würzburg 1946 [New Haven 1932].

Behrisch, Lars, *Die Berechnung der Glückseligkeit. Statistik und Politik in Deutschland und Frankreich im späten Ancien Régime*, Ostfildern 2015.

Ders. (Hg.), *Vermessen, Zählen, Berechnen. Die politische Ordnung des Raums im 18. Jahrhundert*, Frankfurt am Main/New York 2006.

Belmessous, Saliha, Assimilation and Racialism in Seventeenth and Eighteenth-Century French Colonial Policy, *American Historical Review*, 110, H. 2 (2005), S. 322–349.

Bender, Thomas/Ashworth, John/Davis, David Brion/Haskell, Thomas L., *The Antislavery Debate. Capitalism and Abolitionism as a problem in historical interpretation*, Berkeley 1992.

Benot, Yves, *Diderot: de l'athéisme à l'anticolonialisme*, Paris 1970.

Ders., *La Révolution française et la fin des colonies, 1789–1794*, Paris 2004 [1987].

Ders., *La Démence coloniale sous Napoléon*, Paris 1992.

Ders., *Les Lumières, l'esclavage, la colonisation. Textes réunis et présentés par Roland Desné et Marcel Dorigny*, Paris 2005.

Berlin, Isaiah, Giambattista Vico und die Kulturgeschichte, in: ders., *Das krumme Holz der Humanität*, Frankfurt am Main 1992, S. 72–96.

Ders., Der angebliche Relativismus des europäischen Denkens im 18. Jahrhundert, in: ders., *Das krumme Holz der Humanität*, Frankfurt am Main 1992, S. 97–122.

Bernardini, Paolo L./Lucci, Diego, *The Jews, Instructions for Use. Four Eighteenth-Century Projects for the Emancipation of European Jews*, Boston 2012.

Bernasconi, Robert, Kant as an Unfamiliar Source of Racism, in: Ward, Julie K./Lott, Tommy L. (Hg.), *Philosophers on Race. Critical Essays*, Oxford 2002, S. 145–166.

Ders., Kant and Blumenbach's Polyps: A Neglected Chapter in the History of the Concept of Race, in: Eigen, Sara/Larrimore, Mark (Hg.), *The German Invention of Race*, Albany 2006, S. 73–90.

Ders., True Colors: Kant's Distinction Between Nature and Artifice in Context, in: Godel, Rainer/Stiening, Gideon (Hg.), *Klopffechtereien – Missverständnisse – Widersprüche? Methodische und methodologische Perspektiven auf die Kant-Forster-Kontroverse*, Paderborn 2012, S. 191–210.

Berti, Silvia, Die Aufklärung überdenken. Der religiöse, geistige und politische Weg zum Antichristianismus, in: Israel, Jonathan/Mulsow, Martin (Hg.), *Radikalaufklärung*, Frankfurt am Main 2014, S. 92–120.

Bethencourt, Francisco, *Racisms. From the Crusades to the Twentieth Century*, Princeton 2013.

Bianchi, Paola, Peter Gay and the Enlightenment, in: Ricuperati, Giuseppe (Hg.), *Historiographie et usages des Lumières*, Berlin 2002, S. 213–228.

Bindman, David, *Ape to Apollo. Aesthetics and the Idea of Race in the Eighteenth Century*, London 2002.

Biondi, Carminella, *Mon frère tu es mon esclave: teorie schiaviste e dibattiti antropologico-razziali nel settecento francese*, Pisa 1973.

Blänkner, Reinhard, *»Absolutismus«: eine begriffsgeschichtliche Studie zur politischen Theorie und zur Geschichtswissenschaft in Deutschland 1830–1870*, 2. Aufl., Frankfurt am Main 2011.

Blohm, Philipp, *Böse Philosophen. Ein Salon in Paris und das vergessene Erbe der Aufklärung*, München 2011.

Bock, Gisela, *Querelle du féminisme* im 20. Jahrhundert: Gab es »Feminismus« in Spätmittelalter und Früher Neuzeit? Eine historiographische Montage (Mit Texten von Beatrice Gottlieb, Gerda Lerner, Karen Offen, Renate Kroll, Adriana Chemello, Constance Jordan, Pamela Joseph Benson, Jane Rendall, Juliane Jacobi, Mineke Bosch), in: Bock, Gisela/Zimmermann, Margarete (Hg.), *Die europäische Querelle des Femmes. Geschlechterdebatten seit dem 15. Jahrhundert* (Jahrbuch für Frauenforschung 1997), Stuttgart 1997, S. 341–371.

Bömelburg, Hans-Jürgen, *Frühneuzeitliche Nationen im östlichen Europa. Das polnische Geschichtsdenken und die Reichweite einer humanistischen Nationalgeschichte (1500–1700)*, Wiesbaden 2006.

Ders., Sarmatismus – Zur Begriffsgeschichte und den Chancen und Grenzen als forschungsleitender Begriff, *Jahrbücher für Geschichte Osteuropas*, 57 (2009), S. 402–408.

Ders., *Friedrich II. zwischen Deutschland und Polen. Ereignis- und Erinnerungsgeschichte*, Stuttgart 2011.

Boulle, Pierre, In Defense of Slavery: Eighteenth-century Opposition to Slavery and the Origins of Racist Ideology in France, in: Krantz, Frederick (Hg.), *History from Below*, Oxford 1988, S. 219–246.

Ders., François Bernier and the Origins of the Modern Concept of Race, in: Peabody, Sue/Stovall, Tyler (Hg.), *The Color of Liberty. Histories of Race in France*, Durham 2003, S. 11–27.

Ders., *Race et Esclavage dans la France de l'Ancien Régime*, Paris 2007.

Brace, C. Loring, *»Race« is a four-letter word. The genesis of the concept*, New York/Oxford 2005.

Braude, Benjamin, The Sons of Noah and the Construction of Ethnic and Geographical Identitites in the Medieval and Early Modern Periods, *The William and Mary Quarterly*, 54 (1997), S. 103–142.

Broberg, Gunnar, Homo sapiens. Linnaeus' Classification of Man, in: Frängsmyr, Tore (Hg.), *Linnaeus. The man and his work*, London 1983, S. 156–194.

Brown, Christopher L., Empire without slaves: British Concepts of Emancipation in the Age of American Revolution, *William and Mary Quarterly*, 56, H. 2 (1999), S. 273–306.

Ders., *Moral Capital. Foundations of British Abolitionism*, Chapel Hill 2006.

Brown, Gregory Stephen, *A Field of honor: Writers, Court Culture and Public Theatre in French Literary Life From Racine to the Revolution*, New York 2005.

Bruhat, Jean, Les Origines de l'anticolonialisme en France (de Montaigne à l'abbé Raynal), *Cahiers internationaux*, 42 (1953), S. 57–66 und 43 (1953), S. 47–56.

Burns, James MacGregor, *Fire and Light. How the Enlightenment Transformed our World*, New York 2013.

Burschel, Peter/Marx, Christoph (Hg.), *Reinheit* (Veröffentlichungen des Instituts für historische Anthropologie, 12), Wien/Köln/Weimar 2012.

Bury, John Bagnell, *The Idea of Progress. An Inquiry into its Origin and Growth*, New York 1960.

Campbell Orr, Clarissa, Einleitung zur Sektion »Early Enlightenment Feminisms«, in: Knott, Sarah/Taylor, Barbara (Hg.), *Women, Gender and Enlightenment*, Basingstoke 2007, S. 351–356.

Carey, Daniel/Festa, Lynn, Introduction. Some Answers to the Question: »What is Postcolonial Enlightenment?« In: dies. (Hg.), *Postcolonial Enlightenment: eighteenth-century Colonialism and Postcolonial Theory*, Oxford 2009, S. 1–33.

Carey, Daniel/Trakulhun, Sven, Universalism, Diversity, and the Postcolonial Enlightenment, in: Carey, Daniel/Festa, Lynn (Hg.), *Postcolonial Enlightenment: Eighteenth-century Colonialism and Postcolonial Theory*, Oxford 2009, S. 240–280.

Caron, Jacques, *L'Anticolonialisme de l'abbé Raynal (1713–1796)*, Odense 1983.

Cassirer, Ernst, *Die Philosophie der Aufklärung*, 3. Aufl., Tübingen 1973.

Castro, Daniel, *Another Face of Empire: Bartolomé de las Casas, Indigeneous Rights, and Ecclesiastical Imperialism*, Durham 2007.

Chaplin, Joyce E., Race, in: Armitage, David/Braddick, Michael J. (Hg.), *The British Atlantic World, 1500–1800*, Basingstoke 2002, S. 154–172.

Chartier, Roger, *Les Origines culturelles de la Révolution Française*, Paris 1990.

Ders./Martin, Henri-Jean (Hg.), *Histoire de l'édition française*, Bd. 2: Le livre triomphant, 1680–1830, Paris 1990.

Chartier, Roger, *Pratiques de la lecture*, Paris 1993.

Ders. (Hg.), *Histoires de la lecture: un bilan de recherches*, Paris 1997.

Chaussinand-Nogaret, Guy, *Choiseul. Naissance de la gauche*, Paris 1998.

Ching, Julia/Oxtoby, G. Willard, *Moral Enlightenment: Leibniz and Wolff on China*, Nettetal 1992.

Chisick, Harvey, Interpreting the Enlightenment, *The European Legacy*, 13, H. 1 (2008), S. 35–57.

Clark, Jonathan C. D., *The Enlightenment: catégories, traductions, et objets sociaux*, in: Masseau, Didier/Laudin, Gérard (Hg.), *Les Lumières dans leur siècle*, [Sonderausgabe der Zeitschrift *Lumières*, 17/18 (2011)], S. 19–39.

Clayton, Lawrence A., *Bartolomé de Las Casas: a Biography*, Cambridge 2012.

Cöppicus-Wex, Bärbel, Der Verlust der Alternative. Zur Disqualifizierung weiblicher Bildungsideale im letzten Drittel des 18. Jahrhunderts am Beispiel zweier Ausgaben des *Nutzbaren, galanten und curiösen Frauenzimmer-Lexicons*, in: Opitz, Claudia/Weckel, Ulrike/Kleinau, Elke (Hg.), *Tugend, Vernunft und Gefühl: Geschlechterdiskurse der Aufklärung und weibliche Lebenswelten*, Münster 2000, S. 271–285.

Coutel, Charles, *Condorcet. Instituer le citoyen*, Paris 1999.

Curran, Andrew, Rethinking race history: The role of the albino in the French Enlightenment life sciences, *History and Theory*, 48 (2009), S. 151–179.

Ders., *The Anatomy of Blackness. Science and Slavery in an Age of Enlightenment*, Baltimore 2011.

Cyranka, Daniel, Natürlich – positiv – vernünftig. Der Religionsbegriff in Lessings Erziehungsschrift, in: Kronauer, Ulrich/Kühlmann, Wilhelm (Hg.), *Aufklärung. Stationen – Konflikte – Prozesse*, Eutin 2007, S. 39–61.

Darnton, Robert, *Literaten im Untergrund: Lesen, Schreiben und Publizieren im vorrevolutionären Frankreich*, Frankfurt am Main 1988.

Ders., *Glänzende Geschäfte: die Verbreitung von Diderots »Encyclopédie« oder: Wie verkauft man Wissen mit Gewinn?* Berlin 1993.

Ders., *George Washingtons falsche Zähne oder noch einmal: Was ist Aufklärung?* München 1996.

Ders., *The Forbidden Bestsellers of Pre-revolutionary France*, New York 1996.

Ders., »Philosophical Sex«. Pornography in Old Regime France, in: Micale, Mark S./Dietle, Robert L. (Hg.), *Enlightenment, Passion, Modernity*, Stanford 2000, S. 88–112.

Ders., *Poesie und Polizei: öffentliche Meinung und Kommunikationsnetzwerke im Paris des 18. Jahrhunderts*, Frankfurt am Main 2002.

Das, Sudipta, *Myths and Realities of French Imperialism in India, 1763–1783*, New York 1992.

Davidson, Ian, *Voltaire. A Life*, London 1996.

Davis, David Brion, *The Problem of Slavery in the Age of Revolution, 1770–1823*, Oxford 1999.

Delon, Michel, Les Lumières: travail d'une métaphore, *Studies on Voltaire and the Eighteenth Century*, 152 (1976), S. 527–541.

Devyver, André, *Le sang épuré. Les préjugés de race chez les gentilshommes français de l'Ancien Régime, 1560–1720*, Bruxelles 1973.

Dirks, Nicholas B., Colonialism and Culture, in: ders. (Hg.), *Colonialism and Culture*, Ann Arbor 1992, S. 1–25.

Dobie, Madeleine, *Trading Places. Colonization and Slavery in Eighteenth-Century French Culture*, Ithaca/London 2010.

Doering-Manteuffel, Sabine u. a. (Hg.), *Pressewesen der Aufklärung. Periodische Schriften im Alten Reich*, Berlin 2001.

Dorlin, Elsa, *La Matrice de la race. Généalogie sexuelle et coloniale de la nation française*, Paris 2006.

Drescher, Seymour, *Econocide. British Slavery in the Era of Abolition*, Pittsburgh 1977.

Ders., Paradigms tossed: Capitalism and the political sources of abolition, in: Solow, B. L./Engerman, S. L. (Hg.), *British Capitalism and Caribbean Slavery: The legacy of Eric Williams*, Cambridge 1987, S. 191–208.

Ders., *Capitalism and Antislavery*, New York 1987.

Ders., *The Mighty Experiment. Free Labor versus Slavery in British Emancipation*, Oxford 2002.

Ders., *Abolition. A History of Slavery and Antislavery*, Cambridge 2009.

Dubois, Laurent, Avenging America. The politics of violence in the Haitian Revolution, in: Geggus, David Patrick (Hg.), *The World of Haitian Revolution*, Bloomington 2009, S. 111–124.

Duchet, Michèle, *Anthropologie et Histoire au siècle des Lumières*, Paris 1971.

Ders., *Diderot et l'Histoire des Deux Indes ou l'Écriture fragmentaire*, Paris 1978.

Edelstein, Dan, *The Enlightenment: A Genealogy*, Chicago 2010.

Ders. (Hg.), *The Super-Enlightenment: Daring to Know Too Much*, Oxford 2010.

Ehrard, Jean, *Lumières et Esclavage. L'esclavage colonial et l'opinion publique en France au XVIIIe siècle*, Bruxelles 2008.

Eigen, Sara/Larrimore, Mark (Hg.), *The German Invention of Race*, Albany 2006.

Elias, Norbert, *Über den Prozeß der Zivilisation. Soziogenetische und psychogenetische Untersuchungen*, 2 Bde., 16. Aufl., Frankfurt am Main 1991.

Elliott, John H., *Empires of the Atlantic World. Britain an Spain in America, 1492–1830*, Yale 2006.

Eltis, David, *Economic growth and the ending of the Atlantic Trade*, Oxford 1987.

Emerson, Roger, Peter Gay and the Heavenly City, *Journal of the History of Ideas*, 28 (1967), S. 383–402.

Engerman, S. L., Slavery and Emancipation in Comparative Perspective: A look at some recent debates, *Journal of Economic History*, 46, H. 2 (1986), S. 317–339.

Esquer, Gabriel (Hg.), *L'Anticolonialisme au XVIIIe siècle. Histoire philosophique et politique des établissements et du commerce des Européens dans les deux Indes, par l'abbé Raynal*, Paris 1951.

Eze, Emmanuel Chukwudi (Hg.), *Race and the Enlightenment. A Reader,* Cambridge 1997.

Fetscher, Iring, Politisches Denken im Frankreich des 18. Jahrhunderts vor der Revolution, in: *Pipers Handbuch der Politischen Ideen,* Bd. 3: *Neuzeit: Von den Konfessionskriegen bis zur Aufklärung,* München 1985, S. 423–528.

Flaig, Egon, *Weltgeschichte der Sklaverei,* München 2009.

Flichy, Thomas, *Stratégies chinoises: le regard jésuite (1582–1773),* Paris 2012.

Forst, Rainer, *Toleranz im Konflikt. Geschichte, Gehalt und Gegenwart eines umstrittenen Begriffs,* Frankfurt am Main 2003.

Foucault, Michel, *Die Ordnung der Dinge,* Frankfurt am Main 1974.

Ders., *»Il faut défendre la société«. Cours au Collège de France (1975–1976),* Paris 1997.

Foury, B., Maudave et la colonisation de Madagascar (première partie), *Revue d'histoire des colonies,* 42 (1955), S. 343–404.

Fredrickson, George M., *Rassismus. Ein historischer Abriss,* Hamburg 2004.

Fues, Wolfram Malte, Das Geschlecht der Vernunft.»Raison« und»Esprit« im Denken der Aufklärung, in: Opitz, Claudia/Weckel, Ulrike/Kleinau, Elke (Hg.), *Tugend, Vernunft und Gefühl: Geschlechterdiskurse der Aufklärung und weibliche Lebenswelten,* Münster 2000, S. 173–193.

Fulda, Daniel, Gab es»die Aufklärung«? Einige geschichtstheoretische, begriffsgeschichtliche und schließlich programmatische Überlegungen anlässlich einer neuerlichen Kritik an unseren Epochenbegriffen, *Das achtzehnte Jahrhundert,* 37, H. 1 (2013), S. 11–25.

Ders., Wann begann die»offene Zukunft«? Ein Versuch, die Koselleck'sche Fixierung auf die»Sattelzeit« zu überwinden, in: Breul, Wolfgang/Schnurr, Jan Carsten (Hg.), *Geschichtsbewusstsein und Zukunftserwartung in Pietismus und Erweckungsbewegung,* Göttingen 2013, S. 141–172.

Füssel, Marian, *Gelehrtenkultur als symbolische Praxis. Rang, Ritual und Konflikt an der Universität der Frühen Neuzeit,* Darmstadt 2006.

Galipeau, Claude J., *Isaiah Berlin's Liberalism,* Oxford 1994.

Garrard, Graeme, *Rousseau's Counter-Enlightenment. A Republican Critique of the Philosophes,* Albany 2003.

Garraway, Doris, Of speaking Natives and hybrid philosophers: Lahontan, Diderot, and the French Enlightenment critique of Colonialism, in: Carey, Daniel/Festa, Lynn (Hg.), *Postcolonial Enlightenment,* Oxford 2009, S. 207–239.

Garrigus, John D., *Before Haiti: Race and Citizenship in French Saint-Domingue,* New York 2006.

Gay, Peter, Carl Becker's Heavenly City, *Political Science Quarterly,* 72 (1957), S. 182–199.

Ders., *The Enlightenment: An Interpretation,* 2 Bde., New York 1966–1969.

Ders., *The Party of Humanity. Essays in the French Enlightenment,* New York 1971.

Geier, Manfred, *Aufklärung: Das europäische Projekt,* 2. Aufl., Reinbek 2012.

Gerstenberger, Debora, *Iberien im Spiegel frühneuzeitlicher enzyklopädischer Lexika Europas. Diskursgeschichtliche Untersuchung spanischer und portugiesischer Nationalstereotypen des 17. und 18. Jahrhunderts*, Stuttgart 2007.

Geulen, Christian, *Rassismus*, München 2007.

Ghachem, Malick W., Montesquieu in the Caribbean. The Colonial Enlightenment between *Code Noir* and *Code civil*, in: Daniel Gordon (Hg.), *Postmodernism and the Enlightenment. New Perspectives in Eighteenth-Century French Intellectual History*, New York 2001, S. 7–30.

Ders., The Age of Code noir, 2004, URL: http://www-sul.stanford.edu/depts/hasrg/frnit/pdfs_gimon/ghachemfinal.pdf (zuletzt eingesehen am 30. Juni 2013).

Glassner, Gottfried/Faustmann, Cornelia/Wallnig, Thomas (Hg.), *Melk in der barocken Gelehrtenrepublik. Die Brüder Bernhard und Hieronymus Pez, ihre Forschungen und Netzwerke*, Melk 2014.

Godfroy, Marion F., *Kourou, 1763. Le dernier rêve de l'Amérique française*, Paris 2011.

Godineau, Dominique, Die Frau der Aufklärung, in: Michel Vovelle (Hg.), *Der Mensch der Aufklärung*, Frankfurt am Main 1996, S. 321–358.

Goldstein Sepinwall, Alyssa, Exporting the Revolution: Grégoire, Haiti and the colonial Laboratory, 1815–1827, in: Popkin, Jeremy D./Popkin, Richard H. (Hg.), *The Abbé Grégoire and his World*, Dordrecht u. a. 2000, S. 41–70.

Dies., Eliminating race, eliminating difference: Blacks, Jews, and the Abbé Grégoire, in: Peabody, Sue/Stovall, Tyler (Hg.), *The Color of Liberty. Histories of Race in France*, Durham 2003, S. 28–41.

Gray, John, Enlightenment's wake, in: ders., *Enlightenment's Wake: Politics and Culture at the Close of the Modern Age*, New York 1995, S. 144–184.

Ders., After the new liberalism, in: ders., *Enlightenment's Wake: Politics and Culture at the Close of the Modern Age*, New York 1995, S. 120–131.

Greer, Margaret R./Mignolo, Walter D./Quilligan, Maureen (Hg.), *Rereading the Black Legend: the Discourses of Religious and Racial Difference in the Renaissance Empires*, Chicago 2008.

Grell, Chantal, *L'Histoire entre érudition et philosophie. Étude sur la connaissance historique à l'âge des Lumières*, Paris 1993.

Guénot, Hervé, Palissot de Montenoy: un »ennemi« de Diderot et des philosophes, *Recherches sur Diderot et sur l'Encyclopédie*, 1 (1986), S. 59–63.

Guillaumin, Colette, *L'Idéologie raciste. Genèse et language actuel*, Paris 2002.

Habermas, Jürgen, *Der philosophische Diskurs der Moderne*, Frankfurt am Main 1985.

Ders., *Strukturwandel der Öffentlichkeit. Untersuchungen zu einer Kategorie der bürgerlichen Gesellschaft*, Frankfurt am Main 1995.

Harvey, David Allen, *The French Enlightenment and its Others. The Mandarin, the Savage, and the Invention of the Human Sciences*, New York 2012.

Hazard, Paul, *La Crise de la conscience européenne*, Paris 1953.

Hertzberg, Arthur, *The French Enlightenment and the Jews*, New York 1968.

Herzog, Dagmar, Wo liegt der Unterschied? Aufklärung und Frauenrechte in Deutschland, in: Schissler, Hanna (Hg.), *Geschlechterverhältnisse im historischen Wandel*, Frankfurt am Main 1993, S. 80–96.

Himmelfarb, Gertrude, *The Roads to Modernity: The British, French and American Enlightenments*, New York 2004.

Hinterhäuser, Hans, *Spanien und Europa. Texte zu ihrem Verhältnis von der Aufklärung bis zur Gegenwart*, München 1979.

Höffe, Otfried, Zum Ursprung der Toleranz. Grundzüge der philosophischen Begriffsgeschichte, *Die politische Meinung*, 395 (2002), S. 5–14.

Hoffmann, Paul, *La Femme dans la pensée des Lumières*, Genève 1995.

Holste, Karsten, Konkurencyjne koncepcje przestrzeni. Różnorodność wyznaniowych i politycznych geografii w niemieckojęzycznej publicystyce z czasu tumultu toruńskiego w 1724 roku [Konkurrierende Raumkonzeptionen. Die Vielfalt konfessioneller und politischer Geographien in der deutschsprachigen Publizistik zur Zeit des Thorner Tumultes von 1724], *Odrodzenie i Reformacja w Polsce*, 57 (2013), S. 76–95.

Honegger, Claudia, *Die Ordnung der Geschlechter. Die Wissenschaften vom Menschen und das Weib, 1750–1850*, Frankfurt am Main 1991.

Horowski, Leonhard, *Die Belagerung des Thrones. Machtstrukturen und Karrieremechanismen am Hof von Frankreich 1661–1789*, Ostfildern 2012.

Hsia, Ronnie Po-chia, *A Jesuit in the Forbidden City: Matteo Ricci, 1552–1610*, Oxford 2010.

Hufton, Olwen, *Women and the Limits of Citizenship in the French Revolution*, Toronto 1992.

Hunt, Lynn, Introduction, in: Taylor, Barbara/Knott, Sarah (Hg.), *Women, Gender and Enlightenment*, Basingstoke 2007, S. 565–569.

Huzzey, Richard, The Moral Geography of British Anti-slavery Responsibilities, *Transactions of the Royal Historical Society*, 22 (2012), S. 111–139.

Iliffe, John, *Geschichte Afrikas*, München 2003.

Israel, Jonathan I., *Radical Enlightenment. Philosophy and the Making of Modernity 1650–1750*, Oxford 2001.

Ders., *Enlightenment contested. Philosophy, Modernity, and the Emancipation of Man 1670–1752*, Oxford 2006.

Ders., *A Revolution of Mind. Radical Enlightenment and the Intellectual Origins of Modern Democracy*, Princeton 2010.

Ders., *Democratic Enlightenment. Philosophy, Revolution, and Human Rights 1750–1790*, Oxford 2011.

Ders./Mulsow, Martin (Hg.), *Radikalaufklärung*, Berlin 2014.

Jacob, Margaret, *The Radical Enlightenment. Pantheists, Freemasons and Republicans*, London 1981.

Dies., *Living the Enlightenment. Freemasonry and Politics in eighteenth-century Europe*, New York 1991.

James, C. L. R., *A History of Pan-African Revolt*, Chicago 2012.

Ders., *Toussaint Louverture. The Story of the Only Successful Slave Revolt in History,* Durham 2013.

Jordan, Withrop, *White over Black. American Attitudes Towards the Negro, 1550–1812,* Chapel Hill 1968.

Jouanna, Arlette, *L'Idée de race en France au XVIe et au début du XVIIe siècle,* 2 Bde., Montpellier 1981.

Kidd, Colin, *The Forging of Races. Race and Scripture in the Protestant Atlantic World, 1600–2000,* Cambridge 2006.

Kondylis, Panajotis, *Die Aufklärung im Rahmen des neuzeitlichen Rationalismus,* Hamburg 2002.

Koselleck, Reinhart, *Vergangene Zukunft. Zur Semantik geschichtlicher Zeiten,* Frankfurt am Main 1979.

Krauss, Werner, *Zur Anthropologie des 18. Jh. Die Frühgeschichte der Menschheit im Blickpunkt der Aufklärung,* Frankfurt am Main 1978.

Kreimendahl, Lothar, Das Theodizeeproblem und Bayles fideistischer Lösungsversuch, in: Popkin, Richard H./Vanderjagt, Arno (Hg.), *Scepticism and Irreligion in the 17th and 18th Centuries,* Leiden 1993, S. 267–281.

Krief, Huguette, Le génie féminin. Propos et contre-propos au XVIIIe siècle, in: Viennot, Éliane (Hg., unter Mitarbeit von Nicole Pellegrin), *Revisiter la »querelle des femmes«. Discours sur l'égalité/l'inégalité des sexes, de 1750 aux lendemains de la Révolution,* Saint-Étienne 2012, S. 61–76.

Landes, Joan B., *Women and the Public Sphere in the Age of the French Revolution,* Ithaca 1988.

Lang, Bernhard, Theokratie. Geschichte und Bedeutung eines Begriffs in Soziologie und Ethnologie, in: *Religionstheorie und politische Theorie,* Bd. 3: *Theokratie,* hg. v. Jacob Taubes, München 1987, S. 11–28.

Laqueur, Thomas, *Auf den Leib geschrieben. Die Inszenierung der Geschlechter von der Antike bis Freud,* Frankfurt am Main 1993.

Larson, James L., *Reason and Experience. The representation of Natural Order in the Work of Carl von Linné,* Berkeley 1971.

La Vopa, Anthony J., A new intellectual history? Jonathan Israel's Enlightenment, *The Historical Journal,* 52, H. 3 (2009), S. 717–738.

Lehner, Ulrich L., *Enlightened Monks. The German Benedictines, 1740–1803,* Oxford 2011.

Lely, Sandrine, »La massue d'Hercule soulevée par la main des grâces«. Le débat sur la place des femmes dans l'art, entre 1747 et 1793, in: Viennot, Éliane (Hg., unter Mitarbeit von Nicole Pellegrin), *Revisiter la »querelle des femmes«. Discours sur l'égalité/l'inégalité des sexes, de 1750 aux lendemains de la Révolution,* Saint-Étienne 2012, S. 45–55.

Lilti, Antoine, Comment écrit-on l'histoire intellectuelle des Lumières? Spinozisme, radicalisme et philosophie, *Annales* 64, H. 1 (2009), S. 171–206.

Lindroth, Sten, The Two Faces of Linnaeus, in: Frängsmyr, Tore (Hg.), *Linnaeus. The Man and His Work,* London 1983, S. 1–62.

Livingstone, David N., *Adam's Ancestors. Race, Religion, and the Origins of Human Origins*, Baltimore 2008.

Lorenz, Stefan, Friedrich der Große und der Bellerophon der Philosophie. Bemerkungen zum »roi philosophe« und Pierre Bayle, in: Martin Fontius (Hg.), *Friedrich II. und die europäische Aufklärung*, Berlin 1999, S. 73–85.

Lottes, Günther, Die Geburt der europäischen Moderne aus dem Geist der Aufklärung, in: *Die Kunst der Aufklärung: Ausstellungskatalog*, Beijing 2011, S. 20–30.

Louden, Robert, *The World We Want: How and Why The Ideals of the Enlightenment Still Elude Us*, Oxford 2010.

Lough, John, Reflections on »Enlightenment« and »Lumières«, in: *L'Età dei Lumi. Studi storici sul settecento europeo in onore di Francesco Venturi*, Neapel 1985, Bd. 1, S. 35–56.

Lovejoy, Athur O., *Die große Kette der Wesen. Geschichte eines Gedanken*, Frankfurt am Main 1985.

Löwith, Karl, *Weltgeschichte und Heilsgeschehen. Die theologischen Voraussetzungen der Geschichtsphilosophie*, 6. Aufl., Berlin/Köln/Mainz 1973.

Lüchinger, Stephan, *Das politische Denken von Condorcet (1743–1794)*, Bern 2002.

Luhmann, Niklas, *Beobachtungen der Moderne*, Opladen 1992.

Lüsebrink, Hans-Jürgen, Grégoire and the anthropology of emancipation, in: Popkin, Jeremy D./Popkin, Richard H. (Hg.), *The Abbé Grégoire and his World*, Dordrecht 2000, S. 1–12.

Lyotard, Jean-François, *Das postmoderne Wissen: ein Bericht*, Graz 1986.

Mack, Michael, *Spinoza and the Specters of Modernity. The Hidden Enlightenment of Diversity from Spinoza to Freud*, New York 2010.

Madec, Philippe, *Etienne-Louis Boullée*, Basel 1989.

Magrin, Gabriele, *Condorcet: un costituzionalismo democratico*, Milano 2001.

Maltby, William Saunders, *The Black Legend in England: the Development of anti-Spanish Sentiment, 1558–1660*, Durham 1971.

Mander, Jenny, No Woman is an island: The female figure in French enlightenment anthropology, in: Taylor, Barbara/Knott, Sarah (Hg.), *Women, Gender and Enlightenment*, Basingstoke 2007, S. 97–116.

Mann, Thomas, *Betrachtungen eines Unpolitischen*. Mit einem Vorwort von Hanno Helbling, Frankfurt am Main 1983.

Mason, Haydn Trevor, *Pierre Bayle and Voltaire*, Oxford 1963.

Ders. (Hg.), *The Darnton Debate. Books and Revolution in the Eighteenth Century*, Oxford 1998.

Mason, Richard, *The God of Spinoza*, Cambridge 1997.

McMahon, Darrin M., *Enemies of the Enlightenment. The French Counter-Enlightenment and the Making of Modernity*, Oxford 2001.

Mehta, Uday, Liberal Strategies of Exclusion, in: Cooper, Frederick/Stoler, Ann Laura (Hg.), *Tensions of Empire: Colonial Cultures in a Bourgeois World*, Berkeley 1997, S. 59–86.

Melzer, Sara E., *Colonizer or Colonized. The Hidden Stories of Early Modern French Culture*, Philadelphia 2012.

Merkel, Franz-Rudolf, *Leibniz und China*, Berlin 1952.

Metzger, Hans-Dieter, »Jethros Rat«. *Gottesherrschaft und Gemeindeverfassung in England, Massachusetts und Sierra Leone (1550–1800)*, in: Trampendach, Kai/ Pečar, Andreas (Hg.), *Theokratie und theokratischer Diskurs. Die Rede von der Gottesherrschaft und ihre politisch-sozialen Auswirkungen im interkulturellen Vergleich*, Tübingen 2013, S. 465–492.

Meyer, Annette, *Die Epoche der Aufklärung*, Berlin 2010.

Michel, Jacques, *La Guyane sous l'Ancien Régime. Le désastre de Kourou et ses scandaleuses suites judiciaires*, Paris 1989.

Miller, Christopher L., *The French Atlantic Triangle. Literature and Culture of the Slave Trade*, Durham 2008.

Miller, Peter, *Defining the Common Good. Empire, Religion and Philosophy in Eighteenth-century Britain*, Cambridge 1994.

Mondot, Jean, Aufklärung, in: Boer, Pim den/Duchhardt, Heinz/Kreis, Georg/ Schmale, Wolfgang (Hg.), *Europäische Erinnerungsorte 1. Mythen und Grundbegriffe des europäischen Selbstverständnisses*, München 2012, S. 147–161.

Moran, Mary Catherine, Between the savage and the civil: Dr. John Gregory's natural history of feminity, in: Taylor, Barbara/Knott, Sarah (Hg.), *Women, Gender and Enlightenment*, Basingstoke 2007, S. 8–29.

Moravia, Sergio, *Beobachtende Vernunft. Philosophie und Anthropologie in der Aufklärung*, Frankfurt am Main 1972.

Mortier, Roland, »Lumière« et »Lumières«. Histoire d'une image et d'une idée, in: ders., *Clartés et ombres au siècle des Lumières. Études sur le XVIIIe siècle littéraire*, Genève 1969, S. 13–59.

Morvan, Anne, Théories de la famille, différence des sexes et émergence de la science sociale. Rousseau, Guiraudet et Bonald, in: Viennot, Éliane (Hg., unter Mitarbeit von Nicole Pellegrin), *Revisiter la »querelle des femmes«. Discours sur l'égalité/ l'inégalité des sexes, de 1750 aux lendemains de la Révolution*, Saint-Étienne 2012, S. 149–160.

Mosse, George, *Toward the Final Solution: A History of European Racism*, New York 1978.

Most, Glenn W., Preface, in: ders. (Hg.), *Historicization – Historisierung*, Göttingen 2001, S. VII–XII.

Motsch, Andreas, *Lafitau et l'émergence du discours ethnograhique*, Sillery 2001.

Ders., La Chine et la Nouvelle-France comme laboratoires du savoir. L'impasse du figurisme et la stratégie missionnaire jésuite, in: Poirier, Guy/Gomez-Géraud, Marie-Christine/Paré, François (Hg.), *De l'orient à la Huronie. Du récit de pèlerinage au texte missionaire*, Laval 2011, S. 215–228.

Moureau, François, *La Plume et le Plomb. Espaces de l'imprimé et du manuscrit au siècle des Lumières*, Paris 2006.

Moureaux, José-Michel, Race et Altérité dans l'anthropologie voltairienne, in: Moussa, Sarga (Hg.), *L'idee de »race« dans les sciences humaines et la littérature. Actes du colloque international de Lyon (16–18 novembre 2000)*, Paris 2003, S. 41–53.

Moyn, Samuel, *The Last Utopia: Human Rights in History*, Cambridge 2010.

Ders., Mind the Enlightenment, in: The Nation, 31. Mai 2010, URL: http://www.thenation.com/article/mind-enlightenment#

Muhlack, Ulrich, *Geschichtswissenschaft im Humanismus und in der Aufklärung. Die Vorgeschichte des Historismus*, München 1991.

Mulsow, Martin/Mahler, Andreas (Hg.), *Die Cambridge School der politischen Ideengeschichte*, Berlin 2010.

Muthu, Sankar, *Enlightenment Against Empire*, Princeton/Oxford 2003.

Ders., Conquest, commerce, and cosmopolitanism in Enlightenment political thought, in: ders. (Hg.), *Empire and Modern Political Thought*, Cambridge 2012, S. 199–231.

Neugebauer-Wölk, Monika, *Esoterische Bünde und bürgerliche Gesellschaft. Entwicklungen zur modernen Welt im Geheimbundwesen des 18. Jahrhunderts*, Göttingen 1995.

Dies. (Hg.), *Aufklärung und Esoterik. Rezeption – Integration – Konfrontation*, Hamburg 1999.

Norman, Larry F., *The Shock of the Ancient. Literature and History in Early Modern France*, Chicago 2011.

Nutz, Thomas: *»Varietäten des Menschengeschlechts«. Die Wissenschaft vom Menschen in der Zeit der Aufklärung*, Köln 2009.

Oehler-Klein, Sigrid, Rasse, in: Thoma, Heinz (Hg.) *Handbuch Europäische Aufklärung. Begriffe – Konzepte – Wirkung*, Stuttgart/Weimar 2015, S. 419–428.

Ohji, Kenta, Raynal, Necker et la Compagnie des Indes. Quelques aspects inconnus de la génèse et de l'évolution de l'*Histoire des deux Indes*, in: Bancarel, Gilles (Hg.), *Raynal et ses réseaux*, Paris 2011, S. 105–182.

Opitz, Claudia, Mutterschaft und weibliche (Un-)Gleichheit in der Aufklärung. Ein kritischer Blick auf die Forschung, in: Opitz, Claudia/Weckel, Ulrike/Kleinau, Elke (Hg.), *Tugend, Vernunft und Gefühl: Geschlechterdiskurse der Aufklärung und weibliche Lebenswelten*, Münster 2000, S. 85–106.

Dies., *Aufklärung der Geschlechter, Revolution der Geschlechterordnung: Studien zur Politik- und Kulturgeschichte des 18. Jahrhunderts*, Münster 2002.

Osterhammel, Jürgen, *Die Entzauberung Asiens. Europa und die asiatischen Reiche im 18. Jahrhundert*, München 1998.

Ders., *Sklaverei und die Zivilisation des Westens*, München 2009.

Outram, Dorinda, *The Enlightenment*, Cambridge 2005.

Pagden, Anthony, *The Enlightenment. And Why it Still Matters*, Oxford 2013.

Paquette, Gabriel B., *Enlightenment, Governance and Reform in Spain and its Empire, 1759 – 1808*, Houndmills 2011.

Pečar, Andreas, Der Intellektuelle seit der Aufklärung. Rolle und/oder Kulturmuster?, *Das achtzehnte Jahrhundert*, 35 (2011), S. 187–203.

Ders., *Macht der Schrift, Politischer Biblizismus in Schottland und England zwischen Reformation und Bürgerkrieg (1534–1642)*, München 2011.

Ders., *War das 18. Jahrhundert ein Laboratorium der Moderne? Eine Erörterung darüber, wie die Geschichte des 18. Jahrhunderts erzählt wird, Das achtzehnte Jahrhundert*, 38 (2014), S. 57–62.

Pérez, Joseph, *La Légende noire de l'Espagne*, Paris 2009.

Perkins, Franklin, *Leibniz and China: A Commerce of Light*, Cambridge 2004.

Pitts, Jennifer, *A Turn to Empire. The Rise of Imperial Liberalism in Britain and France*, Princeton 2005.

Pocock, John Greville Agard, *The Machiavellian Moment. Florentine Political Thought and the Atlantic Republican Tradition*, Princeton 1975.

Ders., *Vertu, Commerce et Histoire. Essais sur la pensée et l'histoire politique au XVIIIe siècle*, Paris 1998.

Ders., *Barbarism and Religion*, Bd. 3: *The First Decline and Fall*, Cambridge 2003.

Ders., *Historiography and Enlightenment. A view of their history*, in: *Modern Intellectual History*, 5, H. 1 (2008) S. 83–96.

Popkin, Jeremy, *You are all free: The Haitian Revolution and the Abolition of Slavery*, Cambridge 2010.

Ders., *Jean-Jacques Dessalines, Norbert Thoret and the violent aftermath of the Haitian Declaration of Independence* (2013, noch unveröffentlichter Aufsatz).

Popkin, Richard H., *Pierre Bayle's place in seventeenth-century scepticism*, in: Dibon, Paul (Hg.), *Pierre Bayle, le philosophe de Rotterdam. Études et documents*, Paris/Amsterdam 1959, S. 1–19.

Ders., *The philosophical basis of modern racism*, in: Pagliaro, Harold E. (Hg.), *Racism in the Eighteenth Century*, Cleveland 1973, S. 245–262.

Ders., *Isaac La Peyrère (1596–1676). His Life, Work and Influence*, Leiden 1987.

Porter, Roy, *Enlightenment. Britain and the Creation of the Modern World*, London 2000.

Postman, Neil, *Die zweite Aufklärung: vom 18. ins 21. Jahrhundert*, Frankfurt am Main 2000.

Pouget de Saint-André, H., *La Colonisation de Madagascar sous Louis XV, d'après la correspondance inédite du Comte de Maudave*, Paris 1886.

Ptaszyński, Maciej, Zwischen Gemeinwohl und Staatsräson. Das Widerstandsrecht in den Ständedebatten der polnisch-litauischen Republik im 16. Jahrhundert, in: Preuße, Christian/Ross, Alan/Gromelski, Tomasz/Tricoire, Damien (Hg.), *Ordnungskonfigurationen und -vorstellungen im Reich und im Polen-Litauen der Frühen Neuzeit*, Wiesbaden, Harrassowitz (erscheint voraussichtlich 2015).

Raumer, Kurt von, *Ewiger Friede. Friedensrufe und Friedenspläne seit der Renaissance*, Freiburg im Breisgau 1953.

Reed, Terence James, *Mehr Licht in Deutschland. Eine kleine Geschichte der Aufklärung*, München 2009.

Reill, Peter Hanns, *Vitalizing Nature in the Enlightenment*, Berkeley/Los Angeles 2005.

Rendall, Jane, *The Origins of Modern Feminism. Women in Britan, France, and the United States*, Basingstoke 1985.

Rex, Walter E., Two scenes from the Neveu de Rameau, *Diderot Studies*, 20 (1981), S. 245–266.

Robertson, John, Women and enlightenment: A historiographical conclusion, in: Taylor, Barbara/Knott, Sarah (Hg.), *Women, Gender, and Enlightenment*, Basingstoke 2007, S. 692–704.

Ders., *The Case for the Enlightenment: Scotland and Naples, 1680–1760*, Cambridge 2005.

Roche, Daniel, *Le Siècle des Lumières en province: académies et académiciens provinciaux, 1680–1789*, Paris 1978.

Ders., *La France des Lumières*, Paris 1993.

Ders., *Les Circulations dans l'Europe moderne, XVIIe–XVIIIe siècles*, Paris 2010.

Rodrigez, Junius P. (Hg.), *Encyclopedia of slave resistance and rebellion*, Westport 2007.

Roman, Alain, Un informateur privilégié de l'abbé Raynal. Meslé de Grandclos, négrier malouin, in: Bancarel, Gilles (Hg.), *Raynal et ses réseaux*, Paris 2011, S. 267–276.

Rosso, Claudio, Inventing »illuminismo« (and »enlightenment«): The emergence of a word and of a concept, in: Ricuperati, Giuseppe (Hg.), *Historiographie et Usages des Lumières*, Berlin 2002, S. 123–132.

Sala-Molins, Louis, *Les Misères des Lumières: sous la raison, l'outrage. Essai*, Paris 1992.

Sánchez-Blanco, Francisco, *El absolutismo y las Luces en el reinado de Carlos III*, Madrid 2002.

Sandl, Marcus, *Ökonomie des Raums. Der kameralwissenschaftliche Entwurf der Staatswirtschaft im 18. Jahrhundert*, Köln/Weimar/Wien 1999.

Sarrailh, Jean, *L'Espagne éclairée de la seconde moitié du XVIIIe siècle*, Paris 1954.

Schama, Simon, *The Embarrassment of Riches. An interpretation of Dutch culture in the Golden Age*, New York 1987.

Ders., *Der zaudernde Citoyen. Rückschritt und Fortschritt in der Französischen Revolution*, München 1989.

Schandeler, Jean-Pierre, *Les Interprétations de Condorcet. Symboles et concepts*, Oxford 2000.

Schechter, Ronald S., Rationalizing the enlightenment. Postmodernism and theories of anti-semitism, in: Gordon, Daniel (Hg.), *Postmodernism and the Enlightenment. New Perspectives in Eighteenth-Century French Intellectual History*, New York 2001, S.93–116.

Schippan, Michael, *Die Aufklärung in Russland im 18. Jahrhundert*, Wiesbaden 2012.

Schlögl, Rudolf, *Alter Glaube und moderne Welt. Europäisches Christentum im Umbruch 1750–1850*, Frankfurt am Main 2013.

Schlüter, Gisela, Toleranz, in: Thoma, Heinz (Hg.), *Handbuch Europäische Aufklärung. Begriffe – Konzepte – Wirkung*, Stuttgart 2015, S. 497–505.

Schmale, Wolfgang, *Das 18. Jahrhundert* (Schriftenreihe der Österreichischen Gesellschaft zur Erforschung des 18. Jahrhunderts, 15), Wien 2012.

Schmidt, Georg, *Wandel durch Vernunft. Deutsche Geschichte im 18. Jahrhundert*, München 2009.

Schmidt, James, Inventing the enlightenments: anti-Jacobins, British Hegelians, and the Oxford English Dictionary, *Journal of the History of Ideas*, 64 (2003), S. 421–443.

Schmidt, Joël, *Robespierre*, Paris 2011.

Schneiders, Werner, *Das Zeitalter der Aufklärung*, 4. Aufl., München 1997.

Ders. (Hg.), *Lexikon der Aufklärung. Deutschland und Europa*, München 1995.

Schröder, Winfried, »Die ungereimteste Meynung, die jemals von Menschen ersonnen worden« – Spinozismus in der deutschen Frühaufklärung? In: Schürmann, Eva/Waszek, Norbert/Weinreich, Frank (Hg.), *Spinoza im Deutschland des achtzehnten Jahrhunderts. Zur Erinnerung an Hans-Christian Lucas*, Stuttgart 2002, S. 121–138.

Sebastiani, Silvia, Race, women, and progress in the late Scottish enlightenment, in: Taylor, Barbara/Knott, Sarah (Hg.), *Women, Gender and Enlightenment*, Basingstoke 2007, S. 75–96.

Dies., *The Scottish Enlightenment. Race, Gender, and the Limits of Progress*, New York 2013.

Shapin, Steven, *The Scientific Revolution*, Chicago 1996.

Shell, Susan M., Kant's concept of race, in: Eigen, Sara/Larrimore, Mark (Hg.), *The German Invention of Race*, Albany 2006, S. 55–72.

Shoemaker, Nancy, How the Indians got to be red, *American Historical Review*, 102 (1997), S. 625–644.

Sole, Jacques, Voltaire et les mythes des origines dans la *Philosophie de l'histoire*, in: Grell, Chantal/Michel, Christian (Hg.), *Primitivisme et Mythes des origines*, Paris 1989, S. 129–134.

Soper, Kate, Feminism and enlightenment legacies, in: Taylor, Barbara/Knott, Sarah (Hg.), *Women, Gender, and Enlightenment*, Basingstoke 2007, S. 705–715.

Spivak, Gayatri Chakravorty, *A Critique of Postcolonial Reason: Towards a History of the Vanishing Present*, Cambridge 2000.

Stenger, Gerhardt, *Diderot. Le combattant de la liberté*, Paris 2013.

Stiening, Gideon, »[E]s gibt gar keine verschiedenen Arten von Menschen.« Systematizität und historische Semantik am Beispiel der Kant-Forster-Kontroverse über den Begriff der Menschenrassen, in: Godel, Rainer/Stiening, Gideon (Hg.), *Klopffechtereien – Missverständnisse – Widersprüche? Methodische und methodologische Perspektiven auf die Kant-Forster-Kontroverse*, Paderborn 2012, S. 19–54.

Stollberg-Rilinger, Barbara, *Europa im Jahrhundert der Aufklärung*, Stuttgart 2000.

Stuchtey, Benedikt, *Die europäische Expansion und ihre Feinde. Kolonialismuskritik vom 18. bis in das 20. Jahrhundert*, München 2010.

Stuurman, Siep, *François Poulain de la Barre and the Invention of Modern Equality*, Cambridge 2004.

Sutcliffe, Adam, *Judaism and Enlightenment*, Cambridge 2003.

Swaminathan, Srividhya, *Debating the Slave Trade. Rhetoric of British National Identity, 1759–1815*, Farnham/Burlington 2009.

Taffin, Dominique (Hg.), *Moreau de Saint-Méry ou les ambiguïtés d'un créole des Lumières*, ohne Ort 2006.

Taylor, Barbara/Knott, Sarah (Hg.), *Women, Gender, and Enlightenment*, Basingstoke 2007.

Thomson, Ann, Issues at stake in eighteenth-century racial classification, *Cromohs*, 8 (2003), S. 1–20.

Tibi, Bassam, *Mit dem Kopftuch nach Europa? Die Türkei auf dem Weg in die Europäische Union*, 2. Aufl., Darmstadt 2007.

Trampedach, Kai/Pečar, Andreas (Hg.), *Theokratie und theokratischer Diskurs. Die Rede von der Gottesherrschaft und ihre politisch-sozialen Auswirkungen im interkulturellen Vergleich*, Tübingen 2013.

Trepp, Charlotte, *Von der Glückseligkeit alles zu wissen. Die Erforschung der Natur als religiöse Praxis in der Frühen Neuzeit (1550–1750)*, Frankfurt am Main/München 2009.

Tully, James (Hg.), *Meaning and Context: Quentin Skinner and his Critics*, Princeton 1988.

Valls, Andrews (Hg.), *Race and Racism in Modern Philosophy*, Ithaca 2005.

Vaughan, Alden T., *Roots of American Racism: Essays on the Colonial Experience*, New York 1995.

Venturino, Diego, L'historiographie révolutionnaire française et les Lumières, de Paul Buchez à Albert Sorel. Suivi d'un appendice sur les usages de l'expression »siècle des Lumières« (XVIIIe–XXe siècles), in: Ricuperati, Giuseppe (Hg.), *Historiographie et usages des Lumières*, Berlin 2002, S. 21–84.

Ders., Race et Histoire. Le paradigme nobiliaire de la distinction sociale au début du XVIIIe siècle, in: Moussa, Sarga (Hg.), *L'idee de »race« dans les sciences humaines et la littérature. Actes du colloque international de Lyon (16–18 novembre 2000)*, Paris 2003, S. 19–38.

Vidal, Fernando, *The Sciences of the Soul. The Early Modern Origins of Psychology*, Chicago 2011.

Viennot, Éliane (Hg., unter Mitarbeit von Nicole Pellegrin), *Revisiter la »querelle des femmes«. Discours sur l'égalité/l'inégalité des sexes, de 1750 aux lendemains de la Révolution*, Saint-Étienne 2012.

Dies., Revisiter la »Querelle des Femmes«. Mais de quoi parle-t-on? In: dies. (Hg., unter Mitarbeit von Nicole Pellegrin), *Revisiter la »querelle des femmes«. Discours sur l'égalité/l'inégalité des sexes, de 1750 aux lendemains de la Révolution*, Saint-Étienne 2012, S. 7–29.

Vierhaus, Rudolf, *Was war Aufklärung?* Göttingen 1995 (= Kleine Schriften zur Aufklärung, 7).

Vila, Anne C., »Ambiguous beings«: marginality, melancholy, and the Femme savante, in: Taylor, Barbara/Knott, Sarah (Hg.), *Women, Gender and Enlightenment*, Basingstoke 2007, S. 53–69.

Wallnig, Thomas, What »Monastic Enlightenment?« What »Benedictine Republic of Letters«?, in: Schmale, Wolfgang (Hg.), *Time in the Age of Enlightenment*, Bochum 2012, S. 209–302.

Weber, Max, Wissenschaft als Beruf, in: *Gesammelte Aufsätze zur Wissenschaftslehre*, hg. v. Johannes Winckelmann, 7. Aufl., Tübingen 1988, S. 581–613.

Wehler, Hans-Ulrich, Verblendetes Harakiri. Der Türkei-Beitritt zerstört die EU, in: *Aus Politik und Zeitgeschichte*, 33–34 (2004), S. 6–9.

Wheeler, Roxann, *The Complexion of Race. Categories of Difference in Eighteenth-Century British Culture*, Philadelphia 2000.

White, Andrew Dickson, Jefferson and Slavery, *Atlantic Monthly*, Bd. 9/Nr. 51 (Jan. 1862), S. 29–40.

Williams, David, Condorcet and the abolition of slavery in the French colonies, in: Manning, Susan/France, Peter (Hg.), *Enlightenment and Emancipation*, Lewisburg 2006, S. 15–29.

Williams, Eric, *Capitalism and Slavery*, London 1964.

Wilson, Susan, Postmodernism and the Enlightenment, in: Fitzpatrick, Martin/Knellwolf, Christa/McCalman, Iain (Hg.), *The Enlightenment World*, London 2004, S. 648–659.

Winkler, Heinrich-August, Ehehindernisse. Gegen einen EU-Beitritt der Türkei, in: Leggewie, Claus (Hg.), *Die Türkei und Europa. Die Positionen*, Frankfurt am Main 2004, S. 155–158.

Wittram, Reinhard, Peter T., *Czar und Kaiser. Zur Geschichte Peters des Großen in seiner Zeit*, 2 Bde., Göttingen 1964.

Wokler, Robert, Projecting the enlightenment, in: Horton, John/Mendus, Susan, *After MacIntyre*, Notre Dame 1994, S. 108–126.

Wolff, Larry, *Inventing Eastern Europe. The Map of Civilization on the Mind of the Enlightenment*, Stanford 1994.

Wolpe, Hans, *Raynal et sa machine de guerre. L'Histoire des deux Indes et ses perfectionnements*, Stanford 1957.

Wood, Gordon, *The Creation of the American Republic*, New York 1969.

Wright, Johnson Kent, The Pre-Postmodernism of Carl Becker, in: Daniel Gordon (Hg.), *Postmodernism and the Enlightenment*, New York 2001, S. 161–177.

Zammito, John H., Policying Polygeneticism in Germany, 1775: (Kames,) Kant and Blumenbach, in: Eigen, Sara/Larrimore, Mark (Hg.), *The German Invention of Race*, Albany 2006, S. 35–54.

Zaunstöck, Holger/Meumann, Markus (Hg.), *Sozietäten, Netzwerke, Kommunikation. Neue Forschungen zur Vergesellschaftung im Jahrhundert der Aufklärung*, Halle 2000.

Zaunstöck, Holger, *Gelehrte Gesellschaften im Jahrhundert der Aufklärung. Strukturuntersuchungen zum mitteldeutschen Raum*, Stuttgart 2002.

Zedelmaier, Helmut, *Der Anfang der Geschichte. Studien zur Ursprungsdebatte im 18. Jahrhundert*, Hamburg 2003.

Globalgeschichte

Serge Gruzinski
Drache und Federschlange
Europas Griff nach Amerika
und China 1519/20
2014. Ca. 380 Seiten. Gebunden
ISBN 978-3-593-50080-5

John Darwin
Das unvollendete Weltreich
Aufstieg und Niedergang
des Britischen Empire 1600–1997
2013. 482 Seiten. Gebunden
ISBN 978-3-593-39808-2

John Darwin
Der imperiale Traum
Die Globalgeschichte
großer Reiche 1400–2000
Sonderausgabe 2012. 544 Seiten
ISBN 978-3-593-39785-6

Frankfurt. New York